ニューカマーの子どもと移民コミュニティ

第二世代のエスニックアイデンティティ

三浦綾希子

勁草書房

はしがき

「志穂はどこから来たんだ…？」

「うち，あっち（＝フィリピン）にいくとあっちの言葉分かるようになる。」

「（フィリピンは）住み慣れてないから，こっち（＝日本）のほうがホームって感じ。」

　これらは，筆者が7年にわたるフィールドワークのなかで出会ったフィリピン系ニューカマーの子どもたちのつぶやきであり，主張である。かれらは，生活の様々な場面でその"ルーツ"を問われる。自らが意識していても，していなくても，名前や外見，あるいはその他のちょっとした特徴から「ハーフ？」「どこの国の子？」という問いを投げかけられる。そして，こうした問いに晒されるなか，かれらは「ハーフ」，「フィリピン人」としての自分を認識／再認識し，場面に応じて，そのルーツを話したり，巧みに拒否したりする術を身につける。
　筆者は，フィールドワークのなかで，こうした子どもたちの場面によるアイデンティティの切り替えに幾度となく遭遇してきた。あるときには，自分を「日本人」と言い，また別の場面では，「フィリピン人」「ハーフ」としての自分を呈示する。普段は，日本のゲームやテレビの話を楽しそうにし，日本人と変わらないように見える子どもでも，日常の些細なことをきっかけに，フィリピンについて得意気に話しだし，興奮気味に筆者にフィリピン文化を教えてくれることもあった。無論，本書でも検討していくように，育ちの過程によって，アイデンティティの切り替え方やその度合いなどは異なる。だが，程度の違い

こそあれ、フィリピンにルーツを持ち、日本社会で生きているかれらは、日本とフィリピン、両方の社会を意識しながら、人間形成を行うこととなる。

外国人の子どもの学習支援を行う教室でのボランティアをしていた筆者は、このような子どもたちの自己呈示のあり方に興味を抱き、かれらを取り巻く生活世界により接近するようになった。そして学習教室に通う子どもたちの観察やかれらへのインタビューから、親へとその対象を広げていき、親たちとの親交を深めていった。親たちの紹介で、かれらが参加するエスニック教会に参加したり、ホームパーティーにも呼んでもらったりもした。そのなかで、筆者は、日本のなかに「小さなフィリピン」が作られていることに気づかされる。

毎週日曜にエスニック教会で行われる礼拝や、誕生日や結婚記念日などの節目に開催されるホームパーティーには、どこからともなく、多くのフィリピン人が集まってくる。タガログ語や英語、フィリピンの地方語など、様々な言葉がそこでは飛び交う。自分が日本にいるのか、フィリピンにいるのか一瞬分からなくなるほどである。といっても、タガログ語の看板やフィリピン料理店が立ち並ぶ区域が存在しているわけではない。教会があるのは、何の変哲もないビルの一室であるし、ホームパーティーが行われるのは、日本人も居住するアパートやマンションである。仲がよい者同士は、近くに住むことはあっても、決して集住しているわけではない。しかし、そこに参加する者たちは、常にインターネットなどでつながりながら、各自の様子を把握している。子どもの教育のことや仕事のこと、フィリピンにいる家族のことなど、話のネタはつきることはない。そこでは、日本で生活するにあたって必要な情報の交換や、相互扶助なども行われる。この「小さなフィリピン」は、移民特有のニーズにもとづいて作られた「移民コミュニティ」であると言ってよい。また、研究を進めるうちに、筆者は自らが研究の出発点とした学習教室それ自体も、かれらに教育資源を提供する「移民コミュニティ」の一部であることにも気づかされるようになる。学習教室で知り合う日本人は、筆者を含め、かれらの生活や教育に必要な情報をもたらす資源なのである。エスニック教会や学習教室などの施設とそこを拠点に形成される無数のネットワークの総体を合わせたものを、本書では「移民コミュニティ」と呼ぶ。

このように調査を展開していくなかで、筆者は、ニューカマーの子どもの人

間形成を見ていくには，これまで注目されてきたような学校のなかの子どもを見るだけでは不十分で，学校外に広がる子どもたちの生活世界にも目を向ける必要があると考えるに至った。当たり前のことではあるが，子どもは学校のなかだけで育つわけではない。日本のなかに存在する「小さなフィリピン」は，子どもたちの日常を構成する1つの風景である。子どもたちは，多かれ少なかれ，こうした「小さなフィリピン」との接点をどこかで持っている。また，毎週決まった時間に通う学習教室も，かれらの日常を構成する一要素である。学校外に存在する様々な育ちの場は，子どもたちの居場所であり，かれらが人間形成を行うにあたって，必要な資源を提供するものであるのだ。

本書は，フィリピン系ニューカマーの子どもたちが，移民コミュニティのなかでいかなる経験をし，エスニックアイデンティティを形成していっているのかを明らかにするものである。7年にわたるフィールドワークのなかで筆者が目にした，ときに葛藤を抱えながらも，生き生きと育つ子どもたちの日常を描き出したいと思う。

ニューカマーの子どもと移民コミュニティ
―第二世代のエスニックアイデンティティ―

目　次

はしがき　　*i*

序章　本書の課題と分析枠組み……………………………………*1*
 1　問題の所在……………………………………………………*1*
 2　先行研究の検討………………………………………………*3*
 3　課題の設定……………………………………………………*8*
 4　分析枠組み……………………………………………………*10*
 5　研究の対象と方法……………………………………………*15*
 6　各章の構成……………………………………………………*27*

第1章　親の移住過程とネットワークの形成………………………*31*
 1　市場媒介型移住システムと相互扶助型移住システム………*31*
 2　フィリピン系ニューカマーの移動の背景…………………*34*
 3　フィリピン人女性の来日経緯………………………………*40*
 4　来日後のネットワーク形成…………………………………*49*
 5　ネットワークを下支えするもの
  　──エンターテイナーへの排他意識 …………………………*59*
 6　小括……………………………………………………………*66*

第2章　親の教育戦略と教育資源 …………………………………*73*
 1　国際結婚女性たちの教育戦略………………………………*74*
 2　教育資源としての社会関係資本……………………………*81*

  3　トランスナショナル家族の教育戦略……………………… *89*
    ――呼び寄せと故郷での養育の狭間で
  4　小括……………………………………………………………… *96*

第3章　エスニック教会の教育的機能 …………………… *101*
  1　T教会の概要…………………………………………………… *102*
  2　日曜学校における牧師，教師の取り組みと親の期待………… *103*
  3　学校と教会とのバランス……………………………………… *109*
  4　ユースグループに参加する若者たち………………………… *112*
  5　世代によって異なるユースグループの機能
    ――ルーツの再確認／確認 ………………………………… *118*
  6　世代を超えて受け継がれるもの……………………………… *126*
    ――ロールモデルの獲得と規範の継承
  7　小括……………………………………………………………… *131*

第4章　地域の学習教室の機能………………………………… *137*
  1　子どもの学習を支える場……………………………………… *137*
  2　1.5世にとっての学習教室 …………………………………… *141*
  3　日比国際児にとっての学習教室……………………………… *155*
  4　小括……………………………………………………………… *167*

第5章　2つのホームの間で ……………………………… *171*
　　　　――1.5世のホーム意識の変容とエスニックアイデンティティ
　1　来日経緯――ホームとの別離 ………………………………… *172*
　2　日本への適応――もう1つのホームとの接触 ……………… *180*
　3　日本でのホーム作り――「アットホーム」な感覚 ………… *192*
　4　フィリピンへの帰郷――ホームの変容 ……………………… *201*
　5　1.5世のエスニックアイデンティティ――血統，国籍，言語 …… *208*
　6　小括 …………………………………………………………… *213*

第6章　「日本人」でもなく「フィリピン人」でもなく ……… *219*
　　　　――日比国際児たちのエスニックアイデンティティ
　1　日本社会で育つ子どもたち …………………………………… *220*
　2　日比国際児たちのエスニックな経験 ………………………… *234*
　3　日比国際児たちのエスニックアイデンティティ …………… *250*
　4　小括 …………………………………………………………… *265*

終章　本書で明らかになったこと ……………………………… *273*
　1　本書の知見と学術的貢献 ……………………………………… *273*
　2　本書の限界と今後の展望 ……………………………………… *281*

　引用文献　　*285*

　あとがき　　*301*

　人名索引　　*307*

事項索引　*309*

序章　本書の課題と分析枠組み

　本書は，移民コミュニティを生きるフィリピン系ニューカマーの子どもたちのエスニックアイデンティティの有り様を，エスノグラフィーの手法を用いて明らかにするものである。本書の前半では，移民コミュニティを構成する複数のネットワークの形成，維持，利用過程と，そのネットワークの拠点となっているエスニック教会や学習教室の機能を明らかにする。後半では，子どもたちがそのルート（routes）のなかで，自らのルーツ（roots）をどのように見つめるのか，またその過程でどのようなエスニックアイデンティティを身につけていくのかを描き出したい。

1　問題の所在

　近年，グローバル化による人の移動はますます活発となっており，日本にも多くの外国人が居住するようになった。このグローバル化の影響を受け，1970年代以降，来日した人々を本書では「ニューカマー」と呼ぶ[1]。そして，その国籍如何にかかわらず，少なくとも両親の片方が1970年以降に海外からやってきた者を「ニューカマーの子ども」と定義する。

　ニューカマーは，1980年代からその増加が顕著となり始めたが，その先駆けとなったのがフィリピンなど，アジアからの女性労働者たちである（伊藤1992）。その後，1990年の出入国管理及び難民認定法（以下，入管法）の改正を経て，日系人等多くのニューカマーが日本にやってくることになった。2013年の調査によると，日本に居住する在留外国人の数は，206万6445人である[2]。2012年7月に在留制度が変更されたため，それ以前の統計と単純に比較することはできなくなったが，多くの外国人が日本に居住していることは確かであり，2013年の日本の総人口に占める在留外国人の人口比率は約1.62％となっ

ている。そして，ニューカマーの増加から，30年以上経過した現在，その長期滞在化，定住化が進んでいる。なかでも，本書が対象とするフィリピン系ニューカマーの場合，「永住者」「定住者」の資格を持っている者は全体の約73%であり[3]，その定住性が指摘されている（高畑 2011a：222）。

　ニューカマーの長期滞在化，定住化に伴って，見逃せない変化は，その子どもたちの多様化である。ニューカマーの子どもというと，日本語が分からず，日本の学校への適応に困難を抱える子どもを連想しがちである。しかし，近年，ニューカマーの長期滞在化，定住化に伴って増加しているのは，日本で生まれ，日本語を流暢に話すニューカマーの子どもである（渋谷 2013）。第一言語が日本語となり，日本人のような行動様式をとるかれらが抱える課題は，学齢期に来日した日本語が分からない子どもたちとは異なり，ニューカマーの教育問題は新たな局面に入ったともいわれて久しい（佐久間 2006）。また，このようなニューカマーの子どもの実態の多様化に伴って，かれらが抱える問題も多岐にわたるようになった。しかしながら，これらの問題に対する施策や制度改革などはほとんど行われておらず，現場ごとの対応に任せられているのが実状である。その背景には，日本の教育制度の排他的，同化主義的性格が大きく影響している。

　日本において，「外国人」の子どもへの教育は義務でも権利でもなく，「恩恵」とされてきた。佐久間によれば，この背景には過去に遡るいくつかの理由がある。第1に，「戦後の教育に影響を与えてきた憲法や教育基本法にいう教育の権利や義務が，狭く『国民固有の権利・義務』と解釈されていること」，第2に，「この解釈を受ける形で戦後，在日朝鮮人の児童・生徒が，教育の権利から排除されていったこと」である。後者の実態が前者の解釈に支えられる形で，外国人の子どもの教育を恩恵とする状況が今日まで続いている（佐久間 2006：219）。国民ではない外国人への教育は，国家の仕事ではなく，そこにいくら問題が山積していたとしても放置し続けるという姿勢が見て取れる。すなわち，戦後から現在に至るまで一貫して，日本の教育は国民教育であり続け，外国人は排除，同化の対象とされているのである。

　今後，少子高齢化が免れない日本社会において，移民の存在を前提とした社会を構想していかねばならないことに否定の余地はないだろう。外国人の子ど

もたちを排除や同化の対象とし，かれらへの教育を「恩恵」として日本人への教育の埒外におくのではなく，日本社会を生きる存在としてかれらを捉え，教育の主体とする必要がある。そのためには，様々な手だてが考えられるが，現在日本を生きるかれらの人間形成の有り様をつぶさに見ていき，かれらの生きる世界を捉えることも必要な手だての1つだろう。以上のような問題意識から，本書は，ニューカマーの子どもを対象にし，その教育問題を検討していく。それでは，次に，本書の位置づけと課題を明確にするために，ニューカマーの子どもを対象とした教育研究を3つの側面から批判的に検討しよう。

2　先行研究の検討

(1) 資源形成主体としてのニューカマー

　第1点目は，ニューカマーを資源形成主体として十分に捉えてこなかった先行研究に対する批判である。国際移動は，国家や市場の影響を受けて起こるものであるが，移民たちはそうした構造に一方的に規定されるだけの存在ではない（樋口 2005c : 76）。限られた環境のなか，移民たちは，現状を打破しようと試行錯誤を繰り返すが，かれらの生活を安定させる資源となるものの1つに，仲間との間に築かれるネットワークやコミュニティがある。移民の定住過程をモデル化したカースルズとミラーの移民過程論[4]（Castles and Miller 1993=1996 : 26-27）によれば，移民は定住が進むにつれ，互助的なネットワークを作り，その後，独自の機関を持つエスニックコミュニティを形成するという。樋口は，「移民特有のニーズに基づく制度が発達した社会空間」を「移民コミュニティ」と呼ぶが（樋口 2005c : 80），移民コミュニティは，複数のネットワークと，そのネットワークの拠点となる組織，制度の総体として捉えられる（樋口 2005c : 96）。この移民コミュニティは，生活に必要な様々な資源を提供し，移民の生活基盤の安定化を促す。教育に関して言えば，親の文化伝達を促すなど，重要な役割を果たすことになる（樋口 2005c : 90）。つまり，移民は定住するにしたがって，生活を安定させるために自ら主体的にネットワークやコミュニティを形成し，それを資源として利用していくのである。

　日本においても，親の持つ同国人・日本人とのネットワークがニューカマー

の子どもの学校適応のための教育資源の1つとなることが指摘されている（志水・清水 2001）。インドシナ難民の家族が持つ教育資源と子どもの学校適応について分析した志水らは、エスニックグループによって、親が持つネットワークの種類が異なることを明らかにしている。同国人・日本人とのネットワークは、子どもの教育に関する情報をもたらし、子どもの学校適応を促す教育資源になっていることを志水らは指摘する。しかしながら、そこでは、ニューカマーの親たちがネットワークをどのように作り上げ、維持し、教育資源として利用しているのかという点は、明らかにされておらず、資源形成主体としての親たちの姿は見えてこない。さらに、その他のニューカマー教育研究においても、親の持つネットワークやコミュニティ、そこから生み出される社会関係資本の形成、維持過程については注目されておらず、動的な資源形成のダイナミクスは明らかにされてこなかった。すなわち、教育資源を作り出していく親たちの主体的営みについては目を向けられることは少なかったのである。

　こうした背景には、ニューカマーの親たちを資源の乏しい社会的弱者として見なしてきた先行研究の限界がある。永田は、これまでの研究は、外国人を社会的弱者として見てきたがゆえに、日本人の論理を時に利用しながら、したたかに生きるかれらの姿を見落としていると指摘する。そして、このような限界を乗り越えるためには、「社会や集団という枠の中で、日々暮らしている個人が、制約された権利や、限られた機会の選択、国民国家を単位とする集団的な概念などに翻弄されながらも」、主体的に生活を安定させようとしている存在として捉えることが必要であるという（永田 2011：22）。同様に、福田は、ホスト社会側の視点から移民当事者をめぐる一側面を切り取ってきた先行研究の限界を指摘し、移民当事者側の視点からかれらの自律的・主体的な活動に目を向ける必要性を説く（福田 2012：2）。

　以上から、ニューカマーを周辺化され、抑圧された存在としてのみ捉えるのではなく、主体的行為者として捉える視点の必要性が導き出される。ホスト社会側にある既存の制度のなかで支援される存在としてだけでなく、自ら資源を作り出していく存在としてニューカマーを捉え直す必要がある。

（2）学校以外の育ちの場

 第2の批判点に移ろう。ニューカマーの教育問題は，「言語」，「適応」，「学力」，「進路」，「不就学」，「アイデンティティ」の大きく6つに分けられ（志水2009：11-15），それぞれの問題に関して，多くの研究蓄積がある。しかしながら，先行研究の多くは，学校，とくに日本の公立学校を前提としてきたという点で限界を抱えている。

 関によれば，制度化された学校において周辺化されがちなマイノリティの子どもの場合，学校以外でいかに豊富な育ちの場[5]を獲得できるかがその人間形成にとって重要となるという。育ちの場が少なかった場合やそれぞれの場，あるいは資源の関係が既存のハイアラーキーなものである場合は，既存の秩序において下位に位置づけられるマイノリティは，この秩序に回収されてしまう。しかし，様々な場やそこでの資源を学びの主体が独自に秩序づけたり，関係づけたりすることができれば，学びの主体はある秩序や関係にのみ回収されることはない。学校では，マジョリティの論理に巻き込まれてしまうマイノリティであっても，その他の場で主体的に学ぶことによって自尊感情を維持することが可能となるのである（関2002：40-41）。

 移住初期段階において，資源の少ない移民は既存の制度を利用することで子どもを自立させようとする（Castles and Miller 1993=1996）。このことを考えれば，ニューカマー教育研究が既存の制度の一つである学校に注目してきた理由も首肯できる。しかし，長期滞在化，定住化に伴って，移民自らが資源を作り出すにつれ，学校以外の場も育ちの場として機能するようになる。たとえば，海外の移民研究では，学校だけでなくエスニックコミュニティが子どもの育ちに重要な役割を果たすことが繰り返し主張されている（たとえば，Zhou 2009）。アメリカのベトナム系移民の研究を行ったジョウとバンクストンⅢは，低所得者層の子どもであっても，教会を中心としたコミュニティのサポートを受けることにより学業達成がなされることを明らかにしている（Zhou and BankstonⅢ 1998）。また，エスニックコミュニティへの関与度が大きい者ほど，安定したエスニックアイデンティティを保持し，分裂的なエスニックアイデンティティを持つ可能性が低いことも指摘される（Zhou and BankstonⅢ 1998）。特に，ホスト社会生まれの移民の子どもは，自分自身のエスニシティを確認する場が

ない場合,「ホームレス」な状態になるともいわれ,親がいかに子どもをエスニシティが確認できる場に置くかが重要になってくる（Espiritu 2003 : 11）。同じエスニシティを持つ者同士が集まるコミュニティは,子どもにエスニックな経験をする機会を提供し,かれらがエスニックアイデンティティを構築する際に,多大なる影響をもたらすものとなる。

このように,移民の子どもの育ちには,学校だけでなく,学校以外の場が大きな影響を及ぼす。しかしながら,ニューカマーの子どもを対象とした教育研究は,ニューカマーの子どもが人間形成を行う際の主な準拠点を日本の学校に求めており,かれらが対面する社会的文脈の多様性にはほとんど目を向けてこなかった。こうした先行研究のなかでも,清水（2006）の研究は,学校だけでなく,地域や家族という複数の場にまたがった人間形成の有り様を描いているという点で先駆的である。そこでは,学校と家庭の狭間で生きるニューカマーが地域の学習教室を通してエスニシティへの肯定感を獲得する過程が描かれている。つまり,関が言うところの多様な育ちの場として,地域の学習支援の場が位置づいていることが示唆される。しかしながら,清水の研究において検討されたのは,日本人側が作り上げた支援の場であり,海外の移民研究において重要視されるニューカマー自らが作り出すコミュニティやネットワークと子どもとの関わりについては十分に明らかにされていない。

以上の先行研究の検討から,学校という枠内に留まらない多様な育ちの場との関わりに目を向ける必要性が導出される。学校外の育ちの場に注目することは制度化された学校という枠組みの限界を指し示し,それらを問い返すことにつながるだろう。

(3) 育ちの過程への注目

3つ目の先行研究批判は,対象となるニューカマーの子どもの育ちの過程に関することである。これまでニューカマー教育研究の中心的な対象となってきたのは,学齢期に来日した子どもであった。なかでも,日本語や母語維持の問題,学校適応の問題は,かれらが来日してまず直面する困難であるため,そこに多くの研究関心が寄せられてきた。ニューカマーが増加した当初においては,実態に即す形で学齢期に来日した日本語の分からない子どもの問題を取り扱う

意味は十分にあったであろう．しかし，前述したように，近年ではニューカマーの子どもの実態は多様化しており，学齢期で来日した子どもだけではなく，日本生まれ日本育ちで日本語しか話せない子どもたちも増加している．

　このような子どもたちのなかからは，必ずしも自らが身につけていないルーツを押し付けられることや，ルーツを問いただされることに抵抗を覚える子どもがでてくる．子どもたちが多様化していくなか，ルーツに依拠して，本質主義的に子どもを捉えようとするやり方が綻びを見せ始めているのである（渋谷 2013）．これに対して，近年では，どこからきたのか（ルーツ）を問うだけでなく，どのようにして今に至ったのかを問う必要性，すなわち，ルーツだけでなく，ルートを問い直す必要性が指摘されるようになっている（渋谷 2013）．子どもたちを見るまなざしを，ルーツからルートへずらそうというのである．多様化する子どもたちの実態を捉えるためには，ルーツによってのみ子どもを捉えるのではなく，ルートの違いに注視する必要があるが，こうした視点に立った研究が行われるようになってきている（高橋 2013，児島 2013，榎井 2013，松尾 2013）．しかし，その蓄積はまだ十分とはいえず，経験的研究の積み重ねが求められる．

　ルンバウトは，移民時における年齢と親の出身地によって，言語適応，アイデンティティ形成やホスト社会への適応の仕方が異なってくるとし，移民世代を4つに分類した（Rumbaut 2002 : 49）．その4分類とは，1.0世（移民時 18歳以上），1.5世（移民時 18歳未満），2.0世（ホスト国生まれ，親の出身地が外国），2.5世（ホスト国生まれ，片方の親の出身地が外国）である．特に，学齢期に物理的な国際移動を経験した1.5世とホスト国生まれの2.0世以降では，エスニシティに対する感覚が異なるため，明確に区別する必要があるとされており，子ども世代を一括りにするのではなく，その育ちの過程によって区別する必要性が指摘されている（Zhou 1997）．

　育ちの過程による差異が，特に顕著に現れ出るのはエスニックアイデンティティの問題においてである．北米を中心に展開される移民研究では，移民のエスニックアイデンティティの有り様を世代や育ちの過程による差異から読み解こうとする研究が多く見られる．たとえば，在米フィリピン系移民を対象としたエスピリトゥは，アメリカ生まれのフィリピン系移民とニューカマーは，か

れらの内部でもはっきりと区別されていることを指摘する（Espiritu 2003）。その上で、彼女はフィリピンにおける記憶がないアメリカ生まれの子どもは、エスニシティを確認できる環境に置かれていない場合、「ホーム」がない状態となり、自分が「アメリカ人」なのか「フィリピン人」なのかで悩み、アイデンティティが揺らぐ可能性があることを示唆した。

　また、日本の文脈に目を向けると、在日朝鮮人研究が世代によって異なるエスニックアイデンティティの問題について論じている。金は、1世が差別に対抗するために確固たる民族的アイデンティティを持ったのに対し、2世は実体験を伴わない抽象的なものとしてでしか「祖国」を感じることができず、ゆえに自らのアイデンティティの葛藤を抱えてきたと述べる（金 1999）。さらに、3世、4世となると、そのアイデンティティのあり方は多様なものとなるが、かれらは同化と異化の両契機の間を揺れ動きながらアイデンティティを模索していると言われている（福岡・辻山 1991：12）。

　しかし、日本のニューカマーを対象とした研究の多くは学齢期に来日した子どもと日本生まれの子どもを明確に区別してこなかったため、育ちの過程、すなわち、ルートの違いによってエスニシティに対する認識がどのように異なるのか十分に明らかにされていない。そもそも、上記で挙げたニューカマーの教育課題のうち、アイデンティティに関する研究はその蓄積が相対的に薄い。アイデンティティを扱った研究においても、アイデンティティが学校適応や不適応、不就学といかなる関係性を持つのかという視点で論じる研究が多く（関口 2007、趙 2009）、そのエスニシティに対する認識が育ちの過程によっていかに異なるかについて論じられた研究は管見の限りほとんど見当たらない。日本生まれの子どもが増加し、ニューカマーの子どもの多様化が指摘される現在、その多様化の内実をつかみ取るためにも、かれらを一括りにして扱うのではなく、育ちの過程の違いに注視し、アイデンティティの問題を論じる必要性があるだろう。

3　課題の設定

　先行研究の検討から以下の3点の視点を持つ必要性が示された。第1に、ニ

ューカマーを抑圧された人々という側面でのみ捉えるのではなく，かれらの自律性，主体性に目を向けること。第2に，学校という枠組みに留まらない多様な育ちの場に注目すること。第3に，育ちの過程の差異を考慮することである。

　この点を踏まえ，本書では，移民コミュニティとニューカマーの子どもとの関わりに焦点をあてる。ニューカマーの子どもたちが，移民コミュニティのなかでどのようなエスニックアイデンティティを形成しているのかを明らかにすることが本書の課題である。具体的には，以下の2つの課題を設定する。第1に，移民コミュニティを構成する複数のネットワークがどのように形成，維持，利用されるのか，また，ネットワークの拠点となっている組織，施設がどのような機能を持っているかを明らかにすること。第2に，移民コミュニティを生きる子どもたちがどのようなエスニックアイデンティティを築いているのかを育ちの過程の違いに注視しながら描き出す。ニューカマーの子どもたちは，ルートのなかでどのようにルーツを見つめ，どのようなアイデンティティを身につけるのか。この問いを検討することが本書の目的である。本書では，渋谷（2013）と同様の立場に立ち，多様化する子どもたちを捉えるためには，ルーツに固執するのではなく，ルートを重視すべきと考える。そして子どもたちがルーツをどう捉えるかは，ルートでの経験に依存するものとする。

　また，本書では，複数のネットワークの束，総体としての移民コミュニティを捉える。自ら主体的に生きるための資源を作り出す存在としてニューカマーを捉え，かれらが作り出す資源の1つとして，複数のネットワークから生み出される社会関係資本に注目する。前述したように，移民コミュニティのなかには，複数のネットワークと，そのネットワークの拠点となる組織，制度が含まれる。移民コミュニティが形成されるにあたっては，移民同士が作り上げたネットワークからエスニックな組織，制度が作られ，コミュニティに展開していく方法と，企業家や組織者などが制度を提供し，コミュニティを組織化する方法がある（樋口 2005c：98-101）。移民コミュニティの形成にあたって必要な組織や制度は，必ずしも移民同士で作られるものに限らず，ホスト社会側が用意した組織や制度が移民の生活にとって必要なものとなる場合もある（樋口 2005c）。本書では，ニューカマー自身が作り出す組織として，フィリピン系エスニック教会を取り上げ，ホスト社会側が作り出した組織として地域の学習教

室を取り上げる。そして,この2つの組織を学校外の育ちの場として捉える。

さらに,本書では,日本に数多く存在するエスニックグループのなかでも,フィリピン系ニューカマーをその主な対象に据える。後述する通り,フィリピン系ニューカマーの子どもたちは,日本へ出稼ぎに出た親に後から呼び寄せられて来日した子どもと,日本人男性とフィリピン人女性の間に生まれた日比国際児の子どもの大きく2つに分類される。同じフィリピン系であっても,かれらの育ちの過程は大きく異なる。ここでは,この育ちの過程の違いに特に注目しながら,かれらのエスニックアイデンティティの有り様を描いていきたい。なお,本書では,呼び寄せによってやってきた1.5世の子どもと日比国際児を含めて,第二世代と呼ぶ。

では,次に分析の際の参照軸となる議論についてまとめつつ,本書で用いる分析枠組みを示そう。

4　分析枠組み

(1) 移民ネットワークと移民コミュニティ

まず,ここで整理しておきたいのは,移民ネットワークと移民コミュニティの関係性についてである。既述したように,本書では,ネットワークの束,総体として,コミュニティを捉えるが,その理由を以下に記しておく。

主流社会からは地理的に隔離され,同郷者によって作られるコミュニティは,移民が多く住む地域ではよく見られるものだった。具体的には,ロサンゼルスの「リトル・トーキョー」やニューヨークの「リトル・イタリー」などを想像してもらえればよい。また,世界中に存在するチャイナタウンは最も分かりやすい事例だろう。そこでは,同じエスニシティの者たちが「スープのさめない距離」に居住し,家族や親類同士が紐帯を維持してきた。エスニックレストランや食材店,宗教施設など移民の生活に必要なものが整えられ,職業斡旋などが行われた。杉浦は,これを「エスニック・タウン」と称し,「特定のエスニック集団の集住居住域であり,かつその集団の営業施設およびコミュニティ施設の集中が見られる地区」と定義している(杉浦1996:5)。そして,こうしたコミュニティは,移民に所属意識を与え,エスニシティの重要性を意識させる

基盤となった（Yancy, Eriksen, and Juliani 1976）。

　しかし，現代社会においては，コミュニティ概念がその領域性を失いつつあるといわれる（広田 2003：331）。ヤンシーらによれば，現在では地理的に限定されたコミュニティだけでなく，移民同士のコミュニケーションによって維持されるグループが移民にエスニシティの重要性を認識させるコミュニティとして機能しているという（Yancy, Eriksen, and Juliani 1976）。地理的に分散していても，エスニシティによってつながり，エスニックなイベントの際に集合するようなコミュニティが形成されているというのである。広田は，こうしたコミュニティ組織を「①アンクレーブ化したリジットな組織ではなく，②それゆえ成員性と境界において曖昧で，③エスニシティを軸にしてルーズにまとまるアマルフォスな人間的集合で，しかも，④そのなかから新しい組織や集団が生まれては消える」社会集合体であるとしている（広田 2003：83-84）。また，カースルズとミラーは，「地理的に限定された集合体を形成していないとエスニックコミュニティでないとすると，全ての移民がそのようなコミュニティを形成しているとはいえない」とした上で，「エスニックコミュニティは変化しやすく複雑で対立し合うネットワークである」と定義し，地理的に限定されたものだけでなく，国内外に広がる幅広いネットワークの総体としてコミュニティを捉えている（Castles and Miller 1993=1996：124-125）。

　このような定義を受けて，福田は，現在日本に住むニューカマーの大半が分散居住のため，ローカルなコミュニティと移民コミュニティが必ずしも重ならないと述べ，ある拠点を中心に形成されるネットワークが増殖したものとして移民コミュニティを捉えている（福田 2012：13）。そして，そのネットワークもコミュニティも日々変化する動態的なものであると福田は述べる。

　日系ブラジル人が多い豊田市や大泉市においては，領域性を持った移民コミュニティが形成されていることだろう。しかし，本書の対象となる A 地域では，エスニシティごとの棲み分けは明確になされておらず，領域性を持った移民コミュニティは形成されていない。エスニックレストランや食材店などネットワークの拠点となる場が一部集中している区域はあるものの，1つのエスニシティに限定されることはなく，様々なエスニックグループのネットワークの拠点が混在している。A 地域は領域性を持って区分けされた移民コミュニティが

序章　本書の課題と分析枠組み　｜　*11*

集まっている場ではなく，網の目の様に形成された幾つものネットワークの拠点が集まっている場であり，その拠点にはA地域以外からも多くの人がやって来るのである。面による棲み分けではなく，点による混住がA地域の特徴ということができるだろう。

そこで，本書では，ネットワークを人と人，場と場を結びつける関係性の総体とし，そのネットワークの束としてコミュニティを捉え，分析を進めていく。そして，複数のネットワークとその拠点となる場からかれらの移民コミュニティの有り様を描いていく。さらに，ネットワークも日々変化していることから，ネットワークを動的なものと捉え，領域性にかかわらず，その束となるコミュニティも変化するものと捉える。既述の通り，ここでいう移民コミュニティには，同国人同士で作られるエスニック組織やネットワークのみならず，日本人によって作られた組織とそこを拠点に広がるネットワークも含まれる。

さらに，かれらが形成するネットワークは，一国内のみに留まるものではない。現代移民は，移動の後も出身社会とホスト社会にまたがるトランスナショナルな空間のなかで，トランスナショナルなネットワークを維持しながら，生活を送ると言われている（Basch et al 1994, Levitt 2001, Levitt and Glick Schiller 2004）。本書の対象者たちも，フィリピンとのつながりを維持しながら，生活を送っている。すなわち，移民コミュニティを構成する複数のネットワークには，トランスナショナルなネットワークも含まれることになる。よって，本書では，このトランスナショナルなネットワークも含めて，フィリピン系ニューカマーたちの持つ複数のネットワークを検討する。

（2）社会関係資本論

本書では，ネットワークから生み出される社会関係資本を教育資源として捉えるが，この社会関係資本に関する議論についてもここでまとめておこう。社会関係資本については様々な議論があるが，社会関係資本は「社会関係と社会構造に埋め込まれた資源からなり，何らかの目的実現を目指して行為する人々が成功の可能性を増やしたいときに用いるものである」ということ，さらに，「社会関係資本の維持，再生産を可能にするのはメンバーの相互行為である」ということは多くの研究者のなかで共有されている（Lin 2001=2008：30-31）。

これらの共通性をまとめて，リンは社会関係資本を「人々が何らかの行為を行うためにアクセスし活用する社会的ネットワークに埋め込まれた資源」（Lin 2001=2008：32）として定義した。本書でもこの定義に従って議論を進める。

　社会関係資本に関する様々な論者のなかでも，本書が特に注目したいのは，コールマンである。社会関係資本の議論を教育の分野に持ち込んだコールマンは，教育達成と社会的不平等の関係を理解するのに有効なものとして社会関係資本を位置づけた。コールマンによれば，社会構造が閉鎖的であるほど，社会関係資本の蓄積は促される。特に，親子関係を前提としたネットワークの閉鎖性は「世代間閉鎖性」（Coleman 1988=2006：220）と呼ばれる。これは，友人関係にある親同士の子どもが友人であるような場合を指し示す。この場合，ネットワークは閉鎖的な構造になり，親は自分の子どもだけでなく，ネットワーク内にいる子どもの監視役となる。そして，親同士で子どもの行動に関する共通の規範を作ることが可能となり，監視の強化と規範の形成によって子どもへの集合的な制裁が加えやすくなる。すなわち，この世代間閉鎖性は，「学校に関することに限らず様々な点で，子育てをする親にとって一定量の社会関係資本となる」（Coleman 1988=2006：221）。

　しかし，このような議論は，社会関係資本の肯定的側面のみを強調しているとして，批判されることもある。ポルテスによれば，社会関係資本は「部外者の排他（exclusion of outsider）」，「他の成員の足を引っ張ること（excess claims on group members）」，「個人の自由に対する社会的圧力（restriction on individual freedom）」，「他者を見下す規範（downward leveling norms）」という少なくとも4つの負の側面があると言われる（Portes 1998：15）。ネットワークが強固であればあるほど，ネットワーク外の部外者は排除され，ネットワーク内の規範が強まるほど，個人の自由が制限され，ネットワーク内の行為者に規範を遵守させる圧力がかかることになるのだ。

　本書では，コールマンの議論を参考にし，社会関係資本が教育資源となり得ることを指摘していく。具体的には，親が移民コミュニティのなかにあるネットワークから生み出される社会関係資本を利用しながら，子どもに規範や言語，文化を継承していく様子を見ていく。その際，自らの持つネットワークに子どもを組み込む親が多いことから，世代間閉鎖性のあるネットワークの利用の仕

方についても注視したい。このとき気をつけたいのは，社会関係資本の肯定的側面ばかりを取り上げることである。特に，フィリピン人同士の間で作られる社会関係資本が排他性や個人の自由に対する社会的圧力となることも考慮しながら，分析を進めていくことにする。

（3）流動的で複合的なエスニックアイデンティティ

次に，エスニックアイデンティティ分析の際の枠組みについて述べる。額賀は，「ある場面で強調される差異は，別の場面では緩和され，アイデンティティは固定的ではなく，状況依存的で流動的，複合的なもの」（額賀 2013: 13）と述べる。また，渋谷は，ホールに依拠しながら，アイデンティティを「あるもの」というだけでなく，「なるもの」として捉える（渋谷 2013）。ホールによれば，アイデンティティとは，「他者との関係の中で選び取っていくもの」（ホール 1998）である。高橋は，中国帰国児童を対象に行った研究のなかで，子どもたちのアイデンティティは，「中国にルーツを持つ」という1つのカテゴリーに固定化できるものではなく，他者との関係のなかで日々構築される柔軟なものであると述べる（高橋 2013）。そこでは，ルーツの確認を促すような教育実践の必要性を認める一方で，ルーツに固執するだけでなく，一人ひとりのルートの有り様にも目を向ける必要性が示されている。

本書では，このような議論を参考にし，アイデンティティを固定的なものではなく，複合的で流動的なものとして捉える。エスニックアイデンティティの有り様は，それぞれがルートのなかでどのような経験をしてきたかということに依存し，それは状況によって常に変化する。かれらが必ずしも身につけていないルーツを強調し，その枠組みでもってかれらのエスニックアイデンティティを捉えるのではなく，ルートでの経験や状況によって変化するものとしてエスニックアイデンティティを捉えるのが本書の立場である。そして，ルートのなかで様々な構造的制約を受けつつ，自らのエスニックアイデンティティを表明したり，しなかったりするかれらの日常実践の有り様に目を向けたい。

さらに，アイデンティティを分析する上で考えたいのが，トランスナショナル空間における「ホーム」の有り様である。本書で注目するのは，国境をまたいで形成されるトランスナショナル家族（Hondagneu-Sotelo and Avila 1997, Parreñas 2005, Foner 2009) が形成するトランスナショナルな空間と，そこを生きる子どもたちのアイデンティティである。フィリピン系ニューカマーの親たちは，頻繁な連絡や送金，一時帰国によって，フィリピンの家族との間にトランスナショナルなネットワークを維持しており，トランスナショナルな空間を形成している。結果，1.5世も日比国際児もその空間に組み込まれながら，日々を過ごしていると想定できる。本書では，このトランスナショナルな空間のなかで，子どもたちがいかなるアイデンティティを築いていくのかを見ていきたい。

　その際に，ホームという概念を用いるが，どこにホームという感覚を持つかは，アイデンティティの問題と関わる（Zulueta 2011 : 163）。ズルエタによれば，ホームは，帰属意識やそこに根付いている（rooted）という感覚を人々に提供するが，それは，必ずしも1つであるとは限らず，多様なホームがあり得るという。生まれた場所だけがホームになるのではなく，移動先に長年住んでいれば，そこがかれらのホームとなることもある。だが，一方で，今住んでいるところがホームとなるわけでは必ずしもない。いずれのホームも日々の経験やグローバルな現状との関連のなかでその人がどのようにアイデンティティを作っていくかによって変わり，状況的に作られるのである（Abdelhady 2008 : 55）。

　以上の議論を参考にし，本書では，対象となる子どもたちが程度の差こそあれ，トランスナショナルな空間に組み込まれていると措定する。そして，ルーツのある場所だけでなく，どこでも「ホーム」となり得るという前提に立ち，子どもたちの「ホーム」に関する感覚から，その帰属意識を浮かび上がらせる。

5　研究の対象と方法

（1）研究方法

　研究方法は，エスノグラフィーの手法を用いる。古賀は，エスノグラフィーを「実際に現地に赴いて比較的長期間滞在し，被調査者と生活を共有しながら，集団や組織の文化を観察・記述する方法」（古賀 1997 : 72）と定義している。エスノグラフィーの手法は，生徒や教師をはじめ，立場を異にする様々な当事者の「声」に耳を傾けることによって，より多角的な情報を得，決して一枚岩

ではない現実を把握することができる手法である。長期間その現場に入り込んで観察することにより，現場の内実を把握することができ，アンケート調査などでは捉えることのできない側面を捉えることができる。また，それらの「声」を「真空状態」ではなく，その「声」が発せられる具体的な文脈において捉えようとするため，研究者があらかじめ用意した理論枠組みに現象を当てはめるのではなく，当事者たちの理解の仕方に寄り添った解釈が可能になる手法である（箕浦 1998）。現場のあり様をすくい取るのに最適な参与観察やインタビューから，日常の相互作用における人々の意味付与行為に注目するエスノグラフィーは，フィリピン系ニューカマーの移民コミュニティ形成やアイデンティティの有り様に接近しようとする本書の課題にとって，最適な手法だと考えられる。

　しかし，ここで注意しなければならないのは，当事者たちの理解に寄り添い，かれらの「声」をくみ取ろうとするエスノグラフィーも研究者の主観によって構成されているという事実である。エマーソンらは，「フィールドノーツや最終的にできあがってくる民族誌は，どうしてもまたいかなる場合であっても，エスノグラファーのパーソナリティ，経験，視点，そして理論的な立場のフィルターを通して構成されていくもの」だとする（Emerson, Fretz, and Shaw 1995=1998：441-442）。すなわち，フィールドノーツを構成しているのは，調査対象者との関わりのなかでエスノグラファーが獲得していった意味，あるいは対象者と共に構成していった意味についての記述と考察なのであり，できあがったエスノグラフィーは，対象者との相互作用によって作られたものである。そのため，フィールドワーカーは，自身の属性や現場でのポジショナリティ，理論的志向に自覚的でなくてはならない。

　本書の場合，現場によって，または，対象者によって筆者との関係は異なり，また，時間の経過につれ，関係性も変化している。学習教室においては，筆者は子どもたちにボランティアとして積極的に関わっており，その場面を構成する1人として登場する。観察者よりも参与者としての比重が強いといえる。一方，教会においては，礼拝やその他イベントに参加することはあっても，観察に徹することが多く，参与者というよりも，観察者としての比重が強くなる。だが，いずれの場面においても，筆者は日本生まれ，日本育ちの「日本人」と

して，現場に関わっているという点では相違ない。筆者はこの自身の立場について，自覚的であるよう常に心がけ，分析の際も自分自身の立場性について注意を払った。

（2）調査対象地
　本書の対象となるのは，都市部に位置するA地域X地区である。A地域の住民基本台帳に登録している外国人数は，2013年の段階では，3万4393人であり，A地域全人口の10.6％を占める[6]。これは，日本の総人口に占める在留外国人の人口比率，約1.62％を遥かに上回るものである。1980年の時点では，A地域の外国人登録比率は1.8％とそれほど高いものではなかったが，2010年を見てみると，11.1％にまでなっている。次に国籍別でA地域の人口数を見ていくと，2013年末の調査で最も多いのは「中国」であり，次いで「韓国・朝鮮」，「ベトナム」，「ネパール」，「ミャンマー」，「米国」，「フランス」，「タイ」「フィリピン」となっている。それぞれのグループの人口数は拮抗しており，順序は年ごとに入れ替わっている。
　A地域のなかでも，X地区は，多くの外国人が居住する地区であり，2013年の調査では，X地区の外国人登録者数は，9,201人であった[7]。これはA地域の総人口の約27％にあたる。X地区は，歴史的に場末の街として周縁化されており，常に流動層が流れ込む場所であった（稲葉 2008a）。1980年代後半から外国人住民の数が急増したが，その増加はある日突然もたらされた"異変"ではなく，X地区に流入し続けてきた新住民，流動層の延長線上に位置づけられるものであるといわれる（稲葉 2008b : 166）。外国人向けの住居やエスニック料理店など外国人を引きつける磁場が多く作られ，外国人などの主流社会から異質とされる人々が住みやすい街として認識されるようになり，それに伴って，X地区の多文化化が促進されてきたのである。
　この多様なエスニシティの人々が混住し，多様なエスニックネットワークが交錯する場こそが本書の舞台となる場である。街を歩けば，ハングル，中国語，ヒンディー語などで書かれた料理店，雑貨店の看板が多々目につく。ただ，1点ここで留意したいのは，この地域を彩る風景にフィリピン系ニューカマーの姿が見えてこないという点である。「フィリピン」以外の国の人々の料理店や

食材店，宗教施設は，X地区のなかで顕在化している。しかし，フィリピン料理の店や食材店，宗教施設などの看板は見当たらない。これは，なぜだろうか。

高畑と原は，サービス業に従事するフィリピン人は多く見ても，料理店や食材店を経営するフィリピン人はあまり見られないことを指摘した上で，以下4つの仮説をその理由として挙げている（高畑・原 2012：160-161）。まず，第1に，労働不要仮説である。これは，日本人と結婚し，主婦となっているフィリピン人が多いため，外で働く必要はないという仮説である。第2が人的資本仮説である。在日フィリピン人の多くは，専門知識や高度な職業的技術を持っている人が少ないため，企業や経営を行うことが困難であるという仮説である。第3が文化的要因仮説である。フィリピン人は，送金など，海外移住者として親族に果たすべき義務が重視されるため，起業するほどの蓄財が難しいという仮説である。第4が潜在化仮説である。これは，自営業はあるのに，見えていないだけというものである。集住することのないフィリピン人の場合，エスニックビジネスを行っていても，見えにくいというのである。

この4つの仮説のもと，高畑と原は，主婦であるフィリピン人女性たちが担い手となったエスニックビジネスに目を向けた。彼女らによれば，フィリピン人のエスニックビジネスは，集住しないために見えにくいだけで，確実に展開しているというのである。さらに，そのエスニックビジネスの営業の場として指摘されているのは，同胞同士が集まる教会であった。フィリピン人は，その非集住性ゆえに，かれらが集う料理店や宗教施設は顕在化しにくい。しかしながら，かれらが作り出す移民コミュニティは確実に日本社会の中には存在している。マテオは，日常的には集住していない在日フィリピン人たちが日曜日になるとカトリック教会に集まり，互助的な共同体を作り上げていることを明らかにしている（マテオ 2003）。本書では，このフィリピン人の持つ移民コミュニティに目を向けていくことにする。

（3）研究対象

本書で対象となるのは，既に述べている通りフィリピン系ニューカマーである。「フィリピン」国籍者は，在留外国人統計によれば，「中国」「韓国・朝鮮」に次いで第3の人口数を占めており，その数は20万9183人である。高畑によ

れば、その人口的特性は以下の5点にまとめられる（高畑 2011a：222）。その5点とは、①女性の多さ（外国人登録人口の約8割が女性）、②日本人との結婚の多さ（2006年は1万2000人超）、③第二世代の存在（毎年約5,000人の日比の子どもが誕生し、外国人母親の3人に1人がフィリピン人）、④定住性（2009年の調査ではフィリピン人登録人口の約80.5％が長期滞在可能な在留資格を持つ）、⑤分散居住（日本人夫の家に婚入し、定住したケースが多いため）である。本書にとって、特に重要なのは、その第二世代の多さと分散居住である。

　ここではまず、この2つの特徴のうち、フィリピン系第二世代の子どもについてまとめておこう。日本人と法的な結婚をしていた間に生まれた子ども、もしくは認知された子どもであれば、日本国籍を持つ。フィリピン国籍を持たず、日本国籍のみを持っている子どもも少なくないため、国籍で判別する統計には出てこない子どもが多数いる。この場合、名前も日本名の子どもが多く、外見も「日本人っぽい」子も少なくないため、その異質性が可視化されにくい。さらに、日本語が第一言語となり、タガログ語をまったく解さない子も少なくない。そのため、日本語が十分でない母親との間にコミュニケーション齟齬が生じ、日本語を話せない母親を恥ずかしく思う子どもやそのアイデンティティに葛藤を抱える子どもがいることも報告されている（高畑 2000, 西口 2005）。

　また、上記では触れられてはいないものの、フィリピン人の母親がフィリピンに残してきた子どもを日本人との結婚後に呼び寄せるというパターンも多く見られる。子どもを養育するために、単身で日本に出稼ぎに渡ったシングルマザーたちが、日本人と結婚し、フィリピンから子どもを呼び寄せるのである。高畑は、1997年と2009年の在日フィリピン人の年齢構成を比較した上で、10～19歳の登録人口が2,866人から14,849人へと5.2倍も増加したことを指摘し、フィリピン国籍を持つかれらの多くが呼び寄せで来日した者であると述べている（高畑 2011b：55-56）。この場合、言語や適応の問題はもちろんのこと、日本人の義父との関係や長い間離れて暮らしていた母親との関係など、家族関係が子どもの人間形成に影響を及ぼす（額賀 2012）。すなわち、フィリピンにルーツを持つ子どもは、日比国際結婚によって生まれた日比国際児の子どもと、フィリピンから呼び寄せられた1.5世の子どもの2つに大別できるが、それぞれの子どもの抱える問題は異なるといえる。これは、第二世代内部の差異に関心

を持つ本書にとって，興味深い特徴である。

　また，国際結婚の多さゆえ，フィリピン人は日系ブラジル人などと異なり，目に見える形での集住地域を持たず，日本人に囲まれながら生活している（永田 2011）。日本人と国際結婚した場合には，フィリピン人女性は家族のなかで自分だけが「外国人」となることも少なくなく，日本語中心の生活を強いられ，母語を使う機会も制限される。

　だが一方で，このような状況にあるからこそ，フィリピン人にとって，同郷者同士の間で結ばれる相互扶助ネットワークは非常に重要なものとなる（高畑 2003）。日本人家族のなかで，孤軍奮闘する彼女らは，同郷者との交流を求め，教会などを拠点にネットワークを築いていく（永田 2007）。そして，集住地域とは異なる脱領域的な移民コミュニティを形成し，そこから日本で生活していくための情報を獲得し，生活基盤を安定させる。つまり，集住せず，かつ，家族のなかで1人外国人となるフィリピン人は，教会のような場を拠点としたネットワーク，さらにそれが束となったコミュニティを生活の安定のための資源として活用していると捉えることができる。

　すなわち，フィリピン系ニューカマーは，第二世代内部の生活経験の差異が明確に分かれ，それぞれの困難さが指摘されている点と，分散居住であるがゆえにネットワークや脱領域的なコミュニティが重要視されているという点において，第二世代内部の差異と移民コミュニティの重要性に関心を持つ本書にとって，適当な対象であるといえる。

　具体的な対象者のプロフィールは，以下にまとめている。本書では，フィリピンで生まれ育ち，学齢期に呼び寄せられた1.5世と日本で生まれ育った日比国際児を主な対象に据えるが，なかには，日本で生まれ，その後，学齢期にフィリピンに渡った者やフィリピンで生まれ，学齢期前に日本にやって来た者なども存在するため，こうした子どもたちも部分的に登場する。名前はすべて仮名であり，年齢はインタビュー時のものである。ただし，数年間にまたがる調査のため，子どもの年齢に限ってはフィールドノーツやインタビューを抜粋する際，その都度記すことにする。

　ここでひとつ断っておかねばならないのは，対象者のジェンダー構成の不均等さである。特に，日比国際児の子どもに関しては，その対象が女子に偏って

表序-1　フィリピン人女性のプロフィール

	仮名	学歴	日本での職業	在留資格	滞日年数	移動経験	家族構成
1	リア（40代）	2年制大学中退	エンターテイナー→専業主婦→学生	興行→短期滞在→配偶者→定住者	15年	フィリピン→日本→フィリピン→日本→フィリピン→日本	長男（13），長女（8），次女（7）＊日本人夫と離婚
2	アイリーン（40代）	4年制大学卒	エンターテイナー→専業主婦・パート	留学→短期滞在→興行→オーバーステイ→配偶者→永住者	16年	フィリピン→日本→フィリピン→日本→フィリピン→日本	日本人夫，フィリピンに長男（26），次男（22）
3	エリー（43）	4年制大学中退	エンターテイナー→専業主婦→パート	興行（×4）→配偶者→永住者	16年	フィリピン→日本（×4）	日本人夫，長男（11），長女（9）
4	シンディ（49）	ハイスクール卒	エンターテイナー→専業主婦→パート	興行→オーバーステイ→配偶者→永住者	17年	フィリピン→日本	日本人夫，長男（20代），フィリピンに長女（20代）
5	クリスティーン（40代）	不明	エンターテイナー→専業主婦→パート	興行（×8）→オーバーステイ→配偶者→永住者	13年	フィリピン→日本（×8）	日本人夫＊夫とは別居で一人暮らし
6	レイチェル（48）	修士	エンターテイナー→専業主婦→出版社	留学→オーバーステイ→配偶者→永住者	23年	フィリピン→日本→フィリピン→日本→	日本人夫，長女（16），義理の両親
7	ロレナ（55）	2年制大学中退	家事労働者	留学→家族滞在（夫：公用）	28年	フィリピン→日本→カナダ→日本→フィリピン→日本	フィリピン人夫，長女（31），長男（28），次男（18）
8	ダイアナ（36）	4年制大学卒業	家事労働者→ALT	特定活動→教育	9年	フィリピン→日本	フィリピン人夫（39），長女（12），長男（8），次男（1）
9	ジャスミン（43）	ハイスクール卒業	家事労働者	特定活動	10年	フィリピン→日本	フィリピン人夫（43），長女（15），次女（10）＊家族全員フィリピン在住
10	ローズ（47）	2年制大学卒	家事労働者	特定活動	5年	フィリピン→日本	フィリピン人夫（43），長男（20），長女（15），次女（12）＊家族全員フィリピン在住
11	グレース（52）	小学校卒業	家事労働者	特定活動	12年	フィリピン→香港→日本	フィリピン人夫（58），長女，長男（28）＊家族全員フィリピン在住
12	ケリー（39）	2年制大学卒	家事労働者	特定活動→配偶者→永住者	16年	フィリピン→香港→日本	日本人夫，長女（＝陽菜），長男（2），義母

	仮名	学歴	日本での職業	在留資格	滞日年数	移動経験	家族構成
13	エイミー (44)	2年制大学卒	弁当屋→家事労働者	短期滞在→オーバーステイ→配偶者→永住者→帰化	20年	フィリピン→香港→日本	日本人夫，長女（＝凛），次女（＝志穂），義母
14	メアリー (45)	2年制大学卒	家事労働者	特定活動	20年	フィリピン→日本	ガーナ人夫，長男（15），次男（10）
15	ニコール (49)	2年制大学卒	家事労働者・夫の会社手伝い	留学→配偶者→永住者	25年	フィリピン→日本	日本人夫，長男（21），長女（20），次女（17），次男（16），三女（＝美波），三男（10），義母
16	ジェシカ (40代)	2年制大学卒	家事労働者→テレコミュニケーション会社	特定活動→人文知識・国際業務→永住者→帰化	14年	フィリピン→日本	フィリピン人夫，長女（15），長男（9）
17	バネッサ (44)	ハイスクール卒	知り合いの会社で雑務→専業主婦→パート	留学→オーバーステイ→配偶者→永住者	15年	フィリピン→日本	日本人夫（65），長男（16），次男（10）
18	セリーナ (30代)	不明	専業主婦	配偶者	5年	フィリピン→日本	マレーシア人夫，長男（1）
19	まちこ (40)	ハイスクール卒	専業主婦・パート	配偶者→永住者→帰化	20年	フィリピン→日本	日本人夫，長女（＝詩音），義父
20	ケイト (31)	博士	博士課程→団体研究員	留学→人文知識・国際業務	7年	フィリピン→日本	フィリピン人夫

表序-2　フィリピン系の子どもたちのプロフィール

	仮名	性別	年齢	初来日時の年齢	家族構成	エスニック教会への参加の有無	学習教室への参加の有無
1	クレア	女性	23歳（社会人）	11歳	両親，双子の妹（＝ダイアナ）	あり	なし
2	ダイアナ	女性	23歳（社会人）	11歳	両親，双子の姉（＝クレア）	あり	なし
3	カレン	女性	20歳（大学2年）	14歳	母，継父，弟(17)	あり	あり
4	ジェニファー	女性	19歳（大学2年）	10歳	母	あり	なし
5	マリー	女性	16歳（高校2年）	14歳	母，継父，妹(14)，継妹(10, 9, 7, 6)	あり（ただし，T教会ではない）	あり
6	ロバート	男性	16歳（高校2年）	11歳	両親，姉(28)，兄(26)	あり	あり
7	レイモンド	男性	16歳（高校1年）	11歳	母，継弟（＝透）	あり	あり
8	デイジー	女性	16歳（中学3年）	11歳	母	あり（ただし，T教会ではない）	あり
9	ジュリ	女性	19歳（高校3年）	14歳	母，弟（＝ルイ），継妹(=16)，継弟(7)	あり（ただし，T教会ではない）	あり
10	ルイ	男性	17歳（高校1年）	10歳	母，姉（＝ジュリ），継妹(=16)，継弟(7)	あり（ただし，T教会ではない）	あり
11	凌平	男性	13歳（中学2年）	9歳	両親，妹(10)	なし	あり
12	透	男性	13歳（中学2年）	日本生まれ	母，継父，継兄（＝レイモンド）	年に1, 2回	あり
13	沙樹	女性	19歳（高校3年）	日本生まれ（10歳から15歳までフィリピン）	両親，兄(21)	あり	なし
14	健人	男性	13歳（中学1年）	日本生まれ（5歳までフィリピン）	母，継父，妹（＝亜里紗）	なし	あり
15	凛	女性	15歳（中学3年）	日本生まれ	両親，祖母，妹（＝志穂）	あり（小学校高学年まで）	あり
16	志穂	女性	14歳（中学2年）	日本生まれ	両親，祖母，姉（＝凛）	あり（小学校高学年まで）	あり

	仮名	性別	年齢	初来日時の年齢	家族構成	エスニック教会への参加の有無	学習教室への参加の有無
17	美波	女性	15歳（中学3年）	日本生まれ	両親, 祖母, 長兄(21), 長姉(20), 次姉(17), 次兄(16), 弟(10)	あり	あり
18	陽菜	女性	15歳（中学3年）	日本生まれ	両親, 祖母, 弟(2)	あり（小学校高学年まで）	あり
19	詩音	女性	17歳（高校2年）	日本生まれ	両親, 祖父	あり	なし
20	遥	女性	13歳（中学1年）	日本生まれ	両親, 長姉(19), 次姉(16)	あり	なし
21	美菜子	女性	13歳（中学1年）	日本生まれ	両親, 姉(18), 弟(4)	あり	なし
22	聡美	女性	13歳（中学1年）	日本生まれ	両親, 兄(16), 妹(12, 8, 4)	あり	なし
23	亜里紗	女性	12歳（小学6年）	日本生まれ	母, 継父, 兄(＝健?)	なし	あり

いるという限界がある。これには，学習教室，教会に参加する子どもたちのジェンダー構成の偏りと筆者自身の性別が影響している。学習教室でも，教会でも，子どもたちは友人同士連れ立って，参加する確率が高い。そのときの友人は，多くの場合，同性同士となる。1.5世の場合は，異性同士でも親密な友人関係を築いている者は多くいたが，日比国際児の場合は，同性同士で固まることが多かった。同性同士の友人数人で参加するため，学習教室でも，教会でも，参加者のジェンダー構成は，年齢によって偏りが出ており，ある学年は女子が多く，ある学年は男子が多いという不均衡さが見られることになる。筆者は，自らのアイデンティティを語るに足る年齢として，中学生以上の子どもを主に対象としたが，調査時の中学生の多くは，学習教室でも，教会でも女子だったのである。

また，子どもたちの生活世界に接近し，そのアイデンティティの有り様をつぶさに見ていくためには，子どもたちと人間関係を構築しながら，参与観察やインタビューを積み重ねていく必要があったが，女子のほうが筆者との交流を持つ機会が多かったため，結果的に，日比国際児の場合は，その対象が女子に偏ることになってしまった。ただし，インタビューが可能であった男子に関し

てはわずかであるが，そのデータを使用している。また，インタビューが不可能でも，参与観察が可能であった男子に関しては記録し，検討の対象としている。

(4) フィールドワークの概要

　筆者は，対象となる A 地域で 2007 年 6 月からフィールドワークを続けている。このフィールドワークは，2 つの時期に区分される。2007 年 6 月から 2009 年 12 月と，2010 年 1 月から 2014 年 3 月に至るまでである。第 1 期においては，同地域にある小学校で週に 1 回ボランティアを行いながら，フィールドワークを行っていた。その後，フィールドワークの場は学校から地域の学習教室に移る。筆者は，2010 年 1 月よりこの学習教室でボランティアとして週に 3 回の活動を開始した。そして，この学習教室を始点に，教会や親のコミュニティ，またフィリピン系に限らないエスニックグループのネットワークの拠点にも参入し，半構造化インタビューや参与観察も行ってきた。本書で主に用いるのは，この第 2 期のフィールドワークで集められたデータである。また，筆者は，2011 年と 2013 年の 11 月にそれぞれ 2 週間程度，フィリピンで現地調査を行っており，そのときのデータも部分的に用いる。現地調査では，フィリピンに居住する対象者たちの家族，親族や，日本の学校を経験した後フィリピンに戻った子どもへのインタビューを行った。

　半構造化インタビューは，1 回 1～2 時間ほどであり，対象者の自宅や喫茶店などで行われた。また，対象者の希望によって，グループインタビューとなった場合もある。調査対象者には，後述する学習教室と教会を拠点に，スノーボール形式でアクセスした。インタビューの際の使用言語は主に日本語であるが，日本語が十分でない対象者には英語でインタビューを行った。翻訳は全て筆者が行っており，いずれも対象者の許可をとり，録音している。インタビューやフィールドノーツの引用箇所は**ゴシック体**で表記し，引用者による補足は（　）で，省略箇所は……で表記した。また，英語で行ったインタビューの引用箇所は，*斜体*で記している。

　参与観察は，筆者がフィールドに主に参与者として参加していたため，その場でデータを取ることは不可能であった。よって，帰りの電車のなかで，メモ

を取り，帰宅後にその日にあったことをフィールドノーツとしてまとめるようにしていた。また，学習教室や教会以外にも，対象者の自宅で開催されるパーティーやピクニックに招かれることがあったが，その際の出来事もフィールドノーツに書き留めている。本書で主に扱うフィールドノーツは，2010年1月から2014年8月までに集められたものである。

　ここでまず，フィールドワークの始点となる学習教室について説明しておきたい。第4章でも詳しく述べるが，この学習教室は，小学校5年生から中学校3年生までの「両親，もしくは親のどちらかが日本語を母語としない児童生徒」を対象に，学習支援を行っている。来日したばかりの子どもに対しては日本語支援を行うが，それ以外の子どもに対しては，学校の勉強など日本語以外の支援をしている。この学習教室はA地域に2ヵ所がある。火・木はX教室で，水・金は，Y教室で支援が行われる。X教室とY教室は隣接する地区にある。また，土曜日は中学校3年生のみを対象にX教室で活動が行われている。学習支援は，日によって異なるものの，子ども1～3人に対し，支援者1人が付く。

　筆者は，火・水・木と活動に参加しており，X教室には週に2回，Y教室には週に1回参加している。生徒数は，2012年6月時点では，X教室が24名，Y教室が11名である。ボランティアは登録数が50名だが，定期的に来るボランティアは13名ほどである。学生や主婦，定年退職者，または会社帰りの会社員がボランティアとして活動している。

　学習教室では，誰がどの子の担当になるか，日によって流動性はあるものの，概ね固定されている。筆者の担当は，中学1，2年の女子となることが多かった。そのため，彼女たちを中心とした観察記録が増え，データには偏りが見られる。しかし，筆者は幅広く色々な子どもの様子を観察するため，休み時間や帰りの時間は，なるべく多くの子どもに関わるように心がけた。

　もう1つのフィールドであるエスニック教会には，学習教室に2人の子どもを通わせているエイミーとの出会いにより，深く入り込むことになった。フィリピン人の母親にインタビューをしたいという筆者の申し出を受け，学習教室の代表である松本さんが紹介してくれたのがエイミーであった。エイミーへのインタビューから2ヵ月後に，彼女に連れられ，教会のイベントに出席したの

が教会へ参入するきっかけである。フィリピン人にインタビューをしたいという筆者の要望に対し，エイミーや彼女の友人であるメアリーは，教会に集まるフィリピン人たちを次々に紹介してくれた。

　インタビューは，教会の時間の前後に行うことが多かったため，筆者は毎週日曜日に教会に通うようになった。教会参加者たちは非常に友好的であり，筆者を快く迎い入れてくれた。特に，シンディは，筆者が教会に通い始めた当初から色々と筆者を気にかけてくれた。いつも牧師の一番前に座る彼女に誘われ，いつしか彼女の隣，すなわち一番前の真ん中の席で牧師の話を聞くのが習慣となった。フィリピン人参加者がほとんどを占める教会において，日本人である筆者は可視化された存在である。インタビューを受けてくれた人は，筆者が何者かを知っているが，それ以外の人には，奇妙な存在に映ったことだろう。しかし，教会に行く回数が増えるにつれ，顔見知りの人が増え，徐々に教会の一員として受け入れられるようになっていった。それには，牧師の理解に依るところが非常に大きい。牧師には，論文のなかでこの教会について取り上げたいという旨を伝えており，快諾してもらった。また，インタビューにも応じてもらっている。彼は，教会メンバーの子どもに勉強を教えているという筆者に対し，非常に協力的であり，筆者の学習支援活動について礼拝時に皆の前で話してくれることもあった。牧師のこうした理解によって，筆者は教会に随分楽に参加できたのであった。

6　各章の構成

　それでは，ここで本書の構成について簡単に述べておこう。第1章では，移民コミュニティのなかに張り巡らされている複数のネットワークがどのように形成，維持，利用されているかを明らかにする。具体的には，フィリピン系ニューカマーの母親たちがいかなる経緯で来日し，来日後，どのようにネットワークやコミュニティを形成，維持，利用しているのかを描き出す。特にその際，エンターテイナーとして来日した女性と家事労働者として来日した女性，それぞれの移住システムの違いに注目する。

　続く第2章では，母親たちが第1章で作り上げたネットワークから生み出

れる社会関係資本を教育資源としていかに利用しながら，教育戦略を実行していくのかを描き出す。ここでは，日本で結婚し，子どもを生み育てている母親と，子どもをフィリピンに残してきた母親の2つに分類し，それぞれの教育戦略と教育資源の利用について検討する。

　第3章と4章は，移民コミュニティのなかにある学校外の育ちの場の機能に焦点を当てる。まず，第3章では，エスニック教会の教育的機能に注目する。具体的には，エスニック教会にある日曜学校とユースグループがいかなる教育的機能を担っているのかを，世代によるニーズの差異に注目しながら考察していく。親世代と子世代，また，子世代内部でも1.5世と日比国際児，それぞれが教会にどのような機能を付与しているのかを検討していく。

　第4章では，エスニック教会とは異なる育ちの場として，日本人によって作られた学習教室に注目する。日本社会でやっていくためのツールを身につける場としてホスト社会側が企図した学習教室が子どもたちにとっていかなる場として機能しているのか，1.5世と日比国際児の差異を考慮しながら検討していく。

　続く，第5章と6章は1.5世と日比国際児それぞれがルートのなかでどのようにルーツと向き合い，エスニックアイデンティティを構築していくのかを描き出す。第5章では，学齢期に来日した1.5世たちの生活史を追っていきながら，かれらがルートのなかで，ルーツへの認識を変化させていく様子を描き出す。トランスナショナルな空間を生きるかれらがそのルートのなかで，ホームを作り出す様子を見ていきながら，そのなかでかれらがいかなるエスニックアイデンティティを持つようになるのか，検討していく。

　第6章では，日本で生まれ育った日比国際児のアイデンティティについて検討する。日本人化を免れない子どもたちが親の日常的，非日常的実践のなかで，いかにフィリピンにルーツがあることを認識していくのかを考察する。そして，かれらが他者との間に引く境界設定の有り様に着目しながら，かれらの流動的なエスニックアイデンティティについて明らかにしていく。

　終章では，本書の要約と学術的貢献についてまとめながら，残された課題と今後の展望について述べたい。

注
1）この呼称は，植民地背景を有する人々との差別化を図るために作られたものである。「ニューカマー」に対峙する言葉として，旧植民地出身者に対し，「オールドカマー」という言葉が使われることがあるが，「来たくて来たわけではない」という旧植民地出身者に対し，「カマー」という表現を用いるのは，歴史的背景を十分に考慮していないという批判もあり，「オールドタイマー」という言葉が代替されることもある（佐久間 2011：vii）。
2）法務省入国管理局．2013.「在留外国人統計」
（http://www.e-stat.go.jp/SG1/estat/List.do?lid=000001118467　2014.9.16）
3）法務省入国管理局．2013.「在留外国人統計」
（http://www.e-stat.go.jp/SG1/estat/List.do?lid=000001118467　2014.9.16）
4）カースルズとミラーの移民過程論は，移民の定住過程を以下の4段階に分ける。第1段階は，若い労働者の一時的な労働移民が主で，海外送金と母国への帰国志向が強い段階であり，第2段階は，滞在の延長と，血縁や出身地域の共通性と新しい環境における互助の必要性に基づいた社会的ネットワークの発展する段階。第3段階が家族呼び寄せの開始と，受け入れ国への関与の増大に伴う長期定住の意識が高まり，独自の機関（教会，店，飲食店，代理店，専門職）を持つエスニックコミュニティの出現する段階。そして，第4段階は，永住の段階となるが，受け入れ国政府の政策や人々の態度如何では，永住権が法的に与えられ安全な地位や市民権獲得ができるか，あるいは政治的排除や社会経済的周辺に追いやられ，永久にエスニックマイノリティに閉じ込められるかのいずれの道に分かれる。この理論は，特に段階4の解釈に対して，多くの批判がなされている。その批判の内容は様々だが，最大の批判は，永住の段階を最終段階としているがため，トランスナショナルな現象が説明できないというものである（樋口 2005b，坪谷 2008，福田 2012）。しかし，段階1～3に関しては，移民過程を把握するのに役立つモデルともされている（福田 2012：31）。
5）関は，「この世に生まれ，育ち，働き，結婚し，産にかかわり，育み，老い，土にかえる過程で，そのつどそのつど意思をもって自分を表現すること，自分の生き方を決め，それを社会的に実現していくこと」を「ひとりだち」と呼ぶ（関 1998：283）。そして，ひとりだちを方向づけ，促し，助ける行動様式，換言すれば，＜育てる・育つ＞をめぐる判断・行動様式を「発達文化」と定義する。この発達文化が伝達される場となるのが，多様な「育ちの場」である（関 1998：304）。本書でもこの意味で「育ちの場」という言葉を用いることにする。
6）A地域「住民基本台帳人口　外国人住民国籍別男女別人口（平成25年12月）」
7）A地域「住民基本台帳の町丁別世帯数及び男女別人口（外国人のみ）（平成25年12月）」

第1章　親の移住過程とネットワークの形成

　本章では，フィリピン人の母親たちの移住過程を読み解きながら，彼女たちが移民コミュニティを構成する複数のネットワークをどのように形成し，それを維持するのか，その諸相を描き出す。定住に伴って彼女たちがいかに自分たちの生活を安定させていくのかという点に注目しながら，自ら資源を作り出していくニューカマーの母親たちの主体的な営みに焦点を当てる。その際，移住システムの違いに注目しながら，来日経緯から定住までの過程を追っていく。
　以下では，まず本章で用いる分析枠組みについて説明する（第1節）。フィリピン系ニューカマーの移動の背景を概観した後（第2節），本書で対象となった親たちの来日経緯を，市場媒介型移住と相互扶助型移住に分け，見ていくこととする（第3節）。そして，来日後，何を基点としてネットワークを形成するのか，またどのようにして，そのネットワークを維持していくのかを描き出す（第4節）。その際，他者への排他意識がネットワークを下支えすることも指摘しながら，分析を進める（第5節）。

1　市場媒介型移住システムと相互扶助型移住システム

　まず，最初に，本章で用いる分析枠組みについて詳述しよう。本書にとって重要なのは，移民にとってのコミュニティやネットワーク，そこから生み出される社会関係資本がいかなる意味を持つのか，という点である。移民研究において，ネットワークは，国際移民の発生・定住・帰還を含む一連の移住過程を説明する理論として，1970年代から注目されてきた移住システム論との関連で論じられてきた。樋口によれば，移民ネットワークとは，「個々の移民に利用可能で，移住過程に影響を及ぼす社会関係の総体を指す」ものであり，移動局面，居住局面の双方で機能するものである（樋口 2005c：78）。ネットワーク

は，移動局面においては，送り出し地域と受け入れ地域を接合し，移住を促進するものとして，他方，居住局面においては，移民の適応や社会移動を可能にするものとして機能する。つまり，ある地域からある地域への移住がいかになされるのか，という移動局面（＝移民フロー）に関する問いについても，ある地域へ移住した移民がいかに定住するようになるのか，という居住局面（＝移民ストック）に関する問いについてもネットワークは有効な示唆を示す。以下，移動局面と居住局面におけるネットワークとそこから生み出される社会関係資本についての議論を樋口（2005c）に依拠しながら，まとめていきたい。

　なぜ，ある地域からある地域へ移民が輩出されるのか，という問いに対する説明として，長い間支配的言説となっていたのがプッシュープル理論である。そこでは，国民国家間の賃金，社会福祉制度，教育機会などの格差が国際移民発生の要因であり，合理的選択をする個人がよりよい環境を求めることによって移動が発生するといわれてきた（Harris and Todaro 1970）。しかし，それだけでは特定の国家間に移動が集中する理由や最貧国からではなく，一定の経済発展を遂げた国から多くの移民が輩出される理由を十分に説明できないとして，新たな説明理論が求められるようになる。そこで登場したのが，送り出し国と受け入れ国にまたがる社会的ネットワークに着目し，特定の地域から特定の地域への移動を説明しようとした移住システム論である。そこで明らかにされたのは，賃金格差等の構造的要因は移民が発生する前提条件としかならず，ある地域とある地域を接合するためには，社会的ネットワークの存在が不可欠であるということであった。賃金格差という動機を持った人々が移住しようとしても，その移住を助ける組織や個人が存在しなければ，移住は成立し得ない。移住を助ける媒介者とのつながりが移住のリスクを引き下げ，移住を促進するということが移住システム論のなかで明らかにされてきたのである。

　しかし，主にアメリカにおける移民を対象として作り上げられた移住システム論は日本では十分に適用しきれない。そこで，樋口は，日本の実態に即し，移住システム論を市場媒介型システムと相互扶助型システムに分けた（樋口2005c）。最も大きな違いは，その移住の媒介者が組織であるか，親戚や知り合いなど個人であるかという点にある。市場媒介型は，斡旋業者などが介在した組織的移動であり，相互扶助型は親戚などの顔見知りのつてを頼った移動であ

る。樋口によれば，日本を含むアジア諸国における状況は，相互扶助型システム論を重視してきた従来の北米型移住システム論では説明できず，むしろ市場媒介型システムが発展しているのが現状であるという（樋口 2005c：93）。特に，日系ブラジル人の場合は，デカセギ斡旋業者を媒介とした移住が多くを占めており，市場媒介型システムに分類される。

　このような移動局面における移住システムの違いは，国境移動と共に移転できる社会関係資本の質に違いをもたらし，その後の居住局面にも影響を及ぼす。親戚や友人を媒介とした相互扶助型移住の場合，移住に伴うコストやリスクは軽減されるが，こうした移民同士の間で築かれるネットワークは，移住後も維持され，移民先で生活を安定させるための資源となる。最初に移住する移民は，自らの人的資本と経済資本によって，生活基盤を整える必要があるが，2人目以降の移民からは，最初の移民との社会関係を利用して，仕事や住居を確保することができる（樋口2005c：83）。そして，移民が次々と連鎖するようになるにつれ，移住先で移民コミュニティが形成されるようになり，それは，エスニックビジネスの発展や（Portes and Bach 1985），子どもの学業達成に影響を及ぼし（Zhou and Bankston III 1998），移民の社会適応を促進する。

　一方，市場媒介型移住の場合は，出身地に関係なく，職を斡旋できる場に移民を配置するため，特定の地域の出身者が特定の地域に移住することは難しくなり，移住先での社会関係は出身地と切り離された形で再構成される（樋口2005c：95）。移住先で再構成されたネットワークは，高度に信頼関係を持ったものとなりにくいと指摘される。だが，樋口の研究で明らかとなったのは，市場媒介型移住によって，移住した日系ブラジル人たちが来日後，日本人との間に築いたネットワークによって，情報や日本社会における信用を調達しながら，エスニックビジネスを展開していく姿であった。そこでは，移住先で再編成されたネットワークも移民の生活の安定化に寄与することが示唆されている（樋口 2005a, 2005b）。

　樋口が対象としたのは，日系ブラジル人であったが，その他アジア諸国からの女性の移住も市場媒介型システムのなかに位置づけられる。「興行」資格で来日する女性や斡旋業者を通した国際結婚で来日する女性は，市場を媒介とし，制度化，組織化された移動の影響下にある（伊藤 2008）。日系ブラジル人とア

ジア人女性、かれらは、日本の移民労働者のなかでも多くの割合を占める集団である。ゆえに、市場媒介型システム論は、日本における移住システムを説明するのに有効な示唆を与えるものといえるだろう。しかしながら、相互扶助型移住が日本において見られないわけではない。たとえば、福田の研究では、パキスタン移住労働者が個人的ネットワークを使って移動する様子が描かれている（福田 2012）。また、李は、1980年代後半に同郷ネットワークを使って、済州島から寿町へ移動した出稼ぎ労働者がエスニックコミュニティを形成しながら、日本での就労や生活を成り立たせようとしていたことを明らかにしている（李 2010）。これらの研究は、少数事例ではあるものの、日本でも相互扶助型移住が行われてきたことを示すものである。しかし、アジア人女性のなかに入るフィリピン人女性の移住に関していえば、先に述べた通り、市場媒介型移住システムのなかで捉えられてきており、フィリピン人女性の相互扶助型移住の有り様は明らかとされていない。

　本書では、フィリピン系ニューカマーの親たちの移住システムの違いを見ていくが、その際、相互扶助型移住により関心を払うことにする。また、分析に当たっては、移動局面と居住局面を連続的に捉えながら、かれらのネットワーク形成とその維持過程を分析することにする。樋口は、これまでの日本の移民研究は、ネットワークが重要であるという指摘を繰り返すばかりで、それ以上のことは何も明らかにしていないと批判する。その上で、樋口は移民にとってのネットワークを分析する際、重要なのは、ネットワークの機能を羅列することではなく、それらがどのようにして作られ、それぞれのネットワークはどのような点で重要なのかを明らかにすることであると述べる（樋口 2005a：5）。本書でも、この点を引き取り、移動局面と居住局面を連続的に捉えながら、移民コミュニティを構成する複数のネットワークがいかに形成され、維持されていくのかを分析していくことにする。

2　フィリピン系ニューカマーの移動の背景

（1）「出稼ぎ大国」フィリピンの背景

　フィリピンは、メキシコに次ぐ世界第2位の移民送り出し国である。メキシ

コ移民の大多数はアメリカへ集中的に移動するのに対し，フィリピン移民は，世界各国に散らばっているのが特徴である（小ヶ谷 2005：118-119）。2012 年の調査によると，フィリピン人は 1048 万 9628 人が約 218 の国と地域に在住しているといわれるが，その滞在が労働契約に依存しない「永住者（Permanent）」と労働契約に依存する「一時滞在者（Temporary）」では，在住国に差異が見られる[1]。「永住者（Permanent）」が最も多いのは，アメリカ 309 万 6,656 人で永住者の約 63％を占めている。次いで，カナダ 75 万 9,802 人，オーストラリア 32 万 9,348 人，英国 16 万 881 人，日本 15 万 8,978 人である。一方，「一時滞在者（Temporary）」が最も多いのは，サウジアラビアの 115 万 9,634 人で一時滞在者全体の約 27％，次いでアラブ首長国連邦 72 万 2,621 人，マレーシア 21 万 2,951 人，クウェート 20 万 7,136 人と中東や東南アジアに集中している。移住労働者の職業として最も多いのが家事労働であり，次いで看護師などの専門職，ウェイター・バーテンダーなどのサービス業となっている[2]。

　海外出稼ぎ労働者は，1970 年代以降，増加し続けているが，その背景には多様な要因がある。たとえば，青木は，フィリピンの労働市場の変容，フィリピン政府による出稼ぎ奨励政策，東アジア，東南アジアにおける移住労働者の需要拡大をその要因とした（田巻・青木 2006）。また，菊地は，経済的，政治的要因のみならず，文化的要因も考慮すべきだとし，英語力の高さや家族主義，相互扶助意識の高さも国際移動を後押ししていると述べる（菊地 1992：189-196）。だが，様々ある要因のなかでも，1970 年代から 80 年代にかけて，相次いだ国家主導型の労働移動政策は，移住労働を促進する大きな要因と見てよいだろう。以下，小ヶ谷（2003）のまとめを主に参考にしつつ，1970 年代から今日に至るまでのフィリピンの海外雇用政策の変遷を概観したい。

　フィリピンにおける海外雇用促進政策は，1974 年の新労働法のもと作られた海外雇用開発局（Overseas Employment Development Board：OEDB）の設置に端を発する。これによって，「労働力輸出」に関する政府公認のリクルート機関が誕生した（菊地 1992：170）。その後，1982 年に同局は，国家船員局，雇用サービス局の 2 機関と統合され，フィリピン海外雇用庁（Philippine Overseas Employment Administration：POEA）となり，出稼ぎ目的の海外労働者（一時滞在者）を扱う機関となった。永住移民を対象とする機関は，1980 年に作ら

れた海外フィリピン人委員会（Commission on Filipino Overseas : CFO）があるが，この前身も前述の海外雇用開発局である。POEA開設の翌年に出された大統領府令では，海外労働者が外貨で得た賃金を家族に送金する場合，一定割分をフィリピン政府管轄下の銀行ルートを通じて定期的に送金することを義務づけた（菊地 1992 : 176）。1975年から86年のマルコス政権下の10年間で，海外就労者数は約12倍へと拡大したが，それは政府の予想を遥かに超えるものであった。1985年には，海外就労者からの送金額が国家予算の13%に当たるようになり（菊地 1992 : 176），フィリピンは海外雇用へ国家的に依存していくこととなった。

　1980年代後半には，海外労働者に占める女性労働者の比率が高くなったことも影響して，海外労働者の福祉や権利保護に関する政策が充実化した。さらに，90年代に入ると，女性海外労働者をめぐる事件が多数起こり，それによって，フィリピンの海外雇用政策の転換点と言われる「移住労働者と海外フィリピン人に関する95年法（RA8042 : Migrant Workers and Overseas Filipinos Act of 1995 : 「95年法」）」が制定された。この法律では，海外労働者の権利の保護が重視されたが，「経済成長の維持と国家開発の手段として海外雇用を促進することはしない」と初めて明言したことが最も大きな特徴だとされる。そこでは，非合法斡旋の取り締まりの強化や政府機関の整備，熟練労働者のみを送り出す「選択的送り出し」方針が打ち出された。だが，海外労働者の保護方針の具体化は困難を極め，2001年のアロヨ政権後では，再び積極的な海外雇用促進政策が取られている。また，2003年には海外労働者が大統領選挙に投票できる「在外投票法（RA9189 : Overseas Absentees Voting Act）」が成立すると同時に，出稼ぎ業務の規制緩和も図られている（田巻・青木 2006 : 79）。

　海外雇用促進政策と共に，フィリピンから海外への移動を促進しているのが，国内労働市場の緊迫化である。そもそも，海外雇用促進政策の目的の1つには，国内の失業問題の解消があった（菊地 1992）。フィリピンでは，第一次産業の衰退が製造業の膨張ではなく，小規模零細なサービス業の増加に結果している（田巻・青木 2006 : 77）。2002年では，就業人口の37.5%が広義のサービス業に従事しており，製造業の成長なきサービス業の膨張が起こっている。失業率は，1992年8.6%，1997年7.9%，2002年10.1%であり，現在の仕事では十分な収

入が得られない人の割合を示す半失業率は，1992年19.9％，1997年22.8％，2002年15.3％となっている。2012年1月の調査では，失業率は7.2％，半失業率は18.8％となっている3)。すなわち，労働人口の約4人に1人が収入で家計を支えることができていない（田巻・青木 2006：77）。さらに，新自由主義による競争の激化により，生産コストが切り下げられた結果，非正規雇用が増え，労働のインフォーマル化が進んでいる（青木 2008：43）。階層差がますます広がるなか，海外に出稼ぎに出るのは，中間層の一部の人たちである。出稼ぎ労働者が中間層から輩出されるのは，フィリピンに限ったことではない。国際移動には，移動費の調達や海外雇用に関する情報収集が必要となるため，最貧層の人々は，なかなか海外出稼ぎ労働者にはなれないのである。

　海外労働者の登録率は，フィリピン全土に及ぶが，失業率の高い州で登録率が高く，特にマニラでは著しい（田巻・青木 2006，青木 2008）。その理由を青木は，海外出稼ぎ情報，政府機関，教育機関，斡旋機関などの「海外出稼ぎインフラ」が集中しているためだとしている（青木 2008：48）。また，海外労働者の男女比を見てみると，1974年には男性の比率が70％だったのに対し，87年には，男性53％，女性47％までになり，94年には新規雇用者の60％を女性が占めるようになっている（小ヶ谷 2003：328）。2000年の調査によると，海外労働者の最終学歴は，初等教育修了者が12.8％，中等教育修了者が45.5％，高等教育修了者が41.2％となっており，移住直前の仕事としては，ホワイトカラー，工場技師の割合も高くなっている。年齢は，20～40歳代で，30代が特に多いが，平均年齢に男女差はほとんどない（青木 2008：48-50）。すなわち，海外へ労働者として移動するフィリピン人には，高卒以上の中間層の女性が多いということができるだろう。

（2）在日フィリピン人の変遷

　では，フィリピン人の日本への移動は，どのように行われてきたのだろうか。「出稼ぎ大国」フィリピンでは，出稼ぎに行く国と，現地での職種に関連が見られる。アメリカへは看護師として，中東，香港，シンガポールへは家事労働者として働きに出る女性が多い（定松 2002：49）。日本への移動は，「興行」資格によるエンターテイナーとしての移動が主であった。フィリピン人エンター

テイナーが増加したのは，1980年代初頭であるが，このフィリピン人エンターテイナーの増加は，その後のニューカマー増加のさきがけとなるものだった。日本は，外国人の単純労働を受け入れないという方針を原則として出しているため，「興行」資格で来日する人々は，「演劇，演芸，演奏，スポーツ等の興行に係る活動またはその他の芸能活動」を行う芸能人であるとされている。フィリピン政府は海外芸能アーティスト（Overseas Performing Artist: OPA）と彼女たちを呼び（佐竹・ダアノイ 2006：15），彼女たち自身も自分たちのことを「タレント」と呼ぶ。だが，実際，芸能活動をする者は少数で，ほとんどが客を接待するホステスである。

　1980年代のエンターテイナー増加の背景には，1970年代に活発に行われた買春観光がある。60年代にフィリピンで米兵を対象として作られたエンターテイメント・性的サービス産業は，米兵の撤退によって生じた空白を埋めることを余儀なくされていたが，その空白にうまく入り込んだのが日本からの買春観光であった（伊藤 1992：318-319）。80年代になると，買春観光に参加する日本人が減少するが[4]，それを受け，フィリピン人女性を日本に行かせるという方策が採られた。これがフィリピンからの「ジャパゆき」誕生の流れである（佐竹・ダアノイ 2006：12-14）。「ジャパゆき」とは，アジアから日本へ行く労働者を指すもので，「ジャパン行き」という表現から作られたが，娼婦や売春婦というイメージを持つ。呼称の持つ差別性から次第に「ジャパゆき」という言葉は使われなくなり，代わりに「フィリッピーナ」という呼称が使われるようになったが，それでも「フィリピン人女性＝風俗産業で働く人々」というイメージは，メディアなどを通して普及していった（笠間 2002）。

　1980年代から増加したフィリピン人エンターテイナーは，1991年に起こったフィリピン人ダンサーの死亡事件の影響で一時期，数が減少する[5]。しかし，その後またその数は急増し，2004年にはピークを迎える。その背景には，フィリピン政府側と日本政府側双方の動きがあった。フィリピン政府側の動きとしては，渡航年齢の引き下げがある。1991年にエンターテイナーの渡航年齢は，23歳以上に引き上げられたが，フィデル・ラモス大統領が21歳へと引き戻し，アロヨ大統領は2001年に18歳へとさらに引き下げた。また，日本側は，1995年にフィリピン・パブ実態調査の結果を踏まえて，基準省令を一部改正するが，

その基準令の中の興行資格申請に係る要件に「一，イ，(1) 外国の国もしくは地方公共団体又はこれらに準じる公私の機関が認定した資格を有すること」という文言が付け加えられた。それによって，当時新設されたばかりの「ARB (アーティスト・レコード・ブック Artist Record Book)[6]」の取得がこの要件に該当するとされ，多くのフィリピン人エンターテイナーの来日が容易になったのである（阿部 2011：26-29）。

　だが，2005年に「興行」資格が厳格化され，エンターテイナーの大規模な来日は終わりを迎えることとなった。これは，「2005年ショック」（高畑・原 2012：163）とも呼ばれる。この2005年の「興行」資格の厳格化の背景には，「人身売買」をめぐるアメリカからの圧力がある。2004年にアメリカ国務省が『人身売買報告書』のなかで，日本の人身売買防止政策が不十分であると非難したことを受け，日本は「興行」資格の厳格化に踏み切ったのである。これによって，統計上は「興行」資格で来日するフィリピン人は激減した。しかし，研究者や支援者からは不法滞在や不法入国，偽装結婚などが増加し，フィリピン人女性がより脆弱な立場に追い込まれることに対する懸念もだされていた（武田 2005：80）。

　フィリピン人女性エンターテイナーが増加したのと同時期に，農村における嫁不足解消の手段として，自治体のなかにはフィリピン人女性を花嫁として受け入れるところも出てきた。発端は，山形県にある過疎地域であった。多くの「跡取り息子」たちが結婚せず，独身のままでいることへの懸念が高まるなか，農村に住む独身男性の結婚相手として，迎い入れられたのがフィリピン人女性だった。その流れは他の地域にも広がり，民間の国際結婚斡旋業者の仲介によって，多くのフィリピン人女性が花嫁としてやってくるようになる（宿谷 1998，佐竹・ダアノイ 2006）。しかし，1990年にフィリピン政府がメールオーダー・ブライド禁止法令を制定したことや農村地域での集団見合いによる女性の受け入れは女性の商品化ではないかという批判によって，この流れは沈静化していく（永田 2011：27）。しかし，これはフィリピン人女性に限定した場合であって，他の国から農村に花嫁としてやってくる外国人女性は現在でも多く存在する。

　また，エンターテイナーや花嫁以外の来日経路としてここで言及しておきた

いのは，家事労働者としての来日である。先に述べたように，フィリピン人の女性家事労働者は，英国，シンガポール，香港など世界各地に多く存在するが，日本においては，その存在が広く認知されていない。なぜならば，入管法上，日本人が雇用する外国人の家事労働者は認められていないからである。しかし，滞日外国人が身元保証人となった場合には，「特定活動」資格で来日し，家事労働者として働くことができる。彼女たちの雇用主となるのは，主に各国大使館の職員や多国籍企業で働く外国人である。2013年において，在日フィリピン人の数は20万9,183人だが，そのうち「特定活動」の資格を持つ者は，1,847人であり[7]，必ずしも多くはない。だが，同じ2013年の調査によると，「特定活動」資格を持つ者のうち，「家事使用人」とされている人は1,170人であり，そのうちフィリピン人は922人である[8]。ここから，日本に在住する外国人家事労働者のうち，その約79%がフィリピン人であることが分かる。

　日本政府は，2014年から関西地域に「国家戦略特区」を設け，外国人家事労働者を受け入れる方針を打ち出しており，今後は日本人家庭のもとで働く外国人家事労働者が増えることが予想される[9]。フィリピン人を始めとする外国人家事労働者への注目は今後ますます高まることだろう。このことを鑑みれば，これまで注目されることが少なかったフィリピン人家事労働者に着目し，彼女たちの来日経緯や来日後の生活の実態を明らかにすることは，今後の「移民政策」を考える上でも，意義があるといえるだろう。

3　フィリピン人女性の来日経緯

　これまで，送り出し国フィリピンの社会状況と日本における在日フィリピン人の歴史と特徴について確認してきた。それでは，以上のような社会状況の下，実際に日本に居住することになったフィリピン人女性たちはいかなる経路で来日し，定住していったのであろうか。以下，具体的な事例の検討に入っていく。

　本節では，フィリピン系女性のうち，主に，エンターテイナーで来日した女性と家事労働者として来日した女性を取り上げる。インタビュー対象となったフィリピン人女性20名のうち，エンターテイナーとして「興行」資格で来日した者は5名，家事労働者として「特定活動」資格で来日した者は7名である。

また，来日時の在留資格は「留学」，「短期滞在」であっても，来日後，エンターテイナーとして就労していた者が1名，家事労働者として就労した者が3名いる。その他，1名は「留学」資格で大学に通い，1名は「留学」資格で知り合いの日本人が経営する会社で雑務を行い，2名は「日本人配偶者等」の資格で花嫁として来日している。対象者は，調査時に40代だった人が多く，滞日年数は5年から28年までと多岐に渡っている。彼女たちの出身階層には，大きな偏りは見られない。学歴には，ある程度の差はあるが，エンターテイナーとして来日した女性の階層が低く，家事労働者の女性の階層が高いということはない。つまり，どの経路で移動するかは，階層よりも，そのときに個々人が置かれた状況と，動員できる資源によって規定されているといえる。

　伊藤によれば，1980年代後半以降アジアを中心に活発になった「国際移動の女性化」は，受け入れ社会，送り出し社会双方における政策や商業的斡旋の介在によって制度化され，組織化された形で進行してきた（伊藤 2008：22）。既述した通り，日本に「興行」資格で来日する女性や斡旋業者を通した国際結婚で来日する女性もこのような組織化された移動の影響下にいるといえるだろう。しかしながら，家事労働者として来日する女性の移動は，組織化された移動とは異なる諸相を見せる。雇用主との個人契約を基本とする家事労働者の場合には，仕事を斡旋してくれる家族，親族，友人とのつながりが移住を可能にする。本章第1節で既にまとめた通り，樋口は，移住システム論を市場媒介型移住システムと相互扶助型移住システムの2つに分けたが（樋口 2005c），大まかに言えば，エンターテイナーで移動してきた女性は，プロモーターを介しての市場媒介型移住システムでの移動として捉えられ，家事労働者の女性は，個々人のネットワークを使った相互扶助型移住システムでの移動と捉えられる。以下では，彼女たちそれぞれがどのような来日経路を辿ったのかを確認していく。

(1) エンターテイナーたちの来日経緯

　エンターテイナーの就労システムは，バレスカス（1993=1994），津崎（2010），阿部（2011）の研究によると，下記のようにまとめられる。
　エンターテイナーとして日本に来るためには，まず，フィリピン国内にある

プロモーション会社に登録する必要がある。フィリピン政府は海外送り出しに関わる民間の機関を許可制にしており，この機関は，Licensed Recruitment Agency（LRA）と呼ばれる（津崎 2010 : 197）。プロモーション会社に登録するにあたっては，本人が直接登録する場合と，リクルーターと呼ばれる仲介業者にスカウトされる場合がある（Ballescas 1993=1994 : 35-39）。プロモーション会社で，一定期間のトレーニングを受けた後，「技術教育・技能開発庁（Technical Education and Skills Development Authority : TESDA）」から「アーティスト・レコード・ブック（Artist Record Book : ARB）」を発給され，この時点で日本に渡航するためのビザ発給手続きが開始される。

　一方，日本側のプロダクションは，誰を日本に招聘するのかについて，候補者がフィリピンにいる間に決定を下す。その選別は，フィリピンの業者に依頼する場合もあるが，特別委任契約を結んだ代理店を通して，オーディションを開催し，日本のプロダクションが直接選別する場合もある。選別後は，日本政府に在留資格認定証明書を申請し，政府に受理された場合は，通常6ヵ月間の「興行」資格が与えられる。エンターテイナーたちの日本滞在中の住居の確保や食事・生活面の管理，加えて派遣先での管理や教育も，彼女たちを招聘した日本のプロダクションが責任を持って行うことになっている[10]（阿部 2011 : 21）。

　こうした就労システムが日比双方をまたがる形で確立することによって，フィリピンから日本へのエンターテイナーとしての移住経路が確保され，移民フローが発生する。本書の対象となった女性たちが来日したのは，1990年代後半であるが，前節で確認した通り，1995年から2004年までフィリピンから「興行」資格での来日は，増加の一途を辿り，2004年にピークを迎えている。渡航年齢の引き下げや「興行」資格申請要件の改正など，日比両国の制度改正によって，フィリピンから日本への移住を促進する構造的条件が整えられたのである。では実際，彼女たちはどのようなきっかけで，来日することになったのだろうか。

　高校卒業後，シングルマザーとなったシンディは，子どもを養うため，32歳の時に来日している。フィリピンのパブで歌手をしていた彼女だが，仕事も少なく，経済的に厳しい生活が続いていた。そんな彼女が日本へ行くことになったのは，1人の友人に日本でエンターテイナーとして働くことを勧められた

ことがきっかけだった。当初は，幼い子どもを残して日本に行くことに戸惑いを感じていたシンディだが，食べていくためには仕方がないと思い，来日を決意した。友人の紹介を受け，エンターテイナーのプロモーション会社に登録し，来日の手筈を整えた。エンターテイナーがプロモーション会社に登録するにあたっては，シンディのように，仲介者が入ることが多い。この仲介者は，①家族，友人，近所の人などの直接的な仲介者と，②直接の知り合いではなく，家族，友人，近所の人から紹介された間接的な仲介者に分けられるが，②の間接的タイプの仲介者は，プロモーション会社を紹介しただけで，紹介料を取る場合もある（Ballescas 1993=1994：35-39）。シンディの場合は，①の直接的な仲介者が間に入っていたため，特に紹介料は取られなかったようである。

　また，仲介者を通さず，仲のよい友人数人でプロモーション会社に登録へ行くこともしばしばある（Ballescas 1993=1994：35）。8人兄弟の6番目として，マニラで生まれ育ったエリーは，27歳のとき，友達数人と一緒にフィリピンのプロモーション会社に登録した。経済的に困窮していた家族を助けたいという思いが強くあった，と涙ぐみながら当時のことを振り返る。大学で助産師になるための勉強をしていたというが，卒業しないまま，日本に行くことになった。一緒に登録した仲間のなかで，一番おとなしく，「**気持ちが弱かった**」という彼女だが，友人たちがトレーニング中に次々と辞めていくなか，彼女だけが最終的に残ることとなる。今でもどうして自分が残ったか分からないというが，家族を助けるため，どうしても「**日本に行きたい**」という思いが強かったのだという。

　このように，移住先に知り合いがいない場合でも，斡旋業者を通すことによって，移住が可能となる。だが，市場媒介型の移住でも，日本に知り合いがいるパターンもある。シングルマザーであったアイリーンは，2人の子どもをフィリピンに残し，日本へ出稼ぎに来ているが，日本を選んだ理由は，姉が日本におり，安心だと思ったからであった。また，リアは，日本にたくさん友人が居たため，楽しそうだと思って日本に来たと懐述する。アイリーンたちの場合，先に日本で居住，就労していた知り合いや家族，友人など，先発者からの情報が越境を後押ししていた。斡旋業者を介した市場媒介型移住であっても，移動が繰り返され，多くの人が行き来するようになると，家族や親族のなかに，日

本での生活をしている者／していた者が少なからず出てくる。そうすると，たとえそれが市場媒介型であっても，相互扶助型のように，移住に対する精神的障壁を軽減する作用を持つようになるのである。

けれども，それはあくまで精神的障壁を軽減するものに留まり，実際の移動やその後の居住を手助けするものにはなり得ない。実際の移動は，全て斡旋業者が取り仕切り，来日後の生活も斡旋業者に管理される。よって，移住後，相互扶助型のように，生活基盤の安定のためにネットワークが作られることもほとんどない。これはアジアに特有な市場媒介型システムの特徴である。では，相互扶助型の場合には，どのような移動経路を辿るのであろうか。次項では，家事労働者を対象にその来日経路を見ていく。

（2）家事労働者たちの来日経緯

日本において，日本人が雇用主となれないという意味で，公式的な「外国人労働者」とされていない家事労働者の場合，他の職種と異なり，公的な契約関係よりもパーソナルでフレキシブルな契約によって来日する人がほとんどである。家事労働者としての契約は，斡旋業者などの組織は介在しない雇用主による直接雇用となるため，雇用先を見つけることは非常に難しいのである（Tenegra 2006：31）。そのため，個々人のネットワークが非常に重要となり，移住先に家族，親族，知り合いがいるかどうかによって，移動の是非が決まる。一度移民が発生すると，その知り合いの紹介をもとに，次々と新しい移民が輩出され，移動が連鎖していく（Prince 1963：108-10）。

今回，調査対象者となった家事労働者たちは，親戚や知り合いの紹介によって雇用主を見つけ，「特定活動」資格で来日していた。「特定活動」資格は，18歳以上で「外交」，「公用」などの在留資格を持つ外国人とコミュニケーションをとれる語学力を持つ者のみが取得できるが，多くの場合は英語力が必要とされる[11]。

彼女たちの来日経緯は，大きく2つに分類される。①直接来日するパターンと②香港など移住労働者受け入れ国を経由して来日するパターンである。いずれの場合も，斡旋業者ではなく，親族や友人などの個人を介した相互扶助型移住である。「特定活動」資格で来日した7名の家事労働者のうち，5名が①の

図 1-1：ロレナ家族相関図[12]

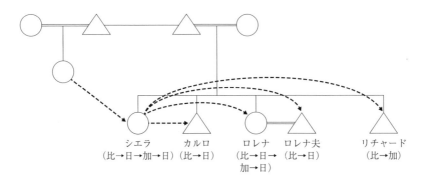

パターンで来日し，2名が②のパターンで来日している。また，「特定活動」資格でなくとも，来日後，家事労働者として働いた3名のうち，2名が①のパターンで，1名が②のパターンで来日している。

　まず，①のフィリピンから直接日本に来る場合には，すでに日本で働いていた親戚や知り合いの紹介から雇用主を見つけることで，来日の機会を得ていた。

　ロレナの例を見てみよう。4人きょうだいの3番目である彼女は，27歳の時，一番上の姉であるシエラの紹介で，フィリピン人の夫と共に日本にやってきた。当時，大学を中退し，子育てに従事していた彼女だが，姉に「**家族を助けるチャンスだから**」と言われ，移住を決意した。3歳の長女と1歳の長男は自分の両親に預け，フィリピンをあとにした。姉のシエラは，ロレナが来日する10年前に従姉妹の紹介で，家事労働者として来日している。彼女は，ロレナを呼び寄せる以前に，すぐ下の弟も日本に呼び寄せている。ロレナは，姉も兄も日本にいたため，日本での生活に不安はなかったと当時のことを振り返る。かれら3人は皆，最初は，「留学」資格で来日し，シエラの世話になりながら，アルバイト生活をしていた。その後，3人ともシエラの紹介で，大使館職員や在日外国人宅で仕事に就くと，在留資格を「公用」や「特定活動」に切り替えた。

　ロレナは，在日アメリカ人家庭のメイドとして2年間働き，その後，雇用主と共にカナダに移住したシエラに再び呼ばれ，カナダにメイドとして移住し，5年間を過ごした。ザンビア大使館の従業員をしていた夫は日本に留まっていたため，5年の間，彼女たち夫婦は離ればなれであった。カナダでの契約終了

図1-2:ジャスミン家族相関図

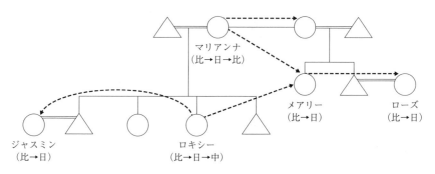

　後,ロレナは再び日本に戻ったが,シエラはそのままカナダに留まり,今度は1番下の弟をカナダに呼び寄せた。シエラはその後,日本に再び戻ったが,1番下の弟はカナダに居住したままである。このように,ロレナたちきょうだいの従姉妹がシエラを日本に呼んだのをきっかけに,ロレナやその兄へと移住が連鎖していく様子が見て取れる。

　もう一事例挙げよう。ジャスミンは,義理の妹であるロキシーの紹介で来日しているが,この家族の移住の連鎖は,ジャスミンの義理の母であり,ロキシーの実母であるマリアンナから始まっている。マリアンナは,元々マニラでメイドをしていたが,そのときに,日本人宅でメイドをしていた友人から,「短期滞在」資格の身元保証人となる日本人を紹介してもらったことが来日のきっかけである。来日後,その日本人から中国人の雇用主を紹介してもらった彼女は,在留資格を「特定活動」に切り替え,メイドとして働き始めた。そして,来日して3年後,彼女は妹と姪のメアリーをフィリピンから呼び寄せている。雇用主の友人がメイドを必要としていたため,仕事を紹介したのである。

　その後,両親が亡くなり,子どもの面倒をみる人がいなくなったことを理由に,マリアンナは,フィリピンに帰国することとなるが,マリアンナの帰国と入れ替わるように,今度は,メアリーが従姉妹であるロキシーを日本に呼んでいる。そして,ロキシーが義理の姉のジャスミンを呼び,メアリーが義理の妹であるローズを呼び,どんどん移住が連鎖していく。マリアンナから始まったこの家族の移住の連鎖は,合計5人のフィリピンから日本への移住を促したの

である。

　では，日本に仕事があるとなったとき，どのような人が次の移住者として選ばれるのだろうか。フィリピンの農村部からイタリアへの移住ネットワークを分析した長坂（2009）は，移動のきっかけとなる仕事の斡旋は，親族によってなされることが多いと指摘したが，その背景には，近親者間は互いに助け合うべきだという村落社会の理念と，親族関係の拡大，強化によって，経済的上昇や政治的影響力を拡大し，緊急時の援助依頼をしやすくしようという戦略があるとしている（長坂 2009：141-144）。今回の対象者の場合も親族関係を利用して，移動をしているが，フィリピンでの仕事が不安定な者のなかで，年上から移動する傾向が強い。マリアンナは，メアリーを最初に呼び寄せているが，その理由を「一番初めに学校を卒業したから」としている。また，カルロやロレナの夫は例外だが，先発者が斡旋できる日本での仕事は家事労働者がほとんどである。そのため，必然的に女性が選ばれることとなるが，今回の調査に限っていうと，子どものいる女性のほうが優先的に移動するようである。これは子どもを養うためという動機が移動を促す要因の一つとなるためであろう。

　だが，その場合，子どもを養育してくれる家族や親族がいることが絶対条件である。フィリピンにおける親族関係はそのつながりが広く，強いことが指摘されており，子どもの養育を親以外の者が担うことも珍しくない（清水 1990）。そのため，自分の両親や親戚に子どもを預け出稼ぎに出る者も多い。また，女性のほうが海外での仕事が多いため，夫がフィリピンに残り，子どもの面倒をみることも多い。しかし，ここで留意したいのは，夫が子どもの面倒を見ている場合でも，従姉妹やメイドなどの女性が家事労働の担い手として存在しているということである。パレーニャスは，妻が家計の担い手として移住している家族であっても，夫はジェンダー規範を守るために，親族の女性やメイドに家事や育児を任せると指摘したが（Parreñas 2005：92-119），本事例でも同様の現象が見られるといえよう。先進国でケア労働を担う女性の家族を他の女性がケアをする。ホックシールドは，このような現象を「グローバル・ケアチェーン」と呼んだが（Hochschild 2000），子どもの養育を担ってくれる者の存在が彼女たちの移住を支えているのである。

　一方，②の他国を経由する場合は移住家事労働者受け入れ国で社会関係資本

を蓄積し，それを使って日本に働き口を見つけていた。ケリー，グレースの2人は，来日する前に香港で家事労働者として就労している。また，エイミーも香港で家事労働者として就労した後，そこで知り合った日本人女性に「短期滞在」資格の保証人となってもらい，来日を実現している。

　グレースは，子どもの養育費を稼ぐため，子ども2人をフィリピンに残し，夫婦で出稼ぎにでている。経済的に貧しい家庭で育った彼女は，小学校を卒業してすぐ働き始めたが，学歴がないこともあり，フィリピンで仕事を探すのは非常に大変だった。18歳のときに結婚し，子どもを産むが，子どもには学歴をつけさせたいと，31歳のとき海外に出稼ぎに出ることを決意する。彼女は香港へ，時を同じくして夫はサウジアラビアへ渡った。香港の雇用主は，フィリピンの斡旋業者を介して見つけている。従姉妹たちが香港にいたため，香港に着いて最初にしたことは，従姉妹たちに連絡を取ることだったという。休日は，フィリピン人が大勢集まる広場に皆で集まって，食事をしたりしながら過ごした。最初の6年は，中国人家族の家で働き，その後の3年間は日本人と中国人夫婦の家で働いた[13]。その後，この日本人と中国人夫婦の家族が来日することになり，それに付き添う形で，日本にやってきている。グレースのように，雇用主の家庭が国際移動をするのに伴って移動する家事労働者たちは少なくない（Tenegra 2006）。「*日本にこれるとは思ってもみなかった。なぜなら，日本にくるのは大変だったから*」と彼女は述べるが，外国人家事労働者を正式には受け入れていない日本での就労は，出稼ぎを決意した際の当初の計画にはまったく入っておらず，意図せざるものであった。

　また，ケリーも同様に，来日前に香港で働いている。母親が香港で家事労働者として働いていたケリーは，大学卒業後，母親を頼って香港へ行き，イタリア人家族のメイドとなった。助産師の資格を大学で取っていたため，病院での仕事に憧れていたというが，フィリピンでの就職は難しく，香港へ行くことになった。その後，イタリア人雇用主の姉が日本のイタリア大使館で働いていた人と結婚することになり，メイドが必要になったため，ケリーがメイドとして呼ばれることになった。香港での雇用主の移動に伴って，来日することになったグレースとは様相が異なるものの，雇用主の持つネットワークを利用する形で来日が実現している。また，ケリーは，来日後，雇用主だったイタリア人家

族が帰国するにあたって，一緒にイタリアに行ってほしいとの誘いを受けている。この誘いは断ったというが，グレースと同様，雇用主の移動に付随する形で，国際移動をする可能性があったのである。

香港は1970年代半ばから政策的に途上国からの移住家事労働者を受け入れ，中産階級共働き家庭の再生産労働力の補填をしてきており（伊藤 2008：24-26），斡旋業者が介在した市場媒介型の移住システムが成立している[14]。ゆえに，フィリピンから香港への家事労働者としての移住は比較的容易に行われてきたといえる。ケリーもグレースも初めから日本での就労を希望して香港へ渡ったわけではなく，香港での社会関係資本の蓄積の結果，日本での就労のための手段を得ている[15]。このように日本に親戚や知人がおらず，日本における直接的なネットワークが確保されていない場合でも，移住労働者受け入れ国を経由することにより，つまり市場媒介型の移動を介在させることにより，日本での就労が可能となっていたのである。

4 来日後のネットワーク形成

以上のような来日経緯は，来日後，多様に形成されるネットワーク形成にも影響を及ぼす。出身国で形成した社会関係資本が剥奪される市場媒介型移動の場合，ホスト社会で新たにネットワークを再構築する必要がでてくるが，ネットワークを利用した相互扶助型移住の場合は，国境を越えた社会関係資本の移転が可能であるとされる（樋口 2005）。以下では，移住後のネットワーク形成の過程について見ていくこととする。

（1）職業ネットワーク

まず，エンターテイナーとして来日した人たちが移住後どのようなネットワークを作るのか見ていこう。

前節で確認した通り，市場媒介型移住の場合，移住を何度繰り返しても，社会関係資本は蓄積されない。そのため，移住先で社会的ネットワークを再編成することから始めなければならない（樋口 2005：95）。だが，エンターテイナーの場合，ネットワークを形成したとしても，維持することは難しい。なぜな

ら，彼女たちは短期間の滞在を何度も繰り返すという移住形態を取っているためである。「興行」資格は，半年で失効するため，日本で半年働いた後，一度フィリピンに戻り，再度日本に来るというように，フィリピン-日本間を何度も往還する女性が多い。しかし，何度日本に来ていたとしても，その都度働く場所は異なるため，日本で社会関係資本を蓄積するのは難しい。半年ごとに移動しなければならない彼女たちは，なかなかネットワークを維持できないのである。

　エリーは，6ヵ月ごとにフィリピンに戻り，再来日を繰り返しており，合計4回，フィリピン-日本間を行き来していた。また，18歳で来日したクリスティーンに至っては，合計8回日本とフィリピンを行き来している。その都度，働く場所は異なっていたという。

　エリーが最初に派遣されたのは，青森県八戸市のスナックだった。同時期に来日したエンターテイナーとは別々の場所に派遣されたため，知り合いはまったくおらず，最初は非常に寂しい思いをした。だが，お客さんや同僚のフィリピン人には可愛がられ，徐々に生活に馴染むようになる。同じ店で働くフィリピン人と一緒に暮らしていたため，日本語ができずとも，苦労はなかった。同じ店で働くフィリピン人同士は斡旋業者や店が用意したアパートに，共に居住する。食事の手配なども斡旋業者や店がやってくれるため，日本語ができなくても，不便のない生活環境が整えられる。共に過ごす時間が長いこともあり，同僚のフィリピン人同士のつながりは深くなり，そこにネットワーク形成の契機もあるが，半年後には皆，離ればなれとなるため，一度ネットワークが形成されたとしても，なかなかそれは維持されない。エリーは八戸のスナックで働いた後，東京都板橋区，世田谷区，神奈川県のスナックに派遣されるが，現在でも関わりを持っているのは，神奈川の店で一緒だったクリスティーンだけである。

　このように，彼女たちは6ヵ月単位で何度か移動を繰り返すという生活を送っていた。だが，こうした生活も2005年を契機に変更を余儀なくされる。先に確認した通り，「興行」資格の規制が強くなった2005年は，エンターテイナーたちにとって，選択を迫られた年である。オーバーステイで日本に滞在するか，フィリピンに帰るか，という選択だ。

クリスティーンの場合は，オーバーステイのまま日本に滞在することを選択した。一方，エリーは，オーバーステイになる直前で戦略的に，在留資格を切り替えた。「興行」資格が厳格化されることを知り，このままでは，日本に居られないと思った彼女は，当時付き合っていた現在の夫に助けを求め，神奈川のスナックから逃げ，夫と結婚し，「日本人配偶者等」の資格を取得したのである。2005年の規制によって，不法滞在者が増えるという懸念があったことは既述した通りだが，少なくともクリスティーンとエリーにとって2005年の規制は，オーバーステイか帰国かという選択を迫るものだった。

　フィリピンに戻っても仕事がないため，彼女たちはなんとか日本に残ろうとする。エリーのように，タイミング良く「日本人配偶者等」の資格に切り替えられる場合はよいが，そうでない場合には，最終手段として，オーバーステイを選択する。クリスティーンと同じように，シンディとアイリーンもオーバーステイを経験している。彼女たちは皆，オーバーステイヤーだったことに後ろめたさを感じているようだが，そのときは，「**今ほど厳しくなかったため，みんなそうだった**」と言い，オーバーステイが必ずしも珍しいものではなかったことを強調する。

　オーバーステイの場合，1つの店に留まることが可能であるため，そこで同僚のフィリピン人とネットワークを築くことは可能である。クリスティーンも，アイリーンも休みの日は，元同僚の友達と常に一緒にいたと言い，この友人関係は現在でも続いているようである。そして，彼女たちは，オーバーステイの間に日本人男性と結婚し，「日本人配偶者等」の資格を得る。相手は，お店の客が多いようだが，同じエンターテイナーであるフィリピン人の友達から紹介されて結婚する場合もある。シンディの場合は，友人の紹介で現在の夫と出会っている。

　また，アイリーンは，エンターテイナー以外の仕事に就いていたとき，元同僚だった友人からスナックでの仕事を手伝って欲しいと言われ，そこで夫と出会っている。このように，結婚を手助けするものとして，エンターテイナー同士のネットワークが使われる。就労形態などから，なかなか他のフィリピン人とネットワークを築きにくいエンターテイナーの女性たちにとって，同僚とのネットワークは，唯一の資源であった。日本人男性との婚姻は，不安定な身分

から脱出するための手段であり，その意味では，エンターテイナーの職業ネットワークは，生活を安定させるための資源にもなったといえる。

　こうして，日本で安定的な在留資格を手に入れた彼女たちだが，日本人男性と結婚した後は，家族中心の生活となる場合が多い。エリーは，「**結婚した後は，仕事していない。ずっとうち。ストレスたまった**」と述べる。彼女の場合，元々フィリピン人ネットワークを持っていなかったため，生活の中心は日本人家族となった。外に出る機会はほとんどなく，会話をするのは，家族だけであったという。

　一方，シンディは，オーバーステイの間にできたフィリピン人の友人と親しくしていたというが，夫が外を出歩くのを嫌がり，徐々に疎遠となった。シンディの夫のように，フィリピン人女性に「従順な妻」であることを求める夫は，妻の行動を管理し，家のなかに妻を閉じ込めようとする。特に，就労を嫌がる夫は多く，スナックでの就労を続けた妻は本書の対象者のなかでは，レイチェルのみであった。

　フィリピン人女性が結婚後，家事や育児に追われるなか，家庭に閉じこもりがちになり，外部との接触が少なくなることは先行研究でも指摘されている（たとえば，角替・家上・清水 2011）。国際結婚による集住のなさによって，単身で日本社会，日本人家庭に参入することになるフィリピン人女性は，様々な葛藤を抱えることになるが（高畑 2003：256），今回の対象者たちに限っていえば，職業ネットワークはこの葛藤を緩和するようなネットワークとはなっていなかった。

　このように，結婚によって，日本人家族が生活の中心となるなか，元々ネットワークのなかった者は，そのままフィリピン人に会わないまま，日本での生活を送る。また，エンターテイナー同士のネットワークを持っていた者も，日本人家族との関係によって，そのつながりを弱めていく。また，後述するように，教会ネットワークに組み込まれた後には，教会にあるエンターテイナーへの排他意識の影響を受け，エンターテイナー同士の関わり合いは弱まるようになる。すなわち，本事例の対象者たちが持っていたエンターテイナー同士のネットワークは，日本人家族や他のフィリピン人ネットワークとの関わりの強化によって，解体されてしまう脆弱なものであるといえる。

（2）親族ネットワーク

　では次に，家事労働者の場合を見ていこう。相互扶助ネットワークを利用した移動の場合，国境を越えた社会関係資本の移転が可能であり，移動局面で利用したネットワークを居住局面においても利用できるといわれる。だが，今回の対象者の場合，来日経緯が①親戚を通じてフィリピンから直接日本に来た場合と②移住受け入れ国を介在させた場合では，移住後の社会関係資本の利用の仕方に若干の差異が生じていた。

　①の場合は，親族ネットワークに支えられているため，出身地からの社会関係資本の移転が可能であり，移住後の生活においても活用できる。居住地の手配や行政手続きなど，仕事を斡旋してくれた親族に頼ることができるのである。ここでは，先発者が後発者を助けるという移民ネットワークが持つ機能が発揮される。たとえば，ジャスミンとローズは，親戚であるメアリーとその友人であるエイミーの助けによって，住居を決めている。彼女たちが住む地域には，多くの同郷者が暮らしており，そこは彼女たちの出身地の名前を取って，「スモール・カタンドゥアネス」とも呼ばれている。移住の連鎖によって，送り出し地域と受け入れ地域に姉妹コミュニティが形成されるのである。

　この姉妹コミュニティ形成の中心となるのがメアリーとその友人であるエイミーである。同地域には，エイミーが居住の斡旋と管理を行うマンションがある。エイミーは，同地域にある弁当屋で働いていた経験があり，その店主が所有するマンションの掃除を任されていたが，そのうち，住むところを探しているフィリピン人の友人に，このマンションを紹介するようになった。賃料の安さに加え，エイミーが大家との交渉もしてくれるため，このマンションには多くのフィリピン人が住むようになり，今では「エイミーマンション」と呼ばれている。本書の対象者でいえば，ジャスミンとローズがこのマンションの別部屋で暮らしている。

　ジャスミンは来日後，義理の妹であるロキシーのアパートにロキシーの友人3人と一緒に暮らしていたが，狭かったため，ロキシーとロキシーの叔母であるデイジーと一緒にメアリーの隣のアパートへ引っ越している。メアリーのアパートと大家が同じだったため，容易に手続きが進んだ。その後，ロキシーが雇用主の転勤に伴って香港へ移動したのを期に，ジャスミンはエイミーマンシ

ョンに引っ越した。また，ローズは，来日後数ヵ月は，メアリーの家に居候していたが，すぐエイミーマンションに移っている。

ダイアナは，カタンドゥアネス島出身だが，ローズやロレナと親戚関係にはない。だが，ダイアナを呼び寄せた姉の友人がメアリーと友人であったため，その友人を介してメアリーと知り合い，スモール・カタンドゥアネスに参入してきた。ダイアナの現在の家は，メアリーの家のすぐ下の階の部屋であり，3年前までメアリー家族が居住していた部屋である。同じくロレナは，雇用主の家が近かったことからメアリーと仲良くなり，このスモール・カタンドゥアネスに住むようになった。その他，フィリピンに帰国した者を含めると，数多くのフィリピン人がこのスモール・カタンドゥアネスに住んでいたことになる。

ローズは，日本語は難しくて大変だと言うものの，通訳してくれる人が周りにいるため，特に生活上の不安はないという。光熱費の手続きや健康診断，大家との交渉など，何かあれば日本語が分かるエイミーに頼る。彼女たちの生活に必要な仕事や住居など多くのことが先発者によって，支えられているのだ。「みんなフィリピン人だから，あんまり日本にいるって感じがしない」とローズは述べ，同様に，ジャスミンも「フィリピン人がたくさんいるから寂しくない」と言う。このように，フィリピン人に囲まれて生活し，仕事でも日本語を必要としない彼女たちは，日本にいながらにして，フィリピンにいるかのような，カタンドゥアネスにいるかのような感覚を味わっているのである[16]。

(3) 教会ネットワーク

一方，②の場合，仕事を得る上では十分に機能する社会関係資本を持っているが，①ほどの強いつながりに支えられているわけではないため，移住後の生活において利用するには十分ではない。ゆえに，②の移動の場合は移住後，新たにネットワークを作り出す必要が出てくる。だが，家事労働者として来日した場合，その就労は個人的な契約関係にあり，職場は個人の住宅であるため，来日初期段階から職場や居住地を介して同国人とつながることは難しい[17]。そこで重要となるのが教会である。彼女たちが日本に来て一番初めにしたことは，教会を探すことであった。香港を経由して来日したケリーは，日本ではフィリピン人と会える唯一の場が教会であったと述べる。

香港だったら，毎週日曜日は central square で，フィリピン人ばっかりだよ。フィリピン人のために車クローズだよ。銀座みたいな。日曜日は。だから，香港のときはあんまり教会とかじゃなかった。特別な場所あるから。日本はない。……日本に来て，教会行かないと友達できない。教会行かないとフィリピン人会えない。　　　　　　　　【ケリー/インタビュー/2012.2.11】

　ケリーは，宗教的理由もさることながら，同国人に会うために教会に通っていたと述べている。教会を探すに当たっては，雇用主や雇用主の持つ在日外国人ネットワークに頼るようである。日本に親族がおらず，移転できる社会関係資本が十分でない場合でも，キリスト教徒であれば教会を拠点としたネットワークにアクセスすることが可能となる。つまり，日本における新たな社会関係資本の形成が行われる場として，教会が位置づくこととなるのである。
　もちろん，親族が日本にいる①のパターンの来日であっても，教会はネットワーク形成の重要な拠点となる。①の場合は，教会を紹介してくれるのも先に来日していた親族である。日本で生活していくに当たって不可欠なものは，先発者である親族に手配してもらうが，教会もその生活に欠かせないものの1つとなるのだ。

普通，海外に行くとこういうコネクションってなくなっちゃうんだけど，私たちはクリスチャンだから，グループを持てるの。そして，そのグループは，すごく近い関係になるのよ。　　　【メアリー/インタビュー/2010.4.14】

　その移動経緯が①であっても，②であっても，居住初期段階のネットワーク形成の拠点として教会が位置づくのは相違ない。ただ，②の場合は，移住初期段階で唯一のネットワークが教会ネットワークであるのに対し，①の場合は，移動時に利用した親族や知人のネットワークという強固なネットワークがあり，その意味で，②の女性たちよりも安定的に日本での生活を始めることが可能となる。そして，彼女たちは，教会に行き着いた後，居住地や出身地の近さなどによって徐々に親密なネットワークを複数形成していく。教会は常に同じではなく，友達を通じて新しい教会に移ることも多々ある。今回の対象者のなかで

第1章　親の移住過程とネットワークの形成

も，元々は別の教会に通っていたが，友人同士の紹介で現在の教会に通うようになったという者は多い。彼女たちのなかには，来日後，日本人や在日フィリピン人，その他の在日外国人と結婚した人も多くいるが，その場合でも，親族ネットワークと教会ネットワークは維持され続ける。

　彼女たちが通うT教会では，居住地や年齢ごとに，バイブルスタディーグループが作られ，礼拝とは別に，週に一度，聖書の勉強が行われている[18]。教会に所属するようになると，自動的にこのバイブルスタディーグループに入ることとなる。このバイブルスタディーグループのメンバー同士は，とりわけ，頻繁に連絡を取ることが多く，親密なネットワークを築きやすい[19]。教会では，相互扶助行為が奨励されるが，特にバイブルスタディーグループ同士の間では，行政手続きの代行や仕事の斡旋が行われている。家事労働者の場合，雇用主が日本での仕事を終え，日本を離れるときに，契約は終了する。次の雇用主を見つけなければ，在留資格を得ることもできず，フィリピンに帰らなければならなくなる。そこで，雇用主との契約期間が終了する前に，新しい雇用主がいないか，同じ家事労働の仕事をしているフィリピン人女性に聞いて回ることになる。その際に役立つのが教会ネットワーク，ならびに親族ネットワークである。彼女たちは，これらのネットワークを駆使して，次の雇用主を見つけるのである。

　キリスト教が重要視する相互扶助や禁欲的生活は，彼女たちにとって何よりも重要なものである。フィリピンの人間関係は，「ウタン・ナ・ロオブ（utang na loob）[20]」という互酬性に基づいているといわれるが（清水 1990, 定松 2002, 永田 2011 ほか），キリスト教の教えに裏打ちされた相互扶助の精神はフィリピン文化の特徴の1つとしても捉えられ，教会ネットワークにおける助け合いを促進していた。「みなさん助け合いの気持ちがすごく強いですが，それはクリスチャンだからですか？　フィリピン文化？」という問いかけに，「両方かな」とエイミーは答え，クリスチャンの精神がフィリピン文化には根づいていると述べている。誰かが困ったときには助ける「お互い様」を意味する「パキキサマ（pakikisama）」が彼女たちの日常行為を支えている。

　また，この教会には，日本人家族のなかで孤立した元エンターテイナーたちもやってくる。今回の対象者たちが教会を中心に集められたことにも起因して

いるが，元エンターテイナーとして上記で取り上げた者たちは，皆，クリスチャンであり，エンターテイナーだった時代にも，教会に行けるのであれば行きたかったのだと主張する者が多い。しかし，その就労形態や交友関係から，教会に行くことは難しかったと述べる。だが，結婚後は，親戚の紹介や偶然会ったフィリピン人の紹介によって，教会に来る機会を得ることとなる[21]。

　周りにクリスチャンがいれば，教会を見つけるのは大変じゃない。けど，周りにいないとだめだね。一緒に働いている人でクリスチャンはいなかったから。……それまではフィリピン人の友達はいなくて，教会の人に会うまでは家族だけ。ジュリアンさんに会って，どんどん友達が増えた。それまでもフィリピン人だなと思えば話しかけたけど，クリスチャンの人は初めてだったね。クリスチャンの友達が欲しかったの。……クリスチャンじゃないと，ちょっと違う。しゃべり方とか。クリスチャンの人のほうが安心する。
　　　　　　　　　　　　　　　　【エリー／インタビュー／2012.3.7】

　結婚，出産の後，ずっと家に閉じこもりっきりで，ストレスがたまったというエリーだが，ジュリアンに出会い，教会に行くようになってから，生活が一変した。「当時，私には誰か話をする相手が必要だったの。教会に行く必要があったんです」と彼女は述べ，ジュリアンの紹介でT教会の牧師に会った際には，「とてもわくわくして，自由になった気分だった」という。そして，T教会に参加するようになってから，フィリピン人の友人がどんどん増えた。教会で同じフィリピン人の友人たちと会話をするようになったことで，ストレスも軽減したという。教会は，日本人家族に囲まれ，ネットワークをなかなか築けない元エンターテイナーの人たちが新たにネットワークを築く拠点ともなるのだ。
　だが，職業の如何にかかわらず，日本人と国際結婚をした女性の場合，宗教観の違いから，教会参加について家族の反対を受ける者も少なくない。教会への参加は日本人家族との間に緊張関係を生じさせる危険性を孕んでいるのである。「日本人配偶者等」の資格で来日し，義両親と同居していたまちこ[22]は，義父と宗教のことで対立したと述べている。

筆者：その，何かけんかしたりはしないんですか？　クリスチャンと仏教で。
まちこ：すごいよ。一番駄目だったのは，おじいちゃん。私がそこの嫁でしょ。ちゃんと（しきたり）守る（べき）。でも，できない。クリスチャンだから。だから，無理です。もう一度はけんかした。もう今はもうすごく仲いい。　　　　　　【まちこ/インタビュー/2010.12.19】

　まちこは，牧師になりたいと公言しており，教会のなかでも重要な役職を担っている。アンソニー牧師が不在のときには，代わってまちこが礼拝を行う。信仰心が厚い彼女にとって，仏教のしきたりを守るべきという義父の考えは，いくら嫁といえども，受け入れられるものではなく，大げんかに発展した。時間をかけて，徐々に互いの宗教を認めるようになったとまちこは言うが，この義父とのけんかは，まちこの娘である詩音へのインタビューでも出てきたエピソードであり，彼女たち家族のなかでは大きな出来事として記憶されている。
　また，エイミーは，宗教について大きなけんかしたことがないものの，夫に気を遣いながら教会活動を行っているという。「バイブルスタディーにいっつも行くと，パパの機嫌が悪くなるから，優しくして，その後行く」と述べている。エイミーの夫は，「宗教のことは何も言えないけど，あまりこうなるのはどうかと思う」と述べ，妻の信仰心を尊重しつつも，宗教に没頭しすぎることを懸念している。
　一方で，アイリーンのように，夫をクリスチャンに改宗させる例もある。彼女の場合，夫は彼女との結婚を機に，クリスチャンとなり，共に教会活動に参加している。アイリーンと共に毎週欠かさず礼拝に参加する夫は礼拝時の日本語通訳をやっており，教会の仕事にも積極的である。しかし，このような事例は稀であり，エイミーやまちこのように，多くの女性が教会活動に対する日本人家族の理解を得ようと努力している。フィリピン人に会う機会がない彼女たちにとって，フィリピン人と共に過ごす場はそれほどまでに重要なのである。
　移民にとって，宗教組織は，単なる信仰の場に留まらず，ホスト社会の適応を促すための資源を提供する場や出身地とのつながりを維持する場としても位置づく（Breton 1964）。日本人に囲まれ，生活をしている彼女たちにとって，教会は母語で言いたいことを言い合えるストレス解消や悩み相談の場でもあり，

生活に関する情報収集の場でもあった。教会の入り口には，公的サービスに関して英語で書かれたものや英字新聞，英語やタガログ語で書かれたフリーペーパーが置いてある。さらに，教会は子どもの教育を行う場ともなる。多くの親が子どもを教会に連れてきており，教会の日曜学校に通わせている。詳細は第3章に譲るが，教会に子どもを連れて行くことによって，教会ネットワークに子どもも組み込まれ，子ども同士の接触も増えることとなる。このように，教会には様々な機能が付与されている。

　しかし，ここで留意すべきなのは，フィリピンで暮らしていたときには，教会はあくまで信仰の場であり，それ以外の機能は重視していなかったという参加者が多いという点である。「**教会には行ってたけど，毎週ではなかった**」という者もいる。また，フィリピンでの現地調査で，国際移動経験のない人にインタビューをしたところ，「**教会はお祈りに行くところ。悩み相談やおしゃべりは，家でする**」という返答が返ってきた。フィリピン社会においては，周りにフィリピン人がいるのが当たり前であり，わざわざ教会に行って，情報交換やおしゃべりをする必要はない。そのため，あくまでも教会は信仰の場として位置づく。だが，日本においてフィリピン人と出会える場所は限られており，マイノリティであるフィリピン人が母語で言いたいことの言える教会は，信仰の場としてだけでなく，友人を作る場，情報交換をする場としても機能するようになる。すなわち，信仰の場として以外の教会の機能は，移住先で，少ない資源のなか，生き抜いていかねばならない移住者たちのニーズに応える形で作られたものであるといえる。この点については，詳しく第3章で言及する。

5　ネットワークを下支えするもの——エンターテイナーへの排他意識

　以上のような複数のネットワークを彼女たちは形成・維持しているわけだが，あるネットワークが維持される背景には，他の集団への排他意識がある（Portes 1998：15）。今回の調査対象者たちが排他意識を向ける主な相手となっていたのは，同じフィリピン人のエンターテイナーであった。

（1）家事労働者からエンターテイナーへのまなざし

　「興行」資格で来日したフィリピン人女性が多かったことから，「フィリピン人女性＝エンターテイナー」というステレオタイプが日本社会に根強くあり，それが偏見の色を帯びて人々の間に浸透している（笠間 2002）。そして，それはエンターテイナーではない家事労働者の女性にも向けられる。彼女たちはこのステレオタイプが自分たちにも向けられることに戸惑い，そして，エンターテイナーと自分たちとは違うという強い意識を持ち，同じフィリピン出身ということで一括りにされることに抵抗を示す。

　　メアリー：別に彼女たちを judge しようとしているわけじゃないけどね。日本人男性のなかには，フィリピン人女性を見ると，『あぁ，エンターテイメントのために来てるんだ』と思う人がいるのよね。私も若かったとき，日本にきた 24 歳のときは，そういう日本人との嫌な思い出がいっぱいある。かれらは私をエンターテイナーだと思うの。本当に嫌なふうに扱うの。クラブで働いている人たちにとっては普通でも，私たちにはそれは普通じゃなくて，すごく動揺した。それが 1 つね。かれらは理解していないから。あとは，フィリピンに帰ったときに『じゃぱゆき』って言われたこともあった。
　　エイミー：そうそう！　空港で，かれらも私たちをそういうふうにみるの。
【中略】
　　メアリー：あと，クラブで働いているフィリピン人は，大体私たちの仕事はできないね。
　　エイミー：うん。彼女たちはこういう仕事はできないの。
　　メアリー：できない。
　　エイミー：私たちがやっているような風呂掃除とかトイレ掃除とか彼女たちはできないね。
　　メアリー：できない。
　　エイミー：だって，クラブで働くのってすごく楽でしょ。ね？　あと，素敵。素敵な化粧して，ドレス着て，ただ座ってお酒飲んでればいいの。

こういうふうにおしゃべりしながら（ジェスチャーで男性に甘えるホステスのまねをする）。でも，私たちにはそれは難しい（笑）。私たち時間ないし，ああ〜（掃除のジェスチャー）。化粧もしない。こーんな感じ，こんな感じよ，うち（髪を振り乱すようなジェスチャー）。なにがクラブね〜（笑）。彼女たちは私たちの仕事を好きじゃないって言ってたことがあった。

メアリー：彼女たちは好きじゃないの。彼女たちは私たちをある意味で差別してるの。でも，私たちも彼女たちのことは好きじゃないけどね。

エイミー：私たちの給料の方が高いしね。

【エイミー，メアリー／インタビュー／2010.4.14】

エンターテイナーとして働いている女性はかわいそうだと思う。だって，彼女たちは家族を養うためにその仕事をしているわけだし。ベストを尽くそうとしているだけ。

【ジェシカ／インタビュー／2010.5.29】

（ビザ発行のために，フィリピンの）政府機関の窓口に行ったとき，スタッフが「ああ，日本に行くのね」っていう感じだったの。だから，私はちょっと気分を害したの。そして，即座に「はい。日本で働きます。なぜなら，私のボスが日本に私を連れて行くからです」と言ったわ。私はかれらにボスのファミリーの家で働くのであって，エンターテイナーとして働くのではないということを分からせようとしたの。エンターテイナーを悪く言う人もいる。けど，私の考えでは，エンターテイナーで働いているフィリピン人もフィリピンの家族を助けようとしている。若くてきれいだったら，エンターテイナーとして働こうとするでしょう。だから，私は，彼女たちがよくない女性だとは思わないわ。なぜなら，彼女たちは，フィリピンの家族をサポートしようとしているから。働いている場所は違っても，私たちの心は一緒だし，目的も一緒。家族を助けるためにフィリピンにお金を送る。

【グレース／インタビュー／2012.2.19】

笠間は，滞日フィリピン人女性に向けられるこのステレオタイプを「象徴的

暴力」(笠間 2002：132-141)だとしているが，先行研究では，このイメージを書き換えようとするフィリピン人女性団体の事例 (小ヶ谷 2004) や，このイメージに抵抗するために，「良き妻・母」としての役割を積極的に担おうとする女性たちの戦略が明らかにされてきている (伊藤 2004)。日本社会で従属的立場に置かれやすいフィリピン人女性たちの抵抗の形がそこにはある。

メアリーやエイミーたちの語りからは，日本社会のみならず，フィリピン社会においても，エンターテイナーに対する差別意識が強いことが読み取れる。こうした社会のなかで流布しているステレオタイプから逃れようとする彼女たちは，エンターテイナーに対して非常に強い差別意識をぶつける。

ジェシカは，メアリーたちとは異なって同情的ではあるが，エンターテイナーを「かわいそうな人たち」とし，自分より「下」であると見なしている点では共通している。グレースの場合は，働く場所は違っても目的は一緒であると述べており，差別意識は比較的弱い。だが，フィリピンの政府機関で，自分がエンターテイナーではないことを強く主張していることから，彼女たちと差異化を図ろうとする意識はある。このような排他意識，序列意識は上述したネットワークからエンターテイナーを排除することとなる。エンターテイナーの人たちはキリスト教の教えに反した仕事をしているから教会には来られないと彼女たちは述べる。

メアリー：彼女たちもくるけど，ずっとはいないわね。
エイミー：長くはね。
メアリー：だって，キリスト教の教えってもちろん (首を振る) 反対ね。
エイミー：教会は，人生の正しい道を示してくれるでしょ。これはよくない，これはよくない，それが教会に行く目的なの。私たちは，たばこを吸わないし，お酒も飲まないし，クラブで働くこともできない。
メアリー：浮気もできないしね。
【中略】
メアリー：彼女たちは，私たちに甘ったるい声の出し方を教えてくれるのよ(笑)。
エイミー：親切にしようとしてね。

メアリー：みんなに*理解*されたくてね。
エイミー：*許*されたいからね。
【エイミー , メアリー / インタビュー /2010.4.14】

　このように，同じフィリピン人でキリスト教徒であっても，エンターテイナーの人たちとは一緒にされたくないという意識があり，そこには明確な境界線が引かれている。しかし，これは，現在もエンターテイナーとして働いている人たちに対する排他意識であり，元エンターテイナーの人に対しては，露骨な排他意識は見せない。家事労働者の女性と元エンターテイナーの女性が楽しげに話をする場面を見ることもある。だが，そこにも見えにくい形で境界線は引かれている。たとえば，家事労働者たちのみで作られるネットワークには，元エンターテイナーは含まれない。同じキリスト教徒として同質性を強調する教会のなかでも，現在の職業や過去の職業によって，差異化が図られているのである。

　ロサンゼルスでフィリピン人女性家事労働者を対象とした研究を行ったパレーニャスは，在米フィリピン人コミュニティ内部での階層化を指摘しながら，中産階級が中心となったコミュニティで，労働者階級に位置する家事労働者たちが居心地の悪さを感じている様子を明らかにした（Parreñas 2008 : 101）。家事労働者の仕事は，決して地位の高い仕事ではなく，日本で家事労働に従事している人たちも，その仕事を望ましいものとは捉えてはいない。フィリピンで家事労働者を雇っていた人たちにとっては，家事労働者として移住先で働くことは，地位の低下を意味する。そのため，**「子どもには私のような仕事には就いて欲しくない」**と述べる者も多くいる[23]。だが，エンターテイナーは，性的にも逸脱した職業として，家事労働者よりもさらに望ましくない仕事であると見なされている。それは，日本においても，フィリピンにおいても同様である。そのため，家事労働者たちは，エンターテイナーという職業的価値がより「低い」とされる女性たちと比較することによって，自らの仕事を相対的に高い位置に置き，彼女たちとの差異化を図るのである[24]。

第 1 章　親の移住過程とネットワークの形成

（2）元エンターテイナーから現役エンターテイナーへのまなざし

　このようなエンターテイナーへの排他意識は，過去にエンターテイナーとして就労していた者たちにも浸透している。むしろ，元エンターテイナーのほうが，現在もエンターテイナーとして働いている人たちに対して，厳しいまなざしを向ける場合もある。

　シンディは，現在，敬虔なキリスト教徒であり，熱心に教会に通っている。彼女は，過去の自分の仕事を省みて，「恥ずかしかった」と述べており，結婚して安定した身分にあるにもかかわらず，エンターテイナーとして働く人たちに対し，ある種のいらだちを垣間見せている。

> 経済的理由でそういう生活をせざるを得ない人もいるのは仕方ない。でも，チャンスはいくらでもある。なんでやめないの？ 夜の仕事。お店の仕事。チャンスあるよ。昼間の仕事あるよ。私もやろうと思えば，できるけど，お店の仕事。嫌なの。嘘のことばっかり話すの。力あれば，あちこち仕事あるよ。私，1回もそういう仕事に戻ろうとは思わなかった。最初の3ヵ月間，しょうがない。私の仕事だから。……オーバーステイヤーだったとき，とっても恥ずかしかった。シンガーとしてお客さんに向かい合っているのは，いいけど，お客さんの隣に座って恋人みたいにするのはいや。私の人生のなかで，bad timeだった。……エンターテイナーは，夜働いているから，昼間は寝てるの。だから，教会には行けない。……誘惑があるから，お店で働くのはよくないよ。本当のことを言えば，家族がいても，お客さんでいい人がいたら，旦那さんと別れちゃう。自分のことだけ。ファミリーのこと考えない。

【シンディー／インタビュー／2010.5.9】

　シンディもエイミーたちと同じように，「昼まで寝ているエンターテイナー」と昼の仕事をして教会に通う自分とを区別しようとしている。さらに，こうしたエンターテイナーと自らを区別しようとする意識は，エンターテイナーとして働いていたときにできた友人たちとのネットワークを脆弱なものとする。アイリーンは，エンターテイナーとして働いていたときの友達とどれくらい連絡

をとるのか，という質問に対し，以下の様に答えた。

　仲良し。まあ，たとえば，突然私が急に電話するとかぐらい。でも，遊びなのはないな。お部屋のないな。向こうから誘うから。いつでも。なぜかというと，まあ色々ね。……誕生日お祝いとか，教会以外の人は（あんまりしない）。教会の場合は，お勉強の時に会うから。……やっぱりクリスチャンだと，フィリピンの教会で洗礼されてるから，神様知ってる。……フィリピンの場合，イエス様みんな知ってる。だけど，そういう聖書の話とか知らない人はあまり分からない。だから相談するだめです。クリスチャンじゃないと。
【アイリーン／インタビュー／2010.8.28】

　敬虔なキリスト教徒として教会ネットワークに組み込まれた今，エンターテイナーとして働いていた過去の自分はあまり表に出したくないものとなる。それと同時にそのときにできた友人とのネットワークも重要度が低くなる。そして，彼女たちは，教会の友達が一番であると言い，クリスチャンとして教会に参加しないエンターテイナーの人たちには，相談できないと主張するのである。すなわち，教会は，元エンターテイナーの人たちをエンターテイナー同士のつながりから引き離す機能を持つ。T教会のアンソニー牧師は，「**この教会では，エンターテイナーだった人を他の仕事に就かせようとしている。それは90％成功している**」と述べている。エンターテイナーの仕事は，クリスチャンにとって決してよい仕事ではないため，別の仕事に就くよう助言をしたり，仕事を斡旋したりするのである。このように，元々人々の間に浸透していたエンターテイナーに付与されたスティグマは，教会に参加することによって，さらに強化されることになる。そして，元エンターテイナーであることに引け目を感じる女性たちは，それを払拭するため，敬虔なキリスト教徒であることを主張するのだ。

　こうしたキリスト教徒としての自己主張は，既述したインタビューからも分かるように，家事労働者の場合も同様に行う。フィリピン人女性としてスティグマを付与されやすい彼女たちは，家事労働者であっても，元エンターテイナーであっても，現在もエンターテイナーとして働いている人たちとの差異化を

第1章　親の移住過程とネットワークの形成

図るために，相互扶助精神を大事にする敬虔なクリスチャンであることを強調し，ネットワーク内部における相互扶助行為を積極的に行う。そして，その相互扶助行為は，成員同士のつながりをより強固なものとしていた。他者への排他意識が強く，他者集団との距離が大きいほど，そのネットワークは強固なものとなるのである。

6　小括

以上，フィリピン人の母親たちの移動過程を市場媒介型と相互扶助型に分け，その移住過程と移住後に作られるネットワークの形成，維持過程を見てきた。移動局面において，エンターテイナーとして来日した者たちは，斡旋業者を通した市場媒介型移住システムに組み込まれている。この場合，「興行」資格が6ヵ月間で失効するため，日本とフィリピンを何度も往復することになり，かつ，日本での勤務先はその都度変わるため，ネットワークを維持することには困難が伴う。ネットワークが形成されたとしても，移動によってすぐ分断されてしまうのである。市場媒介型移住システムにおいて，移住先での社会関係は，出身地とは切り離されるため，移民たちは新たに移住先でネットワークを構築するところから始めなければならない（樋口 2005c : 95）。しかし，移動を繰り返さざるを得ないフィリピン系エンターテイナーの場合は，移住先に短期間しか留まることができないため，ネットワークを維持できず，社会関係資本も蓄積し難くなる。だが，エンターテイナーがオーバーステイとなった場合には，1つの店で長期間働くことが可能となるため，ネットワークを形成，維持することが可能となる。本章ではこの職場を中心に作られるネットワークを職業ネットワークと呼んだ。しかし，この職業ネットワークは，日本人男性との結婚や教会への参加を機に，徐々に弱体化していく可能性を含んだものであった。

同じく，市場媒介型移住システムによって来日した日系ブラジル人は移動後，日本で新たにネットワークを再編成し，コミュニティを形成するか，斡旋業者の供給する資源によって作られるコミュニティを利用するといわれる（樋口 2005d : 210-211）。日系ブラジル人と比較すると，フィリピン人エンターテイナーは，斡旋業者が生活の面倒を見る点では類似している。ブラジル人のような

集住地域におけるコミュニティの形成はなくとも，店単位で斡旋業者の提供する資源を利用しながら，生活を送っている点では同様である。だが，日本でのネットワークの再編成という点においては，異なる様相を見せる。すなわち，フィリピン人女性の場合，エンターテイナーとして就労している段階では，移動が繰り返されるため，ネットワークを維持することができず，コミュニティの形成は行えない。また，結婚後は，日本人家庭に1人外国人として参入し，フィリピン人と関わる機会が減少するため，新たにネットワーク形成することは難しい。この意味では，フィリピン人エンターテイナーの女性たちは，日系ブラジル人よりも日本でのネットワークの再編が困難な状況に置かれていることが分かる。

　一方で，親戚や家族の紹介によって，来日を果たした家事労働者たちは，相互扶助型移住を行っている。家事労働者の場合，その契約が雇用主との直接契約になるため，知り合いの紹介によって職業斡旋が行われている。先発者たちは，後発者に仕事を紹介し，移動を助けた後も，住居の手配，教会の紹介など，居住局面においても面倒を見る。結果，移住の連鎖が起こり，同じ地域から，次々と日本への移住者が輩出されていた。移住過程の進展に伴い，移住に必要な社会関係資本が蓄積され，移住が促進されたのである（樋口 2005c：94）。相互扶助型移住システムを支える「連鎖移民」（Prince 1963：108-10）と呼ばれる現象が起こっていたといえる。

　しかし，日本において，家事労働者としての就労へのアクセスは非常に限られており，ネットワークを持っていない者が家事労働者としての就労機会を得ることは難しい。だが，今回の対象者のうち何名かは，家事労働者を多く受け入れている香港で数年働きながら，社会関係資本を蓄積し，日本で家事労働者として働く機会を得ていた。日本で家事労働者として就労している知り合いがいない場合でも，香港のような移住労働者受け入れ国を経由することにより，つまり市場媒介型の移動を介在させることにより，日本での就労が可能となっていたのである。無論，この方法が可能となるかどうかは，香港でどのような雇用主に付き，どのような社会関係資本を蓄積するかに依存する。だが，今回対象となったケリーやグレースのように，国家間を自由に移動するグローバルエリートのもとで家事労働者となった場合は，それに同行する形で，もしくは，

第1章　親の移住過程とネットワークの形成　｜　67

雇用主が持つネットワークを用いて，様々な国に移動することも可能となる。自由に国家間を移動するグローバルエリートの移動に付随する形でかれらを下支えする家事労働者たちの移動が看取される。

しかし，この中継国を経由した移住パターンの場合，出身地でのネットワークとは切り離されているため，居住局面においては，市場媒介型移住の人々のように，新たにネットワークを日本で作り直さねばならない。そのときに，拠点となるのはフィリピン人が集まる教会であった。フィリピン人が多く集まると想定される教会は，移住初期段階において，知り合いが少ない人々がフィリピン人に出会うために訪れる場であったのである。彼女たちは雇用主の持つネットワークを使って，情報を獲得し，教会に辿り着く。中継国を経由した家事労働者としての来日は，雇用主とのネットワークによって実現していたが，居住局面初期段階においても，雇用主とのネットワークは，彼女たちに有用な情報をもたらし，生活の安定化を助けるのだ。

教会には，元エンターテイナーや家族，親族の紹介で家事労働者として来日した人，中継国を経由して家事労働者で来日した人，花嫁としてやってきた人など，様々なフィリピン人女性が参加しており，教会を拠点に，多様なネットワークが形成される。滞日が長期化するにつれ，ネットワークは，徐々に拡張されていき，それが彼女たちの生活を支えるものとなっていたのである。こうした個々人が移動局面から居住局面のなかで作りだす複数のネットワークが，移民コミュニティを構成するものである。

しかし，こうしたフィリピン人同士の間で築かれるネットワークは他者への排他意識の生成という否定的側面も持つ。特に，エンターテイナーへの排他意識は，強力である。同質性が高く強い結束は，このような否定的側面を生み出すものともなる (Portes 1998：15)。メンバーたちは，エンターテイナーとの差別化を図るために敬虔なキリスト教徒であることを示そうとし，キリスト教が重視する相互扶助を積極的に行う。そして，それによって，ネットワーク内のつながりはより強固なものとなっていた。すなわち，こうした他者への排他意識という否定的側面こそがネットワークを維持させるものでもあったのである。

本章で明らかとなったのは，自分が持ちうるネットワークを駆使し，そこから得られる社会関係資本を使いながら，移動を達成し，自らの生活を安定させ

ていくフィリピン系ニューカマーたちの姿である。ここから垣間見られるのは，自ら資源を作り出すニューカマーの主体的な営みであり，動的な資源形成のダイナミクスである。次章では，このようなネットワークを教育資源として教育を行うフィリピン人女性たちの教育戦略に目を向ける。

注
1）海外フィリピン人委員会（Committee on Filipinos Overseas）．2012. "Stock Estimates of Overseas Filipinos as of December 2012"
（http://www.cfo.gov.ph/images/stories/pdf/StockEstimate2012.pdf　2014.9.16）
2）フィリピン海外雇用庁（Philippine Overseas Employment Administration：POEA）．2013. "Compendium of OFW Statistics 2013"
（http://www.poea.gov.ph/stats/2013_stats.pdf　2014.9.16）
3）Philippine National Statistics Coordination Board. 2012. "Household Population 15 Years Old and Over by Employment Status July 2002-January 2012."
（http://www.nscb.gov.ph/secstat/d_labor.asp. 2014.9.16）
4）この背景には，1983年に元上院議員のベニグノ・アキノ氏が軍人に殺害された事件をきっかけに起こったフィリピンの政情不安がある（武田 2005：72）。
5）1991年に福島でダンサーとして働いていたマリクリス・シオソンが死亡した。日本の病院は，劇症肝炎が死因だとしたが，フィリピンに送られた遺体を検死した国家捜査局の医師は，遺体に残された多くの傷跡から，鈍器で頭を殴られたのが致命傷だと発表した。この事件は日比両国で大きく取り上げられ，コラソン・アキノ大統領が労働長官を日本へ派遣し，調査をさせるほどまでの騒動になった。結果，死因は解明されなかったが，シオソンの労働環境が劣悪であったことが明らかになり，その責任が雇用者側にあることが浮き彫りとなった。その後，この事件は，『ジャパユキ・マリクリス・シオソン』としてフィリピンで映画化されている（佐竹・ダアノイ 2006：20-22）。フィリピン政府は，この死を受けて，1991年にエンターテイナーの渡航年齢を23歳以上に限定する禁止令を出し，1992年から93年にかけて，日本への入国者数は，14000人程度に減少した（阿部 2011：27）。
6）「興行」資格を取得する前にフィリピン本国で芸能人としての資格を得るために，「技術教育・技能開発庁 Technical Education and Skills Development Authority（TESDA）」主催の試験に合格し，ARBを取得する必要がある（阿部 2011：20）。
7）法務省入国管理局．2013.「在留外国人統計」
（http://www.e-stat.go.jp/SG1/estat/List.do?lid=000001118467 2014.9.16）．

8) 法務省入国管理局．2013.「在留外国人統計」
（http://www.e-stat.go.jp/SG1/estat/List.do?lid=000001118467 2014.9.16）．
9) 朝日新聞「外国人労働者，家事にも受け入れ　今秋に関西の特区で」2014年6月15日付朝刊．
10) 移住に関わる費用は，斡旋業者や仲介者が立て替え，その後，給料から天引きされる。エンターテイナーの初来日時の給与は1ヵ月3〜4万円程度であるが，移動を繰り返すごとにその賃金は上がる。斡旋業者によって，その推移は異なるが，クリスティーンは，8回目の来日時には15〜6万円程もらっていたという。先行研究でも，初回の賃金は約3万〜5万円で，来日を繰り返す度に給与は上がり，7，8回目の来日だと月12万円以上の給与となることが示されている（DAWN 2003=2005：69-71）。
11) 法務省「出入国管理及び難民認定法第七条第一項第二号の規定に基づき同法別表第一の五の表の下欄（ニに係る部分に限る。）に掲げる活動を定める件」（http://www.moj.go.jp/nyuukokukanri/kouhou/nyukan_hourei_h02.html 2014.9.16）
12) 矢印は，呼び寄せの関係を示している。
13) 香港では，1987年より「2週間ルール」と呼ばれるものが導入されている。これは，雇用主との契約終了後，2週間以内の帰国を義務づけたものであり，契約終了時に次の雇用主を香港で探すことを禁じている（伊藤 2008：25）。グレースも最初の雇用主との契約終了後は，一度フィリピンに帰り，その後，再度香港に渡っている。
14) 香港は，家事労働者の賃金がサウジアラビアやマレーシアなどに比べ，相対的に高く，週に一日休日があること，労働組合への参加が自由なことが魅力とされるが，既述の「2週間ルール」がデメリットとして捉えられている。ただ，英語が通じるということや地理的近さから，フィリピンから家事労働者としての出稼ぎを考えた場合，他の国と比べ，香港は決して悪くない移住先の1つとして捉えられる（上野 2011：42-45）。香港における家事労働者の最低許容賃金は，2006年2月においては，3400香港ドル（約5万1000円）であるが（伊藤 2008：26），グレースが香港で働いていた時代の給与は，月4万円ほどだった。なお，9年間の就労で大幅な賃金アップはなかったという。
15) 日本の場合，実際に支払われるかどうかは別として，家事労働者の給与は月額20万円以上と定められており，香港と比べると，約3倍の給与がもらえることとなる。
（法務省「出入国管理及び難民認定法第七条第一項第二号の規定に基づき同法別表第一の五の表の下欄（ニに係る部分に限る。）に掲げる活動を定める件」http://www.moj.go.jp/nyuukokukanri/kouhou/nyukan_hourei_h02.html 2014.9.16）．
16) さらに，こうした感覚は，出身地にいる家族との頻繁な相互作用によって，助

長される。彼女たちは，移住先で姉妹コミュニティに組み込まれた後も，インターネットのテレビ電話やSNSを使いながら，フィリピンの家族と頻繁に連絡を取り続ける。ローズに至っては，家に居る間中，ずっとインターネットのテレビ電話を付けっぱなしにしている。会話をしていないときでも，常に画面にはフィリピンの家族の様子が映し出され，互いの様子を確認し合う。まるで共に住んでいるかのようである。スミスは，物理的に離れていても，近くにいるかのように感じる感覚を「同時性の感覚」(Smith 1998 : 213) と称したが，通信技術の発展が出身地と移住先との間を結びつけ，トランスナショナルな社会空間の形成を促している。

17) しかし，大使館職員の宿舎など，雇用主たちが一定程度集住している場合には，家事労働者同士が知り合う機会もあるようだ。
18) 教会に所属しているメンバーは，基本的にいずれかのバイブルスタディーグループに入ることとなっている。教会参加者の圧倒的多数を占める40代前後〜50代の女性たちは，居住地によって，それぞれのバイブルスタディーグループに振り分けられる。それ以下の年齢の人たちは，中学生〜大学生のグループと，大学生以上〜30代前半のグループのいずれかに所属する。また，男性は圧倒的に少数であるため，40代〜50代の男性のみで構成されるグループもある。
19) バイブルスタディーグループには，リーダーが1名おり，そのリーダーを中心に，勉強会は行われる。リーダーは，各メンバーの出席状況を把握しており，欠席が続くメンバーに連絡をすることもある。各グループのリーダー同士は，月に何度かうち合わせを行い，そのうち合わせには牧師が参加することもある。
20) タガログ語で「心で深く感じ続ける恩」という意味（清水 1990 : 98）。永田はこれには，「内なる負債」という意味もあるという（永田 2011 : 63）。自分や自分の家族が何か世話になった場合には，その恩を返さなければならないという考え方である。恩を返さない場合には，「hiya（ヒヤ）=恥」であるとされる。
21) エリーは，スーパーで教会に通うあるフィリピン人女性（ジュリアン）に偶然出会ったことがきっかけで教会へ通い始めた。アイリーンは，日本在住の姉の紹介で教会に通うようになっている。
22) 彼女は帰化をしているため，日本名を持っており，教会メンバーにも日本名で呼ばれている。そのため，ここでも日本名で記す。
23) 「子どもにはどんな仕事に就いて欲しいですか？」という質問に対し，ジャスミンは，「*専門的な仕事。メイド以外なら何でもいい*」と答えた（2012年5月3日インタビュー）。また，グレースも「*子どもには私みたいな仕事をして欲しくない*」と述べている。
24) 家事労働者が自らの地位を相対的に高いと感じる背景には，雇用主が多国籍企業の社員や大使館員に限定されていることも起因しているだろう。すなわち，グローバルエリートである雇用主のもとで働いているという認識，高階層の人々と

のつながりがあるという認識がエンターテイナーよりも自らの地位が高いと感じる要因となっていると考えられる。

第2章　親の教育戦略と教育資源

　第1章で見てきたように，フィリピン人の女性たちは来日後生活を安定させるために複数のネットワークを形成し，維持していく。それぞれのネットワークには，日々の相互行為によって，社会関係資本が蓄積されるが，それは教育にどう使われるのだろうか。本章では，日本で結婚し，子どもを育てている母親と，子どもをフィリピンにおいて出稼ぎに出た母親の大きく2つに分け，彼女たちが社会関係資本を教育資源としてどのように利用し，教育戦略を行使していくのかを見ていく。本書では，教育戦略を「各社会集団の再生産戦略の一環をなすもので，意図的のみならず無意図的な態度や行動をも含み込む幅広い概念」(志水・清水 2001：198-197) とする。

　以下では，まず，日本で結婚し，子どもを産み育てる母親たちに目を向ける。彼女たちが日本の学校に子どもを通わせるにあたって抱える困難と，それを乗り越えるために作られる子育てネットワークに注目し (第1節)，ネットワークのなかにある社会関係資本を利用しながら，教育戦略を組み立てる母親たちの様子を描き出す (第2節)。

　その後，フィリピンに子どもを残し，出稼ぎに出た母親たちに焦点を当てる (第3節)。第3節で扱うのは，2国間以上にまたがって，形成されるトランスナショナル家族 (Hondagneu-Sotelo and Avila 1997, Parreñas 2005, Foner 2009) である。ホスト社会で資源を蓄積した後，家族を呼び寄せるという選択をする親と，そうでない親に分け，それぞれの教育戦略がいかにして作られているのかを明らかにする。教育戦略は，家族がどこを足場に生活を組み立てるのかを規定する大きな要因となる (福田 2012)。移住の連鎖によって，トランスナショナルな空間が作られるなか，移住者たちは，いかなる教育戦略を立てているのか。これを明らかにすることによって，居住が長期化し，社会関係資本が蓄積されるにあたって，生活戦略を変えていく移住者の姿が明らかになるだろう。

1　国際結婚女性たちの教育戦略

（1）日本社会で直面する子育て課題

　日本で子育てを行う母親たちは，幼稚園や保育園，小学校，中学校，高校とそれぞれの教育段階において，様々な壁にぶち当たる。母親が日本の教育システムや学校文化が分からないために，子どもへ適切な支援ができず，子どもが学校になじめなくなるということは，ニューカマー研究でよく指摘されていることである（たとえば，西口 2005）。言葉のハンディに加え，フィリピンとは異なる日本の教育システムや学校文化は，母親たちを大いに戸惑わせる。

> 小学校入るとき，どきどきした。コミュニケーションのこととか，言葉も分かんないし。今は（言葉は）もう大丈夫。今は役員だから。頑張るしかないけど，ほんとは嫌だ。ミーティングしてるとき，私だけ外人。「何話してるの？」（って思う）。ほかに（外国人）いない。英語話せるお母さんとかいない。みんなあんまり助けてくれない。……日本人はちょっと冷たい。私，一人外人なの。聞けばそれだけ答えてくれるけど，それだけ。私は気遣うじゃん。「また聞くの？」って（思われるかもしれないし）。何回も何回も聞くと怒るかもしれないし。
> 【エリー／インタビュー／2013.8.7】

　エリーには，小学5年生の息子と小学3年生の娘がいる。日本語ができないエリーを心配した夫の助言もあって，子どもたちは幼稚園や保育園には通っていない。そのため，エリーは，子どもが小学校にあがったとき，初めて日本の教育機関と対峙することになった。言葉の分からなさに加え，教師や他の保護者とどうコミュニケーションをとったらよいか分からず，悪戦苦闘したという。上の息子が5年生になった現在では，だいぶ慣れたとはいうが，今度はPTAの役員という仕事がまわってくる。この役員の大変さは，他の母親たちからも聞かれたことである。日本語力が十分でない彼女たちにとって，日本語を駆使しながら，他の保護者とコミュニケーションを取り，学校の仕事をするというのは，大変困難なことなのである。

夫が日本人で手伝ってくれる場合はよいが，そうでない場合には自力で解決しなければならない。リアの場合，シングルマザーであるため，日本人家族に頼ることができない。それゆえ，学校でのちょっとしたことに問題を抱え，それを解決できないままになっており，不安を抱えている。

　学校のスケジュールのこと悩んでます。（三者面談）行けなくて。日本人はほんとのこと言わないじゃないですか。だから，恥ずかしいです。私のこと嫌だなと思ってるかもしれないけど，言わないじゃないですか。それが恥ずかしいです。お母さんのやることしっかりしないと。
【リア／インタビュー／2011.9.11】

　彼女は，三者面談に行く約束をしていたにもかかわらず，用事で行けなくなったことを担任教師にきちんと連絡できず，そのままになっていることを気にしている。母親役割をきちんと遂行しなければならないという意識はあるのだが，日本語に自信がないのに加え，日本人教師とどうコミュニケーションを取ったらよいか分からず，母親役割をなかなか遂行できないでいる。また，彼女の場合，このようなちょっとしたトラブルを相談する相手もいないという。
　彼女たちが学校との関わりのなかで，大変なものとして挙げることが多いのが学校からの「お便り」と連絡網である。レイチェルは，「**私，大嫌いなのは，学校の手紙。わかんない**」と述べる。子どもがある程度大きくなれば，各種申込書などは子どもが自分で書いてくれるというが，ある程度の年齢になるまでは母親たちがどうにかしなくてはならない[1]。さらに，連絡網に関していえば，的確に情報を次の相手に伝えなければならず，責任が増すことになる。こうした母親としての役割を遂行できるかどうかは，周囲からの手助けを取り付けられるかどうかにかかっている。レイチェルの場合は，日本人の教師や母親たちと良好な関係を築くことで，なんとかうまくやっていたようである。

　お母さんたちは，親睦会行ったりして，仲良かった。みんな私がフィリピン人だって知ってるから，色々教えてくれて，私に合わせて。たとえば，連絡網は私だったら，ゆっくり言って。連絡網は「一番最後にしてください」っ

て，そうすれば次の人に迷惑かからないから。……先生は多分，私，外人だからって思って，ちゃんと教えてくれた。1，2年生の時は英語で手紙くれたり。 【レイチェル／インタビュー／2012.7.9】

　エリーやリアとは異なって，レイチェルは，学校での活動を通して日本人の母親たちと良好な関係を築いており，学校行事のことを教えてもらったり，連絡網を最後にしてもらったりするなど，様々な支援を取り付けていた。教師も，英語で「お便り」を出すなど，配慮してくれていたことが分かる。
　レイチェルと同様，まちこも日本人の母親と親しくしており，学校行事にも積極的に参加している。彼女は，娘が小学校のときに参加したPTAのお茶会が楽しかったため，それをきっかけに積極的にPTA活動に参加するようになった。娘が高校生になった現在でも，高校のPTA活動を行っており，文化祭でバザーをだしたりしている。さらに，娘の小学校時代の保護者仲間とは現在でも良好な関係を築き，定期的にランチを食べる時間を設けているという。同質的な日本の学校のなかで孤立しやすいフィリピン人の母親たちであるが，日本人の母親との良好な関係を築くことによって，様々な支援を取り付け，子どもの教育を行う母親もいることがここに示唆される。
　また，彼女たちは，日本の学校で必要とされている母親としての振る舞いをただ受動的に習得するだけでなく，日本の学校に対して異議申し立てをするという強さも持つ。たとえば，レイチェルもまちこも，小学校のとき，子どもがいじめにあったというが，それに対して果敢に立ち向かっていったのである。

つらかったのは，子どもが意地悪されたとき。……フィリピンはいじめはない。あるけど，自分でどうにかする。けんかはあるけど，グループで意地悪はない。（娘がいじめられたとき）先生は，何もしなかったから，ちゃんと注意するように言った。日本人のお母さんなら言わないかもしれないけど，私はフィリピン人だから言う。 【レイチェル／インタビュー／2012.7.9】

　日本語に自信がないからといって，泣き寝入りをするのではなく，要求すべきことはきちんとするという強さが垣間みられる。同じように，まちこは，小

学校5年生のとき、娘がグループ内でいじめられていることを知り、担任に相談を持ちかける。しかし、担任は何も対応をしてくれなかったため、しびれを切らし、教育委員会にまで訴えに行っている。このときに、助けとなったのは日本人の母親であった。教育委員会との間に入り、いじめの状況を説明したり、まちこの意向を伝えてくれたりなど、色々と手助けしてくれたという。結局、まちこは別の学校に娘を転校させている。

　このように、フィリピン人の母親たちは不慣れな日本の学校で、日本人の母親と同等の役割を果たし、子どもの教育支援を行おうと奮闘する。しかし、それには、数々の困難が伴う。日本語の問題のみならず、日本人教師や母親とのコミュニケーションの問題等、様々な難しさを彼女たちは抱えることになる。けれども、日本人の母親との間に良好で、親密な関係が築かれた場合には、様々なサポートを得ることが可能となる。フィリピン人の母親が日本人の母親と良好な関係を築くことができるかどうかは、学校の置かれた状況や日本人の母親たちの特徴、フィリピン人母の日本語レベルや性格などによって変わってくるが、情報など、より多くの資源を持つホスト社会の人との関わりは、フィリピン人の母親たちが教育を行う際の資源となる。しかし、エリーやリアのように、日本人の母親との間に壁を感じる者も少なくはない。そうしたときに、頼りになるのがフィリピン人同士のネットワークである。前章でも、フィリピン人同士の間で作られる職業ネットワークや教会ネットワークについて見てきたが、次項では、フィリピン人同士の間で作り出される子育てネットワークについて見ていこう。

（2）フィリピン人同士の子育てネットワーク

　第1章でも見てきたように、フィリピン人の女性たちは移住後、初期段階においては職場や教会を拠点にフィリピン人同士のネットワークを形成する。そして、そのネットワークは定住が進むにつれ、そのライフサイクルに応じて拡張される。特に、母親となった女性たちにとって、子育てはネットワークが拡張していく大きなきっかけとなる。

　ここでは、対象者のうち、子どもが同世代なことや居住地が近いことから、親密な子育てネットワークを10年以上維持しているエイミー、メアリー、ケ

リー，ニコールの4人に特に注目したい。なお，彼女たちの職業は，家事労働者であるが，家事労働者として来日した女性たちだけでなく，エンターテイナーや日本人との結婚によって移動してきたフィリピン人女性たちも，子育てをきっかけにネットワークを形成し，そこから得られる社会関係資本を教育資源としている場合があることをここで付け加えておく。

　この4人の出会いは，居住地近くの公園や道端，保育園などであった。4人とも，同じ歳の子どもがおり，それがきっかけで仲良くなった。ニコール，メアリー，エイミーの3人は子どもの保育園で出会い，ニコールとエイミーはそれぞれ別々にケリーと公園で出会っている。また，ケリーとメアリーは元々友人を介して知り合いだったが，疎遠な期間が長く，数十年ぶりに家の近くの道端で偶然再会したという。彼女たちは，外見からフィリピン人だと判断すると，笑いかけ，笑い返してくれたら，声をかけ，友達になるのだという。この方法は彼女たちに限ったことではなく，他の女性たちも同様の方法で友達を作ることがあると述べている。たとえば，エリーは近所のスーパーで見かけたジュリアンがフィリピン人だと思い，声をかけ，そこから友人となり，T教会に参加するようになった。エイミーは，フィリピン人だと思ったら，「フィリピン人ですか？ どこに住んでるの？」と声をかけるという。これは日本社会で異質性が可視化されやすいフィリピン人女性ゆえの手段であろう。

　同じフィリピン人であり，かつ同じ歳の子どもを持つ母親であるという同質性は，ネットワーク形成を促し，子育てという共通の問題に対処するなかでそのネットワークは強固となっていった。メアリー以外の3人は夫が日本人であるが，皆，子どもの教育は母親の仕事という認識が強く，教育に関することの多くは彼女たちが担っている[2]。友達と呼べる日本人はほとんどいないため，教育上の問題はフィリピン人の友達，もしくはこのネットワークを介して知り合った日本人支援者に相談する。子どもが小さいうちは，義母から助言を受けていたようだが，子どもが成長するにつれ，義母にも分からないことが増えたため，自分たちで解決することが多くなったという[3]。

　さらに，子育てネットワークは，第1章で取り上げた教会ネットワークともその一部が交差する。エイミー，ニコール，ケリー，メアリーは元々別の教会に通っていたが，メアリーが友人の紹介で現在の教会を見つけたのをきっかけ

に，4人とも4年ほど前からT教会に通うようになった。メンバーの1人が新しい場や人に出会い，そこでネットワークが作られると，ネットワークとネットワークが相互に重なり合う。一個人の持つネットワークが増えることによって，その他のメンバーのネットワークも拡張していくのである。

エイミーは他の3人のメンバーたちを「**家族みたいなもの**」と表現するが，このような仲間の存在は日本社会で，子どもを育てながら生きていく彼女たちにとって精神的な支えとなっていた。

> ここら辺に住んでるから，よかったなー。少し安心して，やっぱしお友達いないと，なんか色んな子どもの相談とか，ストレスたまって，もうすごい大変じゃないですか。うん，まあ，よかったなって。やっぱしそばにいる人ね。同じフィリピン人いるなら，なんとかがんばる。すごい心強くなったんですね。
> 【ニコール／インタビュー／2010.3.24】

エイミーは，家族以外で一番信頼しているのは，メアリーたちであると述べる。何かあれば，真っ先に相談するのは，メアリーたちフィリピン人の友達であるという。そして，その理由を「同じ心」が分かるからとしている。

> 相談はね，やっぱりフィリピーノね。心，分かるから。言ってることすぐ分かるし，同じ問題あるし。同じ心だし。寂しいとかね。
> 【エイミー／インタビュー／2010.4.14】

異国での子育てには，常に様々な不安がつきまとう。生まれ育ったフィリピンとは異なる教育システムや文化，風習に戸惑いながら，それでも母親としての役割を遂行しようとする彼女たちにとって，同じフィリピン人同士で築かれるネットワークは子育てを行う上で，必要不可欠なものとなっていた。

> *最初，上の子が保育園に行ったとき，毎日がストレスだった。毎日，「おはようございます」って言わなくちゃいけなかったの。私は家では日本語使わないから，それにとっても慣れなかった。保育園では，誰も私を分かってく*

れなかったわ。後から入った保育園では,先生たちは英語を話してくれたけど,最初の保育園では誰も英語を話さなかった。そして,やっとここら辺でフィリピン人の友達を見つけたの。それからは,気分が落ち着いたわ。友達が1人見つかると,その人の紹介でまた友達が増える。私たちは同じ問題があるから,互いに電話して,「これ知ってる?」って互いに聞き合うの。

【メアリー/インタビュー/2010.3.24】

　誰かの仕事が忙しいときには,他の人が替わって子どもの面倒を見たり,弁当を作ったりする。何か困ったことがあれば,互いに助け合う。彼女たちは,相互扶助を繰り返しながら,互いに信頼を高めていく。そして,ネットワークが持続的に維持されるなかで社会関係資本も蓄積されていく。高畑の研究でも同様に,フィリピン人女性同士の間で行われる相互扶助が出産や子育ての助けとなっていることが指摘されている(高畑 2003)。日本社会で限られた資源しか持たないフィリピン人の母親たちは,フィリピン人同士の間で形成されるネットワークから,子育てにあたって必要な社会関係資本を獲得し,それを資源としていたのである。

　社会関係資本は,持続的な関係が維持されたネットワークのなかで作られるが,社会関係資本形成の基盤となるのが互酬である。互酬とは,「長く付き合う相手との相互扶助関係」を指すが(樋口 2005b:79),特に,この子育てネットワークでは,互酬が非常に重要となっていた。エイミーは「Helping each other is our culture, our 心」と述べ,相互扶助の重要性を強調するが,このネットワーク内では相互扶助を行うことがある種の規範ともなっていたのである。それには,既述したフィリピン人の人間関係を象徴する「ウタン・ナ・ロオブ」という互酬の原理が影響している。彼女たちにとって,他者を助けることは,「our culture」であり,遵守すべき規範なのである。

　しかし,それゆえに,相互扶助を行わない者には,批判が浴びせられることになる。フィリピン人は,他人が自分のためにしてくれたことの恩を返す義務にはとても敏感であるため,恩義に鈍感で思慮深くない人は「ワラン・ヒヤ」と呼ばれ,厳しい非難が浴びせられるといわれるが(定松 2002:54-55),同様のことが,子育てネットワーク内でも観察されるのである。たとえば,ニコー

ルには何かをしてもらったら何かを返すという意識が足りない，つまり恩義に薄いとエイミーが筆者に話してくれたことがあった。彼女たちの子どもの学習支援をしている日本人女性からあることへの協力を求められた際，ニコールが難色を示したことがあったのだという。それに対しエイミーは「**なんでいつもお世話になっているのに，協力しないの？**」とニコールのいないところで不満そうに語ったのである。

　互酬が基本とされているネットワークにおいて，相互扶助行為を積極的に行わない人にはこのような批判が浴びせられる。投資を行わず，利益だけを得ようとするフリーライダーに対しては，厳しいまなざしが向けられるのである。ネットワーク内の結束が強ければ強いほど，閉鎖性が増し，個人に対し規範を遵守させる圧力が増すが，それは一方で，「個人の自由に対する社会的圧力」（Portes 1998：15）をももたらすことになる。ネットワークが閉鎖的であればあるほど，ネットワーク内の行為者に規範を遵守させる圧力が強まり，ネットワークは強化されるが，それは，個人の自由を制限することにもなるのである。

2　教育資源としての社会関係資本

　このように，ネットワークに埋め込まれた者たちは，生活の安定のため，互いに助け合い，そのなかで社会関係資本を蓄積していく。それでは次に，母親たちが社会関係資本をどのように利用しながら，教育戦略を行っていくのかを見ていこう。子育てネットワークのみならず，前章で見た教会ネットワークのなかで蓄積された社会関係資本も子どもの教育を行う上で有効に働くため，この2つのネットワークに注目したい。

（1）情報の収集

　第1に，母親たちは社会関係資本を用いながら，教育戦略を立てる上で必要な教育に関する情報の収集を行っていた。前節でも見たように，日本の学校での経験がないフィリピン人母たちは，日本の学校で求められる母親役割について十分な情報を持っておらず，戸惑うことになる。まちこやレイチェルのように，日本人の母たちからサポートを受けられる場合はよいが，そうでない場合

には，子どもへの適切な支援ができず，不安を抱える。だが，先に子育てを経験した者や同時期に子育てをしている者がいるフィリピン人同士のネットワークでは，それぞれが獲得した情報の交換がなされていた。彼女たちは複数のネットワークを持つことによって，情報を得ることが可能となっていたのである。

教会に集まる人々の年齢や居住地は様々であるため，教会ネットワークでは，子育て一般に関する情報や広く日本の教育システム全般に関する情報を幅広く入手することができる。たとえば，メアリーは，子どもの学校を決める際，あらかじめ居住地によって決められていた学校ではなく，その隣の学校を選択した。その背景には，同じように学校選択制を利用した教会の友達からのアドバイスがあった。彼女は，外国人に対しての支援が手厚く，落ち着いた学校を選んだほうがよいとメアリーにアドバイスをし，メアリーはそれに従って，学校を選んだのである。

また，エイミーたちが持つ子育てネットワークの場合は，元々子どもが同じ歳で，近くの学校に住む者同士によってネットワークが形成されていることもあり，非常に具体的な情報のやりとりが行われていた。たとえば，お弁当や遠足，防災頭巾作りなど，日本の学校特有の行事について互いに情報交換し合い，ときにはその準備を進めることもあるという。メアリーが学校からの手紙を見過ごし，遠足の前日の夜に遠足があることを知ったときには，エイミーが代わりにメアリーの子どものお弁当も作ったという。また，エイミー，メアリー，ケリーが防災頭巾の作り方が分からないときは，子育ての先輩であるニコールに皆で習い，一緒に作ったこともあった。

  エイミー：防災頭巾作るとかね。学校始まるときね。
  ニコール・ケリー・メアリー：あー！
  エイミー：わー！みんな大変だよー。防災頭巾とかね，上履き入れとかねー。
  ニコール・ケリー・メアリー：そうそう！
  筆者：どうやって覚えたんですか？
  エイミー：あれ，あれ，伝票みて，サイズ測って，みんな呼んで，先輩（＝
      ニコール）いるから，「先輩，これ，どうやって（やるの）？」っ
      て。

【エイミー , ニコール / インタビュー /2010.3.25】

　また，上記で挙げた4人は，子どもを第4章で扱う学習教室に通わせているが，この学習教室に通うようになったきっかけは，エイミーが教室の代表者である松本さんと出会ったことだった。エイミーは，そこで松本さんからニューカマーの子どもの教育支援をやっている学習教室があるという情報を入手し，他のメンバーに伝えている。松本さんが代表を務める学習教室の機能については，第4章で詳しく見ていくが，日本人である松本さんやその他のボランティアとの間に結ばれるネットワークは，高校受験や学校の勉強についてより多くの情報を彼女たちにもたらすことになる。ケリーは，松本さんを「私たちのEducational planner」と呼び，教育に関して必要な多くの情報を松本さんから得ている。

　グラノヴェターは，「強い紐帯」と「弱い紐帯」という分類をもって社会関係を分類し，その紐帯の強さによって，もたらされる情報量に差が出ることを明らかにしている。彼によれば，紐帯の強さは，「ともに過ごす時間量，情緒的な強度，親密さ（秘密を打ち明け合うこと），助け合いの程度」の4つの組み合わせによって定義される（Granovetter 1973=2006：125）。この定義に従えば，松本さんとフィリピン人の母親たちの間に築かれたネットワークは，異質性を媒介にした弱い紐帯である。グラノヴェターは，弱い紐帯で結ばれている者同士のほうが自分自身の交際圏では手に入らない幅広い情報にアクセスできるため，より多くの機会を入手することができることを指摘するが（Granovetter 1973=2006），日本社会についてより多くの情報を持つ日本人との弱い紐帯は，フィリピン人の母親たちに教育に必要な幅広く有用な情報をもたらしていた。これは，強い紐帯を持つ子育てネットワークの成員の1人が外部と弱い紐帯を築くことによって，子育てネットワーク全体により幅広い情報がもたらされることを示している。

　さらに，彼女たちが社会関係資本を使って入手する情報は，日本の教育システムや学校に関することだけに留まらない。母親たちのなかには，子どもをフィリピンの大学に進学させようとする者も少なくない。バネッサやエリーは，日本の大学の学費は非常に高いため，子どもをフィリピンの大学に進学させよ

うと考えているという。教会には，後述するロレナのように，一度日本に呼び寄せた子どもを，再度フィリピンに戻し，大学に進学させる者もいる。彼女たちは，こうした「先輩」の話を聞きながら，フィリピンの大学に子どもを進学させるために必要な情報を入手しようとするのである。

(2) 規範の遵守

　第2に，母親たちは自らの持つネットワークに子どもを埋め込み，「世代間閉鎖性（Coleman 1988=2006：220）」のあるネットワークを作ることにより，子どもに規範を遵守させようとしていた。コールマンによれば，友人関係にある親同士の子どもが友人であるような場合，ネットワークは閉鎖的な構造になり，世代間閉鎖性のあるネットワークが作られるという。このようなネットワークにおいては，親は自分の子ども以外に対しても監視をすることになり，規範を遵守させやすくなる（Coleman 1988=2006：221）。また，同時に，子ども同士の監視も促される。

　第3章で詳しく見ていく通り，本書の対象となった親たちは子どもを教会に連れて行くが，教会に通う子ども同士は，日曜学校やユースグループで，毎週のように顔を合わせることになる。小学生が対象となった日曜学校では，大人たちが礼拝に参加している間，別教室で子どもたちは英語と聖書の勉強をする。また，中学に上がると同時に，中学生以上の若者で構成されているユースグループに入ることになる。そこでは，年齢や居住地が異なっても，同じフィリピン系の子ども同士が友人関係を築いている。親同士が教会を中心にネットワークを築いているのと同様に，子ども同士も教会を拠点に子ども同士のつながりを形成していくことになるのである。コールマンがいうところの世代間閉鎖性のあるネットワークが形成されているといえるだろう。さらに，教会ネットワークが子育てネットワークと交差するとき，すなわち，2つのネットワークに親同士も子同士も埋め込まれている場合，その世代間閉鎖性はより強固なものとなる。

　今回の対象者たちは，その来日背景や，持っているネットワークの差異にかかわらず，「**子どもをクリスチャンとして育てたい**」と繰り返す。たとえば，エリーは「**(子どもには) クリスチャンとして育って欲しい**」と述べ，家でも聖

書を読み聞かせているという。聖書の読み聞かせは，ニコールやまちこなども行っており，彼女たちの子どもは，お祈りをすることが習慣づけられている。彼女たちが子どもに期待することは，「助け合いの心を持つこと」や「酔っぱらって街を歩かないこと」など，キリスト教の教えに基づいた「正しい生き方」をすることであるが[4]，これが教会ネットワーク，子育てネットワーク双方の遵守すべき規範となっていた。母親たちは，子どもがキリスト教に反した道，「変な道」に行かないように，ネットワークに子どもを埋め込み，子ども同士の関わりを促進させることで，世代間閉鎖性を強め，相互監視を促し，規範を遵守させるのである。子どもたちは，キリスト教徒として恥ずべき行動をせずに，規範を守るよう，親以外のメンバーからも言い聞かせられる。

　特に，男女交際に関しては，厳しい目が注がれる。たとえば，教会に参加している若者同士が交際に至った場合，当事者の親だけでなく，教会メンバーからも監視を受けることになる。まちこの娘である詩音は，数ヵ月間，教会に参加している若者とつき合っていたが，その際には母親であるまちこだけでなく，まちこの友人たちである教会メンバーからもまじめに交際するよう，言われたようである。教会に参加する子ども同士は，親密な友人関係を築いているため，交際の噂などはすぐに共有される。さらに，親も同じ教会参加者であるため，子どもから親へと噂は広がり，たちまち教会内に交際の噂が広がっていく。詩音いわく，「**教会内でつきあっちゃうとみんなに知られる**」ようである。

教会内で付き合ったりすると，すぐ別れちゃダメって言われたり。だから，別れたときにものすごく怒られました。……怒られたっていうか，教会内でそういうことするなら，もうちょっとがんばりなさいって。

【詩音17歳／インタビュー／2010.12.26】

　アメリカのフィリピン系移民の研究でも，2世たちが性規範から逸脱しないよう，厳しく管理される様子が描かれている（Espiritu 2003）。性規範は，キリスト教徒として遵守すべき1つの重要な規範であり，規範を守らない者には厳しいまなざしが注がれる。詩音たちの場合は，特に性規範を逸脱するようなことはなかったようだが，交際期間が数ヵ月間で終わってしまったことに対して

は母親以外のメンバーからも怒られたというし,「みんなあんまりいい感じじゃなかった」ようである。

在米ベトナム系移民を対象としたチョウとバンクストンは,コミュニティのメンバー間の相互監視が規範の遵守を促すことを指摘しながら,コミュニティに参加している子どもがコミュニティ内で重視される価値規範を継承していく様子を描いている（Zhou and Bankston III 1998）。本書の事例となった子どもたちも,教会ネットワークや子育てネットワークのメンバーたちから監視されている。なかでも,教会のユースグループは,子ども同士の関わりを深化させ,相互監視の機能をさらに強化するものとなる。この点については,詳しく第3章で論じるが,世代間閉鎖性のあるネットワークから作られる社会関係資本は,子どもに規範を遵守させる機能を持ち,子どもをキリスト教徒として育てるという親の教育戦略を支える資源となる。

（3）フィリピン文化と英語の継承

第3に,社会関係資本を使うことによって,フィリピン文化と英語の継承が可能となる。本書の対象者たちは,日本で生まれ育った子どもたちには,将来的にも日本で生きていって欲しいと述べる。日本に生まれたのだから日本人として育って欲しいと考え,日本での成功を期待しているのである。特に,日本人と国際結婚をした母親の場合は,この傾向が強い。たとえば,エリーは,「（子どもは）日本人。半分でも日本人。やっぱり。ママだけフィリピン人,私は日本人（って言う）。（フィリピン料理）食べるのは問題ない。でも,気持ちは日本人」とした上で,フィリピン人っぽくなって欲しいという思いは,「全然ない」と述べている。

また,夫婦ともフィリピン人であっても,子どもには日本人として生きて欲しいと言う親もいる。2010年春に帰化したジェシカは,「ルーツを忘れることはいけないことですか？」とインタビューの際に述べ,日本で生まれ育った子どもたちには日本人として生きて欲しいと語る。その理由は,第1に子どもたちは日本で生まれ育っているので,日本に帰属意識があるからだと言い,第2に日本のほうがフィリピンよりも経済的に豊かなので,日本人でいたほうがよいと思うからだという。

同様の理由は、他の母親からも聞かれる。彼女たちが子どもに期待するのは、日本でよい市民として生きていくことであり、日本社会での社会的、経済的成功が第一に考えられている。そのため、「フィリピン人っぽく」なることを必ずしも期待しないのである。しかし一方で、それはタガログ語やフィリピン文化の継承を断念することを必ずしも意味しない。日本人として生きながらも、フィリピンにルーツがあることを忘れないで欲しいと考える親も多いのである。たとえば、ケリーは、子どもは、日本で生きていくために日本語を学ばなくてはいけないが、タガログ語も学んで欲しいと述べる。

> もちろん、かれらは、日本語を学ばなくてはいけないけど、でも、私たちの言葉も学ばないといけないわ。もし、かれらがフィリピンに戻っても、ただ立ってるだけになっちゃうでしょ。　　【ケリー/インタビュー/2010.3.24】

ケリーは、自分自身はいずれフィリピンに帰るつもりだが、子どもには日本で生きていって欲しいと願っている。だが、それでも、フィリピンに戻ったときに、周りの家族や親戚とコミュニケーションが取れるように、子どもにタガログ語は教えたいと述べる。「日本人として生きる」ということと、「タガログ語やフィリピン文化を学ぶ」ということは、相殺されるものではなく、両立し得るものとして捉えられているのである。上述したエリーやジェシカも、日本人として生きて欲しいと願いつつも、タガログ語やフィリピン文化の継承は手放さない。エリーの家の食卓にはフィリピン料理が並び、ジェシカの家では、タガログ語が共通語として話される。彼女たちが言う「日本人として生きる」ということは、タガログ語やフィリピン文化を身につけずに生きるということでは、必ずしもないのだ。そのため、第6章で詳しく述べる通り、彼女たちは意図的にも無意図的にもフィリピン文化を継承しようと様々な実践を行っている。そして、それを支えていたのが、移民コミュニティのなかにある教会ネットワークと子育てネットワークに蓄積された社会関係資本であった。特に、日比国際結婚家庭の場合、家族のなかに母親が1人外国人となるため、フィリピン文化の継承を行うことが困難となりやすい。だが、社会関係資本を利用すれば、仲間の協力も調達できる。たとえば、バネッサは、子どもの言語使用につ

いて以下の様に述べる。

　お兄ちゃんはタガログ語は分かる。最近はしゃべらないけどね。小さいときから教会連れてるから。赤ちゃんのときから連れて来てるから，分かる。そうなんですよね。フィリピン人多いから。
　　　　　　　　　　　　　　　【バネッサ / インタビュー /2010.11.14】

　彼女は，幼い頃から子どもをフィリピン人が多く集まる教会に通わせることによって，タガログ語を習得させようとしていた。このように，家族の支援を調達しにくい彼女たちは，子どもを自分の持つネットワークに埋め込むことで，他のメンバーの協力を調達し，子どもにタガログ語やフィリピン文化を教えようとするのである。
　同様の方法を用いて，彼女たちが子どもに継承しようとするものとして，英語が挙げられる。「*英語は世界で使えるから，仕事を見つけるとき，かれらの助けになると思うわ*」とメアリーは述べ，世界言語としての英語の重要性を指摘する。また，リアも同様に英語を子どもに教えたいと述べる。

　できれば英語を教えたい。色んな国に行けるから。外国人とコミュニケーションできるから。英語一番大切です。色んな国の人，日本人だけじゃなくて。
　　　　　　　　　　　　　　　【リア / インタビュー /2011.9.11】

　英語力は，日本社会，ないしは，広く世界で活躍するためのツールとなる。特に，フィリピンでは，英語は公用語となっており，よい仕事に就くために必要不可欠なものとされている（永田 2011：145）。そのため，彼女たちは，英語話者である自らの能力を活かしながら子どもに英語を教えようとするが，そのときに利用するのもネットワークである。母親たちは，教会の日曜学校に通わせたり，誰かの家に子どもを集めたりしながら，英語を教える。教会での英語教育については，第3章で詳しく見ていくが，子育てネットワークにおいても，メンバー内で最も英語が得意なメアリーがエイミーやケリー，ニコールの子どもを集め，週に1度英語を教えるということがなされていた。

親同士も，子ども同士も仲が良く，世代間閉鎖性のあるネットワークにおいては，子ども同士の間で，最も英語力があるのは誰かが競われる。フィールドノーツからは，他の子に負けないよう，英語を頑張る子どもの姿も観察されている。情報共有が頻繁に行われるネットワーク内においては，規範を遵守するよう，子どもへの監視が行われることは既述した通りだが，一方で学業やスポーツで成果を上げた際には，メンバーから賞賛を受ける。それは，子どもにとって誇りとなり，学習意欲を高めるものとなるだけでなく，親にとっても自慢となるため，親は子どもに英語を頑張るよう言い聞かせる。こうして，メンバー内での競争が促され，英語学習が積極的に行われるのであった。英語は，日本社会，もしくは日本に限らないグローバルな職業世界において，有用なものと判断され，子どもの日本社会での成功を願う母親たちが子どもに身につけて欲しいと願う能力の1つとなるのである。

　世代間閉鎖性のあるネットワークのなかで，行われるのは監視だけでなく，フィリピン文化や英語の継承をも行われる。国際結婚家庭で生きる母親たちは，同じフィリピン人女性と共に子育てをすることによって，フィリピン文化を継承し，英語も教えるという教育戦略を効果的に実行することができていたのである。

3　トランスナショナル家族の教育戦略――呼び寄せと故郷での養育の狭間で

　これまで，単身日本に出稼ぎに行き，日本で結婚した母親たちの教育戦略に目を向けてきたが，日本に住むフィリピン人女性のなかには，子どもや家族をフィリピンにおいてきた者たちもいる。本節では，こうした家族が2つ以上の国にまたがって形成されているトランスナショナル家族の教育戦略を見ていこう。

（1）子どもを呼び寄せる親たち――「一緒に住みたかった」

　移住先での生活が安定するようになると，子どもをおいて出稼ぎに出た者のなかから，離れていた家族をフィリピンから呼び寄せる者が出てくる。ダイア

ナとロレナがこれに当てはまる。

　ダイアナは，姉の紹介でメイドとして9年前に来日したが，そのときフィリピンに3歳の長女と1歳の長男をおいてきている。1年のみの出稼ぎという話だったが，1年が過ぎ，雇用主との契約が切れる頃になって，別の在日外国人からメイドとして働いて欲しいとの依頼を受けた。どうしようか迷ったが，経済的状況を鑑みて，ダイアナは日本に住み続けることを選択する。結局，6年間，ダイアナは家事労働者として日本で働いた。その間，日本から毎日電話で子どもの様子を確認し，1年に2回帰省するという生活を送っていた。

　日本にやってきて6年が経った頃，彼女は家族を呼び寄せる決意をする。きっかけは，ALTの仕事が見つかったのに伴って，在留資格を「特定活動」から「教育」に切り替えたことだった。「特定活動」よりも「教育」のほうが家族を容易に呼び寄せることが可能なのである[5]。フィリピンでは，当初メイドが子どもたちの面倒を見ていたが，子どもとそりが合わなかったため，途中から夫が仕事を辞め，子どもの面倒を見ていたという。呼び寄せの話が出たとき，夫は，フィリピンでビジネスを始めようとしていたところだった。だが，話し合いの結果，家族一緒に暮らしたほうがよいということになり，夫は子ども2人を連れて，来日することとなった。2010年のことである。

　家族を呼び寄せるにあたり，子どもの教育が最も不安だったダイアナは，相談にのってくれる「先輩」が多くいる「スモール・カタンドゥアネス」に引っ越した。そして，家族呼び寄せ後は，先輩のアドバイスを受け，メアリーとエイミーと同じ小学校に子どもを入学させている。呼び寄せられたとき，長女は9歳，長男は7歳だった。最初は，フィリピンとはまったく違う日本の学校に戸惑っていたという子どもたちだが，メアリーやエイミーの子どもたちの助けを受けながら，徐々に学校に慣れていった。子どもたちは第3章で取り上げる教会の日曜学校や第4章で取り上げる外国人児童生徒に対して学習補助をする学習教室でも一緒であり，日本生まれのメアリー，エイミーの子どもたちはダイアナの子どもの面倒をよく見ている。ダイアナは何か困ったことがあったら，すぐ上の階に住んでいるメアリーに相談するという。自身も子どもの教育のことで苦労したメアリーたちは，非常に協力的である。このように，このネットワークには，子育てのために必要な社会関係資本が豊富に蓄積されており，ダ

イアナは，呼び寄せ後も社会関係資本を教育資源として使いながら，子育てをするのであった。

そして，ネットワークに組み込まれた子どもたちは徐々に学校に適応していく。長女はブラスバンドのリーダーを務め，体育会では代表の挨拶をするほどであり，担任教師からも特に問題が無く「大丈夫」であると言われているようだ。学習意欲の高い彼女の向上心は，どんどん増すばかりであり，学習教室でも積極的に勉強に取り組む姿が看取される。だが，学校の先生が言う「大丈夫」がダイアナにとっては，大きな心配の種となっている。

私は日本語が話せなくて，子どもたちは日本の学校に通っている。私と夫の問題は，日本人の親たちがやっているように，先生や他の親たちとうまくコミュニケーションできないこと。私たちは何が良くて何が悪いのか分からないの。たまに，面談で先生にたくさんの質問をするんだけど，先生たちは「大丈夫，大丈夫」って言う。全部「大丈夫」。だから，分からないの。

【ダイアナ／インタビュー／2012.5.3】

この日本の学校の分からなさは，家族の教育戦略に新たな変更を迫っていく。家族が再統合し，日本で家族の土台作りを開始するように見えたダイアナ家族だが，こうした子どもの教育に対する不安によって，フィリピンへの帰還という選択肢が浮上するのである。

私たちは日本人じゃない。だから，安定していない。いつどうなるかわからない。私は子どもたちに安定した教育を受けさせたい。今は仕事があるからいいかもしれないけど，将来のことはわからない。状況は常に変化するから。少なくともフィリピンにいれば，子どもたちはもっと集中できる。……上の子は，フィリピンに帰りたがっている。なぜなら，彼女は本当に大学まで勉強したいと思っているから。一度彼女に言ったのは，奨学金を取れれば大学まで行けるかもしれないということ。なぜなら，彼女が行きたいコースはビジネスとかで非常にお金がかかるから。彼女はすごく高い目標を持っている。だから，私たちは彼女をコントロールしたくないの。

【ダイアナ / インタビュー /2012.9.23】

　学校適応はうまくいっている長女だが，大学進学までを視野に入れると，経済的事情から日本の大学への進学は難しい。そこで，彼女たちは長女に安定した教育を受けさせようと，小学校卒業後，長女を再びフィリピンに戻そうとしているのである。ただし，フィリピンに戻っても仕事はないため，ダイアナと夫は日本に残り，子どもだけを戻すという。
　同様の教育戦略は，ロレナ家族でも行われていた。ロレナは，3人の子どもを長女23歳，長男21歳，次男11歳のときに呼び寄せている。日本の学校を経験したのは次男[6]だけだが，この次男は大学入学を機に，1人でフィリピンに戻った。彼は日本での進学を希望していたものの，やはり金銭的に日本の大学への進学は難しく，断念せざるを得なかった。ダイアナは，自分の子どもと同じく学齢期途中で来日したロレナの次男の選択を鑑みながら，フィリピンに子どもを送り返すという選択を視野に入れ始めているのだ。
　ダイアナが一度は家族を呼び寄せた家族を再びフィリピンに帰そうとする背景には，もう1つの問題がある。家族を呼び寄せた1年後に，彼女は子どもを出産するのだが，この次男の養育をどこで誰がするのかが問題となっているのだ。保育園に申請を出しても，待機児童が多く，なかなか入園ができない。最初のうちは，夫が仕事を休みながら面倒を見ていたようだが，それにも限界がある。そこで，彼女たちが頼ったのは，フィリピンの親族である。短期滞在ビザでまず夫の母を呼び寄せ，3ヵ月面倒を見てもらった。その後，再度保育園の申請を試みる。しかし，また入れず，今度は，ダイアナの母と従姉妹を呼び寄せた。さらに，彼女たちが帰った後には，夫の妹を呼び寄せた。このように，家族を呼び寄せた後も，かれらは親族との間に維持され続けるトランスナショナルなネットワークを利用し，子どもの養育を行う。子どもの養育のためには，日本社会のネットワークだけでなく，トランスナショナルネットワークも利用されるのである。しかし，親族を呼び続けるにも限界がある。手伝いに来てくれる親族がいなくなった後，次男が保育園に入れるという保証はない。次男の養育の問題と，長女の将来，全てがどうなるか分からない不安定な状況下で，浮上したのが子どもだけフィリピンに戻るという選択肢なのである。

結果的にダイアナ家族は，2013年の春に，長女と次男のみをフィリピンに戻し，夫婦と長男は日本に留まるという選択をした。夫のきょうだいのもとに，長女と次男は預けられ，長女は，フィリピンの学校に進学した。長男を日本に残したのは，小学校1年生のときから日本の学校に通っている彼の場合，フィリピンの学校に通っても，勉強にはついていけないと判断したためである。長女は，フィリピンの学校でも成績はよく，クラスで一番であるという。筆者は，2013年11月にフィリピンに戻ったダイアナの長女のもとを尋ね，彼女の学校にも見学に行ったが，友人も多くできており，教師との関係も良好なようだった。子どもたちが身を寄せる夫のきょうだいの家には，ダイアナの次男の世話をするベビーシッターがおり，次男は年の近いいとこたちと楽しそうに遊んでいた。

　一度は，日本で家族が再結合されたダイアナの家族だが，子どもの教育を考え，再び2国間にまたがりながら，家族を維持することを選択する。トランスナショナル家族の場合，どこに誰が住むかという選択が常に身近な問題としてあるが，子どもの教育は家族の居住地を決める大きな要因となる。「*オーストラリアやカナダだったら，そこでやっていこうと思う。住民として認められるから。でも，日本ではあくまでも一時滞在*」とダイアナは述べる。教育制度を含めた日本の様々な制度の限界が移動の往還を促しているといってもよいだろう。

（2）子どもを呼び寄せず，送金を続ける親たち——「毎回帰ろうと思っている」
　一方で，最初から子どもを呼び寄せるということは考えたことはないと言う親たちもいる。ジャスミンとローズ，グレースがこれに当てはまる。
　家族を養うために移動した者たちは，来日後，送金を行う。特に，子どもをおいて移動した彼女たちにとって，子どもの学費の支払いは送金の目的の一つとなる。そんな彼女たちが出稼ぎ先である日本から特に気にかけているのが子どもの教育である。

　フィリピンの子どもの勉強はすごく気にかけていた。親が海外にいると，子どもが勉強をしなくなり，結婚したりする。私の娘もそうだった。大学に行

っている間に妊娠して，結婚した。だから，息子もそうなるんじゃないかと思って心配したの。……私は子どもたちに自分と同じような経験をさせたくないの。私は，教育を受けられなかったから。……息子は学校を修了することに対して，意思が強かった。何度も「心配しないで」って言われた。息子と娘は違う。息子のことは誇りに思っている。子どもが学校を終わらせずに結婚するということは心苦しいこと。……子どもと離れて暮らすのは簡単じゃない。でも，経済的に外にでるのは仕方ないね。

【グレース／インタビュー／2012.2.19】

　出稼ぎに際して一番心配だったのは，子どもの教育であったと述べる彼女たちは，インターネットや国際電話を使って，子どもと毎日連絡を取っており，宿題はやっているか，規則正しい生活を送っているかを画面越し，電話越しに毎日確認する。親が出稼ぎに出ている子どもの場合，親の統制が効かないため，勉強を怠けたり，非行に走ったりする可能性があることがしばしば指摘される（Parreñas 2005）。実際，グレースの娘は，大学在学中に妊娠し，大学を中退している。グレースは，出稼ぎ先から常に連絡を取り，子どもの様子を気にかけていたというが，それでも限界があったようだ。子どもたちの父親である夫も，サウジアラビアに出稼ぎに出ており，娘を統制することはできなかった。しかし，息子は母親の期待に応え，大学を卒業し，就職難のフィリピンで安定した仕事についており，国境をまたいで行われたグレースの母親役割の遂行が功を奏したといえる。本来であれば，子どもと一緒に暮らすのがよいと考えていても，経済的にはなかなかそうはいかない。子どものために出稼ぎに出たという彼女たちにとって，子どもの教育は，自らの出稼ぎの意味それ自体を問う重要な要素となる。そのため，彼女たちは，離れて暮らしていても，子どもの教育を気にかけ，移住先から子どもに勉強をがんばるよう励まし，母親としての役割を果たそうとするのである。

　彼女たちは，子どもを養育している家族や親族とも頻繁に連絡を取り，学校のことなど逐一報告を受けている。また，1年に1回か2回，必ず家に戻り，子どもとの時間を持つ。それは，家族としての紐帯を維持したいがためである。しかし，やはり物理的に離れていることによって，親子関係，家族関係には変

化が生じる。ジャスミンは，2人の娘を親族と夫に預け，出稼ぎに出ている。上の娘は母親に早く帰ってきて欲しいと思っているようだが，下の娘は面倒をみてくれている従姉妹になついている。また，夫婦間で子どもの教育について意見の齟齬があったときは，夫の意見が優先される。その理由は，夫が近くに居るからである。これは，子どもの教育における母親の役割が重視されるフィリピンでは，珍しいことである（Parrenas 2005）。トランスナショナルな母親役割の遂行の限界とも捉えられるだろう。しかし，それでも，彼女たちは子どもを呼び寄せるという方法は取らない。なぜだろうか。

　ジャスミンは，子どもを呼ぼうと思ったことは一度もないと述べる。理由は，日本で仕事をしながら，子どもを育てるのは難しいからである。夫が一緒であれば，家族を呼ぶという選択もあり得るが，夫はフィリピンの田舎に広大な農地を持っており，その経営で忙しい。子どもたちが住むマニラに戻るのも数ヵ月に1回である。子どもの教育に関しては子どもの世話をしてくれているジャスミンの従姉妹にほとんど任せっきりのようである。日本に来るということは毛頭考えていないようだ。ジャスミンの場合，夫の収入で生活しようと思えば，生活できる環境にいる。マニラにはプール付きの大きな持ち家もある。それでも，日本で出稼ぎをするのは，少しでも貯金をしたいからである。何年も前から，雇用主との契約が切れる度，帰ろうと思っていたという。「**毎回帰ろうと思っている。でも，ボスがいたら，日本にいたほうがいいかなって思う**」と彼女は言う。帰ろうか，どうしようか悩んでいるうちに，あっという間に10年が過ぎた。

　同様にローズも，家族の呼び寄せを考えたことはないという。しかし，ローズの場合，ジャスミンやグレースとは違って，夫は無職である。男性が日本で仕事を見つけるのは難しいが，まったく可能性がないわけではない。だが，夫は日本への移住を頑なに拒んでいる。その背景には，何があるのだろうか。

　一つには，ローズの義理の姉であるメアリーが中心となっているスモール・カタンドゥアネスの存在があるのではないかと推測できる。メアリーは，「**弟の世話はいつまでたっても私がしなくてはいけない**」と顔をしかめながら，話していたことがあった。夫が無職であるローズの家族は，ローズの送金によって，家計を成り立たせているが，それだけでは足りないときもあり，メアリー

が援助することもある。妻が働き，夫が家事をする。これは，フィリピンのジェンダー規範から逸脱した状態である。妻が海外に出稼ぎに行き，夫が母国に残っていたとしても，家事や育児は親族やメイドに任せ，ジェンダー規範を維持する夫たちの戦略については第1章でも記述したとおりであるが，ジャスミンの夫も同様の戦略を採っている。また，前節で言及したダイアナの夫も，最初のうちはメイドに子どもの面倒を見てもらっていた。しかし，ローズの家庭は，メイドを雇う余裕はなく，家事育児は夫が担っている。このようなジェンダー規範から逸脱した状況にいるなかで，日本へ行き，スモール・カタンドゥアネスで，先発者である妻や姉に面倒を見てもらうことは，彼の男性としての名誉をますます傷つけることになりかねない。コミュニティがしっかりしていればしているほど，相互の監視の目は強く，妻に養ってもらっている夫への視線は厳しくなることだろう。すなわち，彼にとってジェンダー規範を維持するための手段がフィリピンに留まるということなのである。

　子どもを呼び寄せるという選択をする場合，子どもだけを呼び寄せることはなく，夫も一緒に呼び寄せることとなる。そのとき，夫とのジェンダー関係が問題になる。フィリピンでは，親族やメイドに家事育児を任せることができるが，日本ではそうもいかない。共に暮らしながら，妻に養ってもらうということは，ジェンダー規範からのさらなる逸脱を意味するため，夫たちは日本への移住を拒むのだ。こうした夫婦間の葛藤の上に，子どもを呼び寄せないという教育戦略は立てられていたのである。

4　小括

　本章では，日本に居住するフィリピン人を大きく2つに分け，それぞれの親たちが社会関係資本を教育資源としてどのように利用し，教育戦略を組み立てていくのかを見てきた。

　第1節と第2節では，国際結婚家庭の子育てに注目した。日本の教育システムに不慣れなフィリピン人の母親たちは，子どもの教育を行うにあたって，様々な困難を抱えることになる。日本の学校で求められる母親役割を遂行することは，彼女たちにとって，非常に難しいことである。だが，居住局面で作ら

れる多様なネットワークのなかで蓄積された社会関係資本は，社会構造上，不利な立場に置かれているフィリピン人の母親にとって，重要な資源となる。特に，教会ネットワークと子育てネットワークのなかにある社会関係資本は，子どもの教育を行う際の資源として有効に活用されていた。

情報は教育戦略を組み立てる上で重要な資源だが，情報収集という点で言えば，教会ネットワークの社会関係資本は広く様々な情報を，子育てネットワークの社会関係資本は具体的で個別的な情報を，彼女たちにもたらしていた。ただ，子育てネットワークは，日本人の支援者とつながることによって，教会ネットワークよりも幅広く，有用な情報を獲得する可能性も含んでいる。また，彼女たちは教会ネットワークと子育てネットワークの両方に子どもを組み込み，世代間閉鎖性のあるネットワークを形成し，社会関係資本を利用することで，規範の遵守やフィリピン文化と英語の継承を効果的に行おうとしていた。母親たちの多くは，子どもには日本人として育って欲しいと主張するが，それはフィリピン文化の継承を断念することを意味しない。子どもが日本社会で生きていけるように支援しながら，フィリピン文化も継承する。それが彼女たちの目標であり，そのために社会関係資本を使って，教育戦略を組み立てるのである。

続く第3節では，家族が2国間以上にまたがって形成されているトランスナショナル家族に焦点を当てた。第1章で見たように，親族間の仕事の斡旋によって移住は次々と連鎖していく。そして，移住の連鎖が積み重なり，社会関係資本が蓄積されるに従って，子どもも含めた家族の移動へとつながっていく。トランスナショナルな空間を生きるかれらは，家族の呼び寄せか，否かという点でいつどうなるか分からない状況に置かれながらも，その時々の状況に合わせ，教育戦略を組み立てていた。

女性が移住後，家族を呼び寄せるという方法をとる場合，家族形成の軸足は，日本に置かれることとなる。移住の連鎖によって蓄積される社会関係資本は，家族を呼び寄せることを可能にするが，呼び寄せ後，家族の日本社会での生活の安定のための資源ともなり得る。しかし，社会関係資本が蓄積されていても，日本の教育制度を始めとする様々な制約がかれらの将来計画を規定する。出身地とホスト社会，両方に蓄積された社会関係資本を動員してもなお，これらの制約に抗することは難しい。結果，家族のフィリピンへの帰還という選択肢が

現れ出る。ここで描かれたのは，出身地とホスト社会を自由に行き来し，自由に教育戦略を立てていく移住者の姿ではなく，様々な制約のなか，よりよい戦略を模索する移住者たちの姿であった。

トランスナショナリズム理論は，移民たちの社会的・文化的「自由度」を過大評価しているきらいがあると指摘される（渋谷 2005：170-171）。フィリピンの経済不安から，日本へ出稼ぎに行き，家族再結合の後も日本での教育への不安感から祖国への帰還を計画するかれらは，自由にトランスナショナルな移動を行っているというよりも，経済的，社会的制約のなか，移動を強いられているとも捉えられる。

一方，呼び寄せという方法をとらない場合，家族形成はフィリピンに軸足が置かれ，移住先である日本から女性たちは母親役割を遂行する。出稼ぎ労働者の男性へは，遠隔地からの父親役割の遂行は求められないが，女性の場合はどこにいっても，母親としての役割が求められる。このような単身で移動した女性が子どもを呼び寄せるか否かという教育戦略を立てるに当たっては，夫とのジェンダー関係が問題となる。すなわち，夫婦間のジェンダー規範への葛藤が家族の呼び寄せ如何を左右する一因となっているのである。

以上見てきたように，トランスナショナルな空間を生きるかれらの教育戦略は，常に移動の可能性を含み込んだ流動的なものであった。移動が流動化する現代において，トランスナショナルな空間を生きるかれらの教育戦略は，決して看過できるものではなく，日本に在住するフィリピン人の1つの教育戦略の有り様として位置づけられる必要があろう。

次章以降では，移民コミュニティのなかにあり，複数のネットワークの拠点となる2つの育ちの場に視点を移し，その機能を見ていくことにする。

注
1）第4章でも見るように，子どもたちからは，本来ならば親が書くべき書類を自分たちで書かねばならないことに対して不満の声が聞かれる。
2）「お子さんの教育に関する大事なことを決めるのは誰ですか？」という質問に対し，4人とも即座に「mother」と答えた。父親が日本人の場合，書類のサインなどは父親がするというが，その他のことは母親が担う。保護者会や入学式，卒

業式などの学校行事への参加も母親だけがしているという。
3）エイミーは小学校まではおばあちゃんに助けられたというが，現在は手を借りることは少なくなったという。同様にケリーも「おばあちゃんにはたまにね（聞いている）」というが，多くのことは自分でやっているという。
4）「子どもに期待することは何ですか？」という問いに対して，「よい市民になること」（ケリー）「人に迷惑をかけないこと」（ニコール）「酔っぱらって六本木をふらふら歩かないこと」（エイミー）「人を助けられる人になること」（メアリー）と答えており，それは全てキリスト教の教えに基づいていると述べている（2010年3月25日インタビュー）。
5）特定活動ビザでは，原則として家族に家族滞在ビザは支給されない。しかし，短期滞在ビザで家族を呼び，滞在時に家族が就職活動を行い，就労ビザを取るケースは，よく見られる。また，ダイアナのように，ビザを他のビザに切り替え，家族を呼ぶケースもある。
6）第3章以降に登場するロバートである。

第3章　エスニック教会の教育的機能

　本章では，ネットワーク形成の拠点として，移民コミュニティの中核をなすエスニック教会に焦点を当てる。エスニックな宗教組織は宗教実践の場としての役割を担うだけでなく，移民生活の安定のために必要な様々な機能を持っており，移民コミュニティの中でも中心的な役割を担う（Breton 1964）。宗教組織はコミュニティ内のルールを作り，その他の活動の中心となる。また，出身地と同様の経験を教会ですることによって，移民は精神的サポートを受けることができる。福田は，移民にとっての宗教組織が持つ機能を，宗教的機能，教育的機能，社会的機能，政治的機能，経済的機能の5つに分類したが（福田 2012），本書では，これらの機能のなかでも教育的機能に注目し，それが参加者の移民生活に果たす役割について明らかにする。

　ただ，その際に，考慮すべきは，宗教組織内部での世代の差異である。特に，世代間のニーズの差異は，移民がその独自組織をいかにして存続させていくのかということに関わるため，移民の宗教組織を対象にした研究のなかでも重要な論点の1つとなってきた。エスニック教会の機能はホスト社会の文脈と移民のニーズに合わせ変容するが，親世代と子世代によってそのニーズに違いが生じ，対立や葛藤が起こることが指摘される（Warner 1998）。本書では，教会内における世代間のニーズの差異を考慮しつつ，ニューカマーにとっての宗教組織の重要性を描いていくことにする。

　具体的には，フィリピン系エスニック教会の日曜学校とユースグループをその対象に据え，教会参加者たちにとってこの2つの場がどのようなものとして位置づいているかを描き出していく。その際，親世代と子世代の違いのみならず，子世代内部の育ちの過程の違いにも目を向ける。すなわち，学齢期途中で来日した1.5世と日本生まれの日比国際児では，教会に求める役割がどのように違うのかということを考慮しながら，分析を進める。

以下では，まず対象となるT教会の概要を説明した後（第1節），牧師，親，日曜学校の教師が教会に寄せる期待に着目しつつ，かれらが教会の日曜学校にどのような役割を付与しようとしているのか，かれらにとって日曜学校はどのような役割を果たすものなのかを明らかにする（第2節）。次に，日曜学校からユースグループへの移行の際に生じる問題を取り上げる（第3節）。そして，1.5世と日比国際児がユースグループに通う理由を明らかにした後（第4節），ユースグループがルーツを認識／再認識する場（第5節）と規範を継承する場（第6節）として位置づいていることを指摘する。

1　T教会の概要

　T教会は，元々日本人によって設立されたプロテスタント教会である。フィリピンは国民の90％以上がカトリック教徒であるといわれる（寺田2002：10）。そのため，在日フィリピン人の多くもカトリック教徒であり，T教会の信徒たちのなかにも元カトリック教徒は多く存在している。来日直後は，カトリック教会に通っていたが，友人の紹介でT教会に行き着き，プロテスタントに改宗したという者もいる。また，神様は皆同じであるため，プロテスタントとカトリックという宗派による違いは関係ないと述べる者もおり，改宗せずにT教会とカトリック教会の両方に通う者もいる[1]。

　毎週日曜に行われる5つの礼拝のうち，第1～3礼拝と第5礼拝は日本人牧師によって日本語で行われ，第4礼拝がフィリピン人牧師によって行われている。礼拝の時間は，午後4時から1時間半程度である。礼拝後は，仲のよい者同士，グループで食事に行くことが多い。

　この教会はA地域X地区の端に位置するが，このA地域には全部で60程度の教会が存在する。この付近には比較的多くの外国人が生活しているため，T教会と同様に外国語で礼拝を行う教会も少なくない。隣接する6つの教会では，日曜に数回行われる礼拝のうち，少なくとも1つは外国語で行われている。

　T教会でフィリピン人向けの礼拝が行われるようになったのは，1999年のことである。当時，在日フィリピン人の増加を受け，フィリピン人向け礼拝の必要性を感じたT教会の日本人牧師は牧師を探しにフィリピンを訪れた。そ

こで出会ったのが現在フィリピン人礼拝を行っているアンソニー牧師である。1998年冬にアンソニー牧師とその家族が来日したことで，フィリピン人向けの礼拝が行われるようになり，現在，50~60人ほどの信徒が礼拝に参加している。その多くはフィリピン人女性であるが，日本人の配偶者やその子どもも参加している。

　礼拝は主に英語で行われ（牧師が礼拝の途中に行う雑談の際には，タガログ語が使用されることも多い），日本語の通訳がつく。大人が礼拝に参加している間，小学生の子どもは別の部屋で行われている日曜学校に行く。そして，中学に上がると同時にユースグループに入る。中学生以上の子どもと若者が参加するユースグループは，大人と一緒に礼拝に参加し，礼拝でバンド演奏をしたり，月に何回かダンスや劇の発表を行ったりする。礼拝で歌われる歌の歌詞は全て英語である。歌詞の内容は信仰に関することだが，リズムはポップミュージックのようである。プロジェクターによって歌詞がスクリーンに映し出され，信徒はそれを見ながら身振りを付けて歌う。ユースグループは中学生グループと高校生以上のグループに分かれているが，かれらはバンドやダンスの練習なども含めると，週に2，3回は顔を合わせており，それ以外にも個人的な交流が多い。

2　日曜学校における牧師，教師の取り組みと親の期待

　それでは，まず，日曜学校の取り組みについて見てみよう。日曜学校が行われているのは，礼拝の行われているビルの真向かいに位置する教会のオフィスの一角である。広いフロアのなかにいくつか仕切りが設けられており，礼拝を終えた日本人の信徒たちが隣でくつろいでいたりする。13人程度の子どもがこの日曜学校に参加しているが，日によって参加人数は異なっている。男女比は4：6で女子が多いが，そのほとんどが日本名で，日本生まれである。教師は全部で4名おり，毎週交替で授業を行っている。教師は前任者からの指名や他の信徒たちからの推薦によって信徒の中から選ばれており，教師全員が自らも子どもを持つ母親である。教師となるための条件は，特に定められていないが，日本語が第一言語である子どもたちとコミュニケーションが取れるくらい

の日本語力が求められる。

　毎週日曜の午後，礼拝が始まる直前に子どもは親に連れられて教室に来る。親は子どもが教室に入ったのを確認すると，礼拝の行われている建物に移動し，礼拝に参加する。教室ではその中心に長机が置かれ，それを囲むように子どもたちが座り，授業が行われる。子どもたちは年齢や居住地がばらばらであるため，名前を互いに認識していない子たちも存在する。しかし，名前を認識せずともゲームやアニメのことなど共通の話題は多くあり，おしゃべりは尽きることがない。また，なかには元々親同士が友人であるため幼いときから共に育っている子たちもおり，その場合はきょうだいのように仲がよい。

　英語で書かれた子ども用の聖書が共通テキストとはなっているが，授業内容は基本的に教師一人一人に任せられている。そのため，週ごとの連続性はなく，子どもたちはその日に何をするのかを知らないままやって来る。共通テキストを子どもたちが各自で購入し，持ってくるわけではなく，必要な箇所をその都度教師がコピーし，配布する。テキストを使用しないことも多く，ゲームや歌の練習のみで授業が終わることも少なくない。

　一般的に，日曜学校は，キリスト教の信仰を教えるところとされている（NCC教育部歴史編纂委員会 2007）。キリスト教徒として知っておくべき基本的知識を，子ども用の聖書やゲームなどを通して学びながら，信仰を深める場が日曜学校である。また，エスニック教会の場合は，日曜学校で出身国の第一言語を学ぶこともある（Yang 1999）。しかし，T教会のフィリピン人向け日曜学校の場合，最も力が注がれていたのは，聖書の勉強よりも英語の勉強であった。英語で書かれた子ども用聖書テキストを利用するときも，その中身の勉強というよりは英単語のスペリングや発音練習に多くの時間が割かれており，学校の勉強を先取りする形で授業が展開されていた。日曜学校の教師のなかでリーダーを務めるニコールは，日曜学校の授業内容について以下のように語る。

　　英語がメイン。パスター（＝牧師）も英語をメインにして，英語しゃべれるように（と言っている）。これから先，学校で子どもも習わなきゃいけないし。なるべく英語を教えた方がいいかなって。……タガログ語はあんまり教えない。タガログ語より英語のほうがこれから世界的に使えるからいいかなって。

【ニコール／インタビュー／2011.7.24】

　牧師の方針を受け，英語中心の授業が行われていることがここでは示されている。アンソニー牧師は「*英語をよく分かる人を育てたいと思う親のサポートをしたいから，日曜学校では子どもの英語能力を伸ばそうとしている*」と述べる。信徒である親の要望を受け，親の母語であるタガログ語よりも国際的に通用する英語を重視していることが分かる。
　第2章で確認したように，多くの親は将来のために，子どもには英語を身につけて欲しいと考えている。フィリピンでは小学校段階から第一外国語として英語学習が行われ，英語は公用語として用いられている。英語運用能力から学歴や学力の高さを判断する場合があるといわれる（永田 2011：145）。無論，全てのフィリピン人が英語を理解するわけではないが，少なくとも筆者がインタビューをした20名ほどのフィリピン人女性の信徒は皆，流暢な英語を話しており，その英語能力によって日本での仕事を見つけている人も少なくなかった[2]。そのため，子どもにも自分と同じように英語能力を身につけることを期待する者は多い。
　親たちのなかには，第2章で取り上げたバネッサのように，教会に子どもを連れて来ることによって，タガログ語を継承させようとする者もいる。教会参加者の多くは，その第一言語がタガログ語なため，教会に参加する子どもたちは，否応なく参加者たちが話すタガログ語を聞くことになる。そのなかで，少しずつでもタガログ語を覚える子もいるようだ。けれども，日曜学校で教えるべき言葉として積極的に位置づけられているのは，タガログ語ではなく英語である。タガログ語は，教会に参加するなかで自然と身につくものとして捉えられているのに対し，英語は積極的に教えるべきものとされているのである。
　英語教育に熱心さを見せる親たちだが，彼女たちが実際に子どもを英語教室に通わせ，国際的に通用する英語を身につけさせようとしているかといえばそうではない。経済的な理由もあるだろうが，子どもに対する英語教育は，教会の日曜学校で十分であると考えている親が多い。親たちに「**子どもの教育のために何かしているか**」と尋ねると，多くの親が「**教会で英語を習わせている**」と答える。日本の学校のことは「**何も分からない。何も教えてあげられない**」

第3章　エスニック教会の教育的機能

と言う彼女たちであるが，英語教育だけは英語話者であることのメリットを活かしながら自らの手で行えるものであり，それを実践する場が教会なのである。
　では，日曜学校では，実際にどのような授業が行われているのだろうか。以下は，ある日の日曜学校の様子である。

　参加している子どもは全部で8名。小学校3年の男子5名と，小学4年の女子1名，小学5年の女子2名である。小学校3年の男子1名，小学校5年の女子1名以外は，日本生まれの子どもである。
　英語で書かれた子ども用聖書の物語の一部を日本語に直して，手書きで書いたものをニコールが配る。ニコールが翻訳したようで，所々日本語の意味が分からないところがある。子どもたちは，「よく分かんなーい」と口々に言う。
【中略】
　ニコールが日本語で聖書の物語を読む。「分かった？」と確認する。女子たちは聞いているが，男子たちはおしゃべりをしている子も多い。
【中略】
　その後，今度は，子ども用聖書の英語で書かれた本文が配られる。
　そこに出てくる単語をホワイトボードに書き，確認していく。
　単語は，pool, sick, everday, healed, lament, people などである。
　発音と意味をみんなで言う。その後，1人ずつ当て，前でスペルを書かせる。2年前に来日した1.5世の女子が前でスペルを書いていると，日本生まれの男子が「先生，ずるい。何でも分かるもん。英語」と言う。
　それに対し，ニコールは，「ずるくないよ。教えてあげるよ」と言う。
　　　　　　　　　　　　　　【日曜学校／フィールドノーツ／2010.7.31】

　日曜学校の英語の授業は筆者が観察する限り，上記で見るような初歩的なものであり，国際的に活躍するための英語力を養うほどのものではない[3]。日本生まれで第一言語が日本語である子どもたちの英語力は，さほど高いものではなく，日曜学校で行われる会話のほとんどは日本語である。また，日本語が第一言語の子どもに合わせて，物語を読む際には，日本語を使いながら理解を促

している。英語は単語を覚えるという程度のものであり，英語に力を入れているという教師や牧師たちの発言と実態とは，一定程度の乖離が見られる。

　親たちは，日曜学校の間，別の場所で礼拝に通っているため，日曜学校の授業を見ているわけではない。だが，自らが英語話者の親たちは，日曜学校に通っても，子どもの英語力が向上していないことは分かるはずである。それでも親が子どもを日曜学校に通わせ続けるのは，1つには自分が子どもの教育のために何かをしているという意識，つまり子どもの教育に対する効力感を持ちたいがためであろうことが推察される。

　このように，日曜学校で英語学習が行われるのは，親たちの要望がその背景にあるからであるが，英語学習以外にもう1つ親が日曜学校に求めることがある。それは友人関係形成の場としての役割である。親たちが口々に述べるのは，子どもに教会で友達を作って欲しいということである。

子どもは大きくなると，親よりも友達のほうが大事になる。そのときに「変な友達」がいると，非行に走ってしまう危険があるけど，教会の友達といれば神に背く道にはいかないので，安心。

【メアリー/インタビュー/2010.7.18】

　親が教会に子どもを連れて来るのはクリスチャンに育てたいからでもあるが，「変な友達」を作らせないようにするためでもあると語る。子どもたちが悪い道に行かないよう，教会に連れて行き，そこで友人関係を築かせるというのは，移民の親たちがしつけのためにとる戦略の1つである（Zhou and Bankston Ⅲ 1998, Yang 1999）。本事例の母親たちが子どもに期待することとして挙げるのは，「酔っぱらって六本木を歩かないこと」「人に暴力を振るわないこと」などであるが，こうした規範を守らせるために，教会の友達が重要となってくる。成長するにつれ，親よりも友人のほうが大事となった子どもたちが，友人との付き合いのなかで，夜遊びや飲酒，喫煙などを覚える可能性があることを親たちは分かっている。そのため，親たちは，子どもに教会中心の友人関係を築かせることで，神に背く道から子どもを遠ざけようとする。教会での活動を通して，子ども同士のつながりを持たせることが子どもを非行へと導かない方法の1つ

となるのである。

　以上から分かるように，日曜学校は親から色々な期待を寄せられている。教会は，親の教育戦略を担う重要な場の1つであると言ってよい。アンソニー牧師はフィリピンの教会で求められることと，Ｔ教会で求められることは違うと述べた上で，Ｔ教会の役割を以下の様に語る。

　　フィリピン人にとって，宗教は，社会，文化，ライフスタイルに大きく関わります。海外に移住したとき，信仰を表現する場所がないと，自分が何者か分からなくなります。空っぽになる。教会はその側面を補填しています。……プラクティカルなニーズにも対応しようと思っています。コミュニティ関係とか。これは海外では非常に難しい。多くの人たちが未だに孤独を感じているでしょう。だからコミュニティが必要になるのです。それを学んだのは，日本人と結婚したフィリピン人女性の話からです。彼女たちが他のフィリピン人に会うとき，いかに幸せかを知りました。ただ同じ言葉を話し，フィリピン料理を食べるだけでよいのです。別に，言葉や料理が大事なのではなく，同じフィリピン人と一緒にいることが大事なのです。
　　　　　　　　　　　　　【アンソニー牧師／インタビュー／2011.7.6】

　Ｔ教会では，日本に居住するフィリピン人の不安や孤独に対応すること，さらに日本で生きていく上で必要な手助けをすることが重視されている。Ｔ教会に限らず，移民にとって宗教組織は，信仰の場としてのみならず，生活を社会的，経済的，精神的にサポートする場としても機能する（福田 2012, 李 2012, 三木 2012）。Ｔ教会には英語で書かれた新聞が置かれてあり，生活に必要な情報を入手できる。また，フィリピン人同士のつながりを密にするための小規模な自助グループも作られている。教会を中心に作られるネットワークがいかにフィリピン人女性たちの生活を支えているかという点については，第1章でも指摘した通りである。

　上記のアンソニー牧師の発言からも分かるように，フィリピン人の孤独や不安への対応がエスニック教会には求められているが，そのうちの1つとして，日曜学校も位置づく。日本語や日本の学校になじみがなく，子育てに不安や戸

惑いを持つ親であっても，日曜学校があることによって，子どもの教育を行えているという意識を持つことができる。つまり，日曜学校で子どもの教育の手助けをすることも信徒のプラクティカルなニーズに応えることになるのである。

しかし，それは親のニーズに合わせたものであり，必ずしも子どものニーズとイコールであるわけではない。そのため，子どもは成長するにつれ，教会と教会以外の生活とのバランスを取るのが難しくなる。次節では，年齢が上がるに従って，教会から離脱していってしまう子どもたちについて取り上げよう。

3　学校と教会とのバランス

日曜学校に通う子どもたちは，何か目的をもって通っているというよりは，「お母さんがきているから行く」という認識が強い。日曜学校にほぼ毎週欠かさず来ている小学校5年生の女の子に対し，筆者が「ジョアンナちゃんは毎週来てて偉いね」というと，彼女は「だって，ママが来てるから」と返答した。彼女の場合，両親ともにフィリピン人であり，T教会に通うキリスト教徒である。また，彼女は2年前に来日しているが，フィリピンで毎週教会に通っていたという。それゆえに，家族で教会に通うのは当たり前であり，そこに何の疑問も抱いていない。同様に，日本生まれで生後2ヵ月の時から教会に母親と一緒に通い，高校2年生の詩音も小学校のときを振り返り，以下のように語っている。

> 教会に行くのは当たり前だった。習慣になっちゃってるから。……小学校の時はあんまり深く考えてなくて，みんないるしって感じ。
> 【詩音17歳／インタビュー／2010.12.26】

教会に行くのは，特別なことではなく，それが日常生活の中に組み込まれている様子が分かる。詩音の場合は，父親は日本人でキリスト教徒ではないが，敬虔なクリスチャンである母親からクリスチャンとしての自覚を持つように育てられたため，自分がクリスチャンであることに疑いを持ったことはなく，教会に行くことも当たり前であったという。しかし中学に上がり，部活などで学

校が忙しくなると，教会に行くことが徐々に嫌になっていったと彼女は語る。

筆者：クリスチャンだからって言われるのが嫌になったりしなかった？
詩音：嫌だったりしましたね。1回，日曜日行きたくなくなったり。中学の時，部活ばっかだったから。で，午前中部活で，午後からずっと（教会）行ってたんですよ。だから，疲れて行きたくないみたいな。

【詩音17歳 / インタビュー /2010.12.26】

　日本の中学の場合，日曜日も部活がある学校は少なくない。そのため，部活を理由に教会に来なくなる子は多くいる。2009年度に日曜学校を卒業した子どものうち，半数が部活や学校が忙しいため，ユースグループには参加していない。さらには，中学の部活でなくとも小学校段階からサッカークラブなどに通う子どもも多く，日曜学校に来られなくなる子もでてくる。しかし，日曜学校の教師のニコールはそのことをさほど問題視せず，母親が来ていれば子どもは2，3回休んでもくるようになると述べていた。確かに小学生のうちは親が継続的に教会に通っていれば，それについて来る形で教会に顔を出す子も少なくない。しかし，中学となり，自分の意思で参加の有無を決められるようになると，教会から遠ざかっていく子どもが多く出てくるのもまた確かである。
　日本生まれの凛は日曜学校には継続的に通っていたが，中学に上がると同時に部活が忙しくなり，教会には通わなくなった。現在でも教会に通っている同じく日本生まれで幼なじみの美波が教会に行こうと何度も誘っても，行きづらいと参加を拒否する。

　勉強の合間，美波が「凛，（教会）行こーよー」と凛を誘う。凛は，「え，凛，（ダンス）練習してないから，できないし」と言い，断るが，美波は「お願い！」と言い，何度も凛に教会に行くよう頼む。

【学習教室 / フィールドノーツ /2010.7.6】

美波が「凛，なんで教会来ないの？ってみんな言ってるよ」と言うと，凛は，「だって，行ってないから行きづらい」と言い，それ以上教会の話をしたく

ないような態度を見せる。　　【学習教室/フィールドノーツ/2011.1.11】

　アメリカの韓国系移民の教会活動を分析したチャイは，大学を卒業した若者は，親世代との信仰に対する考え方の違いや使用言語の問題から，礼拝に参加しなくなることを指摘した（Chai 1998）。そして，ある韓国人牧師がそれを「沈黙の脱出（Silent Exodus）」と名付けたことを明らかにしたが，日曜学校からユースグループに移行する時点でこの「沈黙の脱出」がT教会でも行われていることが分かる。

　親は「子どもにはコミュニティを助けられる人になってほしい」とインタビューの中で述べており，子どもが教会に積極的に参加することを期待している。しかし，日本の中学の現状を知るようになると，その期待を徐々に手放すようになっていく。自分の娘である凛と志穂がユースグループに入ることを心待ちにしていたエイミーも，実際に中学に上がった途端，部活で忙しく教会に行くことができない娘をみて，「**(教会の活動)やってほしいけど，ちょっと無理だね**」といい，諦めの姿勢を垣間見せている。自分が大事にしているキリスト教の信仰を継承してほしいと思いつつも，子どもの学校での生活を優先させざるを得ない親の葛藤がここから看取される。

　ただし一方で，エイミーは，娘の凛と志穂の幼なじみである美波に，「**凛，今度（教会）来るから，呼んだら絶対来るから。で，凛が来たら，志穂も絶対来るから，今度呼んで**」と言い，美波の誘いであれば，凛は教会に来るため，凛を教会に誘って欲しいと頼んでいる。実際，美波がエイミーから頼まれたことを凛に伝えると，凛は「**受験終わったら，高校行ったら行こうかなって思ってるけど**」と述べていた。友人関係を利用しながら，子どもを教会に参加させようとする親の戦略が見て取れる。

　後述するように，ユースグループでは，非常に濃い人間関係が築かれているが，一度そこから出てしまうと，再び参入するのは難しくなることが凛と美波のやりとりから見て取れる。凛は，教会に行きたくないわけではないが，ずっと行っていないから行きづらいのだということを強調した。凛が教会への参加を拒むのは，部活が忙しいということももちろんあるだろうが，緊密な人間関係が作られるユースグループに再度参入するのに，大きな壁を感じているため

ともいえるだろう。

4　ユースグループに参加する若者たち

(1) ユースグループの成立経緯と友人関係――「教会の友達は家族みたい」

　学校が忙しくなるにつれ，徐々に教会から離れていく子どもが多くいる一方で，引き続き教会に通い続け，ユースグループとしての活動を続ける子どもや友達や親戚の紹介でユースグループから教会に参加するようになる子どももいる。かれらはなぜ教会に通い続けるのだろうか。

　その理由を探るためには，まずユースグループの成立経緯を見ていく必要がある。以下では，ユースグループのリーダーであり，アンソニー牧師の双子の娘でもあるクレアとダイアナの語りを中心にユースグループがどのような役割を果たそうとして作られたものなのかを見ていきたい。

　第5章でも詳しく見るが，彼女たちは小学校5年生の時に両親と共に家族4人で来日し，日本の公立小学校に入っている。日本語の難しさから，学校への適応は大変だったと自らの学校経験を振り返るが，いじめなどはなく，良好な学校生活を送ったという。しかし，学力的に高校受験は難しいと判断し，高校進学を機に2人だけでフィリピンに戻っている。高校，大学をフィリピンで過ごした後，フィリピンでは就職が難しいとの判断から，再び両親のいる日本に戻り，日本で専門学校を出た後，就職をしている。

　ユースグループの成立において，この2人の存在は欠かせないものである。ユースグループが作られたのは2005年のことであるが，そのきっかけとなったのは，クレア，ダイアナの自発的な提案であった。日本の教会ではあまり一般的ではないが，彼女たちが通っていたフィリピンの教会では，若者中心のユースグループがあり，バンドの演奏や劇をしたり，ユースだけのイベントをしたりするのは当たり前であったという。

　彼女たちが小，中学生だった頃は，T教会のフィリピン礼拝は始まったばかりであったため，子どもや若者はほとんどおらず，ユースグループはなかった。しかし，信徒の数が増えるにつれ，若者の数も多くなり，彼女たちがフィリピンの学校を終えて日本に戻ってきたときには，10代の子たちが多く教会に通

うようになっていた。久しぶりにT教会に戻ってきた彼女たちは、こうした状況を見て、「ユース作んなきゃ」と思い、自分たちがリーダーとなって、ユースグループを作っていった。牧師である父やその他の信徒に言われたわけではなく、自分たちで必要性を感じ、作っていったという。こうしたユースグループ成立の背景には、単に「フィリピンの教会でもそうだったから」ということや牧師の娘としての責任だけに留まらない理由があった。クレアの語りから、彼女たちがユースグループを作ろうとしたその背景を見ていこう。

> （自分も）同じ外国人で、日本に来たときは、見慣れないことがいっぱいあるじゃないですか。自分で adjust しないといけないっていうのが多いわけだから。それだけでみんなも大変だから。学校とか。……やっぱこっちで、日本に合わせなきゃいけない。……。でも、そういう楽しいことがあると、やっぱりがんばれる。みんな自分を思ってくれる、分かってくれる人がいれば、この分からない日本人のことを、なんとなく理解できるようになるわけだから。……フィリピンで育ってて、こっちにくるようになったのは、家族の事情があってとかだから。みんなそれぞれ家庭で色んな問題抱えてるわけだから。それを見てくれる人いなかったら、そこで暴れてるかもしれないし。だから、そこにいっちゃうよりも、教会に来てもらったほうがいいと思ってるから。いい大人にもなると思うしって思って。【クレア23歳／インタビュー／2010.10.31】

以上から、彼女たちが微妙な年頃にさしかかり、親離れを始める子どもたちの居場所としてユースグループを作り上げていったことが分かるが、こうした考えの裏側には、ニューカマーとしての自らの経験があった。学齢期の途中で国際移動を経験し、日本の学校、日本社会に適応する大変さを経験した彼女たちは、かつての自分たちと同じような状況にある子どもたちがよくない方向へ行かないようにと、ユースグループを「居場所」として機能させようとしている。「日本に合わせなきゃいけない」という一言は、日本の学校や社会の同化圧力がいかに強力だったかを物語る。こうした同化圧力のもと、「日本に合わせるため」には、自分のことを分かってくれる人、認めてくれる人がいる場を

確保することが重要だと彼女たちは考えているのであろう。

　フィリピン系に限らず，文化間移動をした子どもが移動先の社会に適応する際の困難さは先行研究で繰り返し指摘されていることである（たとえば，太田 2000, 志水・清水 2001, 宮島・太田 2005）。そして，こうした子どもたちが不適応を起こさないために，「居場所」の確保が重要であることが指摘され，様々な対策が講じられつつある（たとえば，矢野 2007）。「居場所」とは，自己を認め，再認識させてくれる他者との関係によって，自己肯定感や安心感を得ることができる場であるとされる（住田・南 2003：4）。クレア，ダイアナの「居場所作り」もこうした対策と同様のものと位置づけられるが，彼女たちの場合は自分たち自身がニューカマーとして経験した困難さを基にしているという点で，行政や地域の大人が用意する「居場所」とは異なるということができるだろう。新谷は，子どもや若者の「居場所」は，大人が設定するのではなく，子どもたち自らが主体的に作り出すものであるとしているが（新谷 2001），クレアたちの手によって作られたユースグループという居場所は，まさに若者たちが自らの手で作り上げたものである。彼女たちは日本社会の同化圧力の下で生き抜いていくために，常に自分を確認する「居場所」が必要であることを，身をもって感じているのである。

　そして，その居場所作りのためには，みんなが「楽しい」と思える空間作りが必要であると2人は述べる。小学校，中学校と日本の学校を経験してきた彼女たちは，フィリピンでは毎週教会に行っていた子どもでも，日本の学校に入ると，部活や勉強で忙しくなり，教会から離れていく可能性があることを理解している。そのため，そうした子どもでも継続的に教会に通えるような工夫を行っている。たとえば，ピクニックや誕生日会など教会以外の場で楽しめるイベントを月に何度か催し，初めての人でも気軽に参加できる雰囲気作りを心がけている。

　　どうやったら（みんなが）教会に毎週来るようになるのかなって。楽しいこ
　　としないとって思って。……友達と遊んでたりするのと同じように，こっち
　　でもじゃあ，ピクニックでもしよっかーとか。どっかいこっかー。聖書だけ
　　じゃなくて，教会のこともあるんだけど，みんなで楽しむ。

【クレア23歳／インタビュー／2010.10.31】

　このようなクレア，ダイアナの手によって作られたユースグループは，徐々にメンバーを増やすなかで，友人関係を緊密なものとしていく。小学校5年生の時に来日し，叔母の紹介で中学3年からT教会に通うようになったジェニファーは，最初に教会と聞いたときは「重い感じ。やっぱ静かにしなきゃいけないのかなって。ちょっと気まずい」と思っていたという。彼女はそれまで母親と一緒に月に何回か近所にある別の教会に行っていたというが，さほど熱心には通っていなかった。さらに，その教会は信徒の数が多かったため，信徒同士のつながりもそれほど密ではなかったようである。そうした経験が「教会＝重い感じ」という彼女の認識を形作っていたのであろう。しかし，ピクニックなど教会以外の場におけるイベントを通じて，クレア，ダイアナとのつながりが深くなり，友達が増えることによって，T教会に対するイメージ，ユースグループに対するイメージが彼女のなかで変わっていく。そして，今では，「自分的にその時間（＝日曜の礼拝の時間）にそこ（＝教会）に入ってないと物足りない感じ」というまでになっている。

　また，日本生まれの2世や日比国際児たちも，学校よりもユースグループのほうが楽しいと述べる。前述した凛と違い，部活よりもユースの活動を優先させる子もいるのである。

聡美：早くユースに行きたくて仕方がない。
筆者：そうなの？　そんなに楽しいんだ？　へえ，いいね。学校の部活とかよりもこっちが大事？
聡美：どっちも大事だけど，こっちのが好きっていう感じだよね。
遥・美菜子：（うなずく）
【中略】
筆者：一番ユースで楽しいのは何？　ダンス？
聡美：みんなで話すとか。
遥：どっか行く。
聡美：とかね。遊園地とか行ったり。みんな，ユースに来てる人，気が合う

　　　　　からね。学校より全然楽しい。
美菜子：楽しいよね。
筆者：学校の友達と何が違うの？
聡美：何て言うんだろう。何か，話しやすい。色々。
筆者：相談しやすい？
聡美：そう。
遥：なんか何事も内緒にできない。
聡美：恥ずかしいけど，きょうだいみたいに言うよね。
　　　　　　【聡美,美菜子,遥13歳／インタビュー/2012.3.18】

　その他にも「教会の友達はもう家族みたい」「教会の友達が一番仲がいい」という声が多く聞かれる。クレアとダイアナが意図したように，聖書の勉強だけでなく，どこかへみんなで出かけたりすることが子どもたちにユースグループを楽しいと思わせる一因となっているようだ。
　このように，若い世代が中心となり，グループを築き，そこでの友人関係が深まっていくことで「友達に会いに教会に行く」という意識が形成されるようになっていたが，この友人関係こそが子どもたちが継続的に教会に通う要因の1つであり，ユースグループを特徴づけるものであった。そして，その背景には自らの経験を基に，ユースグループを居場所として成り立たせようとしたクレア，ダイアナの思いがあった。彼女たちがユースグループを作った背景には，牧師の娘としての責任ももちろんあっただろうが，自分自身がニューカマーとして日本で経験した困難さから，下の世代の子が少しでも「よい方向に行くように」という思いが強い。そこには，一方的に支援されるだけではなく，自ら主体的に資源を作っていくニューカマーの若者の姿がある。クレアとダイアナの実践は，型はフィリピンの教会のものの移植／拝借であっても，その中身は創造的なものである。ハードは借り物であっても，ソフトはコミュニティの構成員（この場合は若者や子どもたち）のニーズや経験に沿って，豊かに構築・創造されていくのである。

（2）やりがいの発見——「自分ができることが見つかる」

　友人関係は，若者や子どもがユースグループに通う最も重要な要因であるが，その他にもかれらがユースグループに通い続ける理由がある。第2の理由として指摘したいのは，「やりがいの発見」である。

　前述した詩音は，中学に上がった後「**疲れて行きたくない**」という思いを持ちつつも，部活を続けながら教会へ参加していた。中学の時は部活の時間に合わせ，フィリピン礼拝ではなく日本語礼拝に通っていたというが，教会への参加をやめることはなかった。そして，高校進学を機に，フィリピン礼拝に復帰している。その理由は，ユースグループとしてステージに立つことが多くなり，責任感が出てきたからだという。「**高校生になると，みんなダンスとかしたり，あたしも歌ったり，ピアノ弾いたり，自分ができることが見つかるから，行っている意味が見つかる**」と詩音は述べる。

　同様に，美波も礼拝時にピアノを演奏するという役割を担っていた。小さい頃からピアノを習っていた美波は，中学に入り，ユースグループに参加すると同時に，月に何回か前に出て，ピアノを弾くようになったのである。凛や志穂，陽菜などの幼なじみが部活などを理由に教会に来なくなっても，美波はピアノを弾くという役割があったため，継続的に礼拝に参加していた。そのなかで，同じ年で，ユースグループに参加していた聡美や遥，美菜子と非常に仲良くなっていった。凛や陽菜に比べ，勉強が得意でないため，後述する学習教室などでは，自己主張があまりできない美波であるが，教会においては自分が役に立っているという自己効力感を持つことができるためか，自信を持って自己主張する姿がしばしば見られた。

　親に連れられ，お客さんとして座って礼拝に参加するだけでなく，自らが積極的に関与することが継続的に教会に通う要因となっていたといえるだろう。ユースグループに参加している若者たちの話によると，他の教会では，子どもや若者が前に立ち，演奏したりダンスをしたりする機会は限られているという。それに対して，T教会の場合は，ユースグループを1つの独立したグループとして捉え，責任ある仕事を任せようとしている。毎週の礼拝でのバンド演奏や月に1回行われるダンスと劇の発表のために，かれらは週に2度教会に集まり，練習をしている。また，年に一度ライブハウスを貸し切り，歌やダンス，劇を

披露するイベントもある。これは毎週練習に励んでいるユースメンバーを見て，クレアとダイアナが牧師である父に企画を持ちかけ，実現したことであるという。このようなイベントを任せられることによって，かれらは教会の活動にやりがいを見出すだけでなく，メンバー同士の関わり合いも強めているのである。

　このような仕事の付与は，ユースグループに限ったことではなく，T教会の特色の1つである。日曜学校の教師であるニコールは，T教会に通い始めた理由を「**小さい頃からの夢だった教師という仕事，やりたい仕事をさせてもらえるから**」であると語っている。T教会は小さい教会であるため，仕事を信徒たちに担ってもらう必要があるのだが，そのことがまさに信徒たちを教会に引きつけていたのである。

　三木は，滞日ブラジル人の教会参加について，相対的剥奪論を用いながら，分析している（三木 2012）。相対的剥奪とは，「人が他者あるいは自らが内面化する理想に比較して不利益な状態に置かれていると認識する状態」（三木 2012：14）である。経済的に余裕がなく，不利な立場に置かれている滞日ブラジル人の人々は，様々な側面で剥奪感を抱いているが，教会で困窮者を援助し，布教する活動をするなかで，生きがいを見いだし，精神的剥奪感を克服していくという。すなわち，教会は，滞日ブラジル人にとって，剥奪感克服の場，手段として機能していると三木は述べる。

　同様に，日本社会や日本の学校で周辺的な立場におかれやすいフィリピン人の女性や若者たちも，教会のなかで自分の仕事，やりがいを見いだすことで，剥奪感を克服しているといえる。特に，日本の学校で評価されにくい若者たちにとって，教会はダンスやバンド演奏を通して，充足感や承認を得るための場となる。責任ある仕事が与えられ，そこにやりがいを見いだすことによって，教会が親に連れられていく場所から，自ら進んでいく場所へと変わっていったのである。

5　世代によって異なるユースグループの機能——ルーツの再確認／確認

　以上，見てきたように，子どもや若者たちがユースグループに参加するのは，ユースグループが居心地のよい友人関係を築くことのできる居場所であり，や

りがいを発見できる場であるためである。この2つの機能が子どもや若者たちを，継続的な参加に導いていたのである。だが，ユースグループの持つ機能はこれだけには留まらない。この他に，ユースグループの持つ重要な機能として本節で指摘したいのは，「ルーツの再確認／確認」という機能である。この点は，学齢期の途中に移動した1.5世と日本生まれの2世や日比国際児とではその意味合いが異なる。まず，学齢期の途中で来日した1.5世について見てみよう。

(1) 1.5世にとってのユースグループ——フィリピンを思い出せる場

　学齢期の途中で来日した1.5世は，来日後，日本で過ごす時間のほうが多くなり，フィリピンでの生活の記憶は徐々に薄れていくことになる。インタビューに応じてくれた1.5世のうち，来日後フィリピンに長期間滞在した経験を持つ者はクレアとダイアナ姉妹以外にはおらず，日本語中心の生活を送っている者がほとんどである。

　インタビュー当時19歳のジェニファーは，既述の通り，小学校5年生の時に来日している。彼女は母親の再婚に伴い，フィリピンから呼び寄せられ来日しているが，継父は日本人であったため，フィリピン人との関わりは母親以外では教会しかなかった。母親とは母語であるタガログ語で会話していたというが，学校の友人はほとんど日本人であり，生活の中心を占めていたのは日本語だった。そのため，教会はタガログ語を話す数少ない場であり，教会がなければ，タガログ語を話す機会はほとんどない状態となる。実際，高校1年生のとき，部活や勉強で忙しく，1年間教会に行かなかったことがあったというが，その際にタガログ語を忘れそうになったことがあったようである。だが，高校2年から再び，教会に行くようになると，母語であるタガログ語が一番得意となる。つまり，日本語中心の社会で生きていかなければならなかった彼女にとって，教会は母語を維持するための場となっていたのである。ジェニファーは，タガログ語に強いこだわりを持ち，特にフィリピン育ちのフィリピン人と話すときは，タガログ語で話してくれないと嫌だと述べる。

　　小・中・高は，日本人の友達だったから，日本語の生活だった。中3で教会

に行き始めて，フィリピン人との関わりがあるっていったら，教会しかない。……教会の友達は，（フィリピン語と日本語）両方使えるけど，フィリピン語[4]で話す。日本語で話すと「なんで？ フィリピン語で話していいのに」って感じ。フィリピン語，そのちゃんとした言葉で話してくれないと。自分の言葉で。中途半端に見える。

【ジェニファー 19 歳／インタビュー／2010.8.25】

彼女にとって，日本に居ながらフィリピンを感じることのできる場が教会なのであり，教会の友達は彼女がこだわりを持つタガログ語，母語を自由に使うことのできる相手なのである。そしてまた，「自分の言葉」「ちゃんとした言葉」で話すことのできる教会の友達は「中途半端」でない自分を見せることのできる相手であるともいえるだろう。

同様に，ロバートとレイモンドも，学齢期の途中で来日し，家と教会以外では日本語中心の生活を送っているが，教会はタガログ語や英語を話すことのできる一番楽な場所であり，教会の友達と一緒にいるときが一番楽しいと語る。学校のことや進路のこと，何か困ったことがあったときに相談するのは教会の友達であると 2 人は述べる。また，ユースグループではダンスやバンドの練習が頻繁に行われるが，かれらにとってそれはフィリピンでの生活を思い出すものにもなっていた。フィリピンでもダンスやバンドの演奏に勤しんでいたかれらは，「日本人よりはリズム感あるから」と言い，熱心に練習を重ねている。

学齢期の途中で移動し，タガログ語を母語とする 1.5 世のかれらにとって，教会は唯一「自分の言葉」で話せる場所であり，フィリピンを思い出せる場として位置づいていたのである。1.5 世の若者たちは，来日後，日本語中心の生活に染まり，幼少期に身につけたフィリピン文化の衣（箕浦 2003）が徐々にはぎ取られるという経験をする。そのなかで，タガログ語が話せ，同じフィリピン系の友達と劇やダンスができる教会は，その文化の衣を再び確認する場であり，フィリピンを思い出すことのできる場であった。

（2）ユースグループの変容——「日本語しか話せない子」の増加

次に，日比国際児にとってユースグループがルーツの再確認／確認という点

で，どのような機能を果たしているのかを見る前に，ユースグループの変化について述べておこう。

前述したように，成立当初は，学齢期に来日した1.5世がその多くを占めていたユースグループであったが，2009年前後からその状況に変化が生じてきた。日本生まれで，日本語しか話せない子が増えてきたのである。「**日本育ちとフィリピン育ちで，やっぱり性格も違う。……文化なのか，どうなのか。結構違うんですよね**」とクレアは述べる。フィリピン生まれの子のほうがストレートに物が言え，時には相手を傷つけるようなことも言うのに対し，日本生まれの子の場合は，気を遣い，遠慮する子が多いと彼女は言う。もちろん，それは最初のうちだけで，慣れてくると，日本生まれの子も遠慮をしなくなるというが，それでも違いは残ると彼女は強調する。その違いが最も顕著に表れるのが言語である。

　最初は，ユースはタガログ語がメインだったんですよね。……みんなフィリピン育ちで，こっち（＝日本）に来て，で，（教会に）来てるわけだから，日本語まったく分かんないから，みんなでタガログ語。フィリピン人の集まりみたいな感じ。けど，日本語話す人も増えてきた。だから，そのときは，バイリンガルで。ただ，タガログ語しか分かんない人もまだいるから，日本語だけで話すとついていけないし，タガログ語だけだと日本語しか話せない子が分かんないから。　　　　【クレア23歳／インタビュー／2010.10.31】

フィリピン育ちでタガログ語を母語とする「フィリピン人の集まり」のようだったユースグループが日本語しか話せない2世や日比国際児の登場で変化していく。ユースグループ内部での共通言語がタガログ語オンリーから，英語，タガログ語，日本語のミックスに変わっていくのである。そして，それはユースグループだけでなく，礼拝の際の使用言語にも波及する。元々礼拝時の使用言語とされていたのは，英語であった。ときには，タガログ語がミックスされることもあったが，日本語の通訳等はついていなかった。だが，日本語しか話せない2世や日比国際児の増加によって，日本語の通訳が付くようになる。通訳となるのは，信徒のうち日本語が得意なフィリピン人や英語が分かる日本人，

クレア,ダイアナのような1.5世たちである。通訳を担当するグループが信徒のなかにあり,現在は約5名が週替わりで通訳をしている。通訳は牧師と一緒にステージに立つ。牧師が英語で一言ずつ話をし,その後に続いて一言ずつ日本語に訳す[5]。

礼拝における言語の問題は,アメリカの事例でも指摘されている。親の母語を解さない2世の登場により,礼拝時の使用言語がホスト国の言葉,アメリカの場合,英語になっていく(Chai 1998, Herting 2001)。それによって,母語を重要視し,子どもにも自分の母語を話して欲しいと思う親とホスト国の言葉が母語となる子の溝が深まることもあるという。しかし,T教会の場合,親たちは子どもにタガログ語を教えたいという思いを持っているものの,それに固執するということはない。英語教育に力を入れたいと思っている親が多いことは,繰り返し指摘した通りだが,子どもたちの英語力が牧師の話を十分に理解するレベルでないことを分かっている親たちは,日本語の通訳がつくことに反対はしない。アメリカの事例とは異なって,本事例の場合は,礼拝時の言語に日本語が入ることを問題視している親はほとんどいないのである。

こうした親の意向が影響しているのかは不確かではあるが,最近では,礼拝の言葉だけでなく,礼拝前にユースグループのバンド演奏で歌をうたうときも歌詞の一部が日本語になるということも出てきている。2011年2月のユースサンデー[6]の際に,いつもは英語の歌詞でうたう歌を一部日本語にするという場面が見られたのだ。筆者がフィールドワークを開始してからそうした場面を見たことは一度もなく,牧師も「*初めての試みだった*」と述べている。

これに対し,親世代から何か異議申し立てが行われることはない。T教会の場合は,母語にこだわる親とホスト国の言葉を好む子どもという構図は見られないのである。しかし,こうした日本語化の流れは一気に加速していくかといえば,そうではない。その流れを押しとどめているのが1.5世である。せっかく親がフィリピン人であるのだから,やはりタガログ語や英語はできたほうがよいとクレア,ダイアナを始めとする1.5世の若者は述べており,1.5世は日本語しか話せない子どもにも積極的にタガログ語で話しかけるのだという。

　　日本語しか話せない子たちに,タガログ語で話しかけたりして。どっちかと

いうとこっちに染まって，教えようって。どっちかっていうと，今強いのがそのフィリピン育ちだから，みんなそれに染まっちゃうんですね。

【クレア23歳／インタビュー／2010.10.31】

「せっかくお母さんがフィリピン人なんだから，その文化とか言葉を知らないのは，もったいない」とダイアナも述べる。日本生まれの子どもたちに対しても積極的にフィリピン文化や言語を教えようとする1.5世の姿がそこにはある。なぜなら，前述した通り，1.5世にとって，ユースグループは「自分の言葉」，つまり母語であるタガログ語で話せる数少ない場であるため，その主流言語はタガログ語であったほうがよいからである。1.5世がユースグループを「自分の言葉」で言いたいことが言える「居場所」として形成，機能させる過程において，その使用言語は必然的にタガログ語となる。そのため，ユースグループのリーダーとなるのは，日本語とタガログ語の両方が話せる人であり，タガログ語が話せることに，優位性が付与されている[7]。タガログ語というルーツの強力な象徴（「自分たちの言葉」）があるからこそ，「フィリピン人の世界」である「居場所」が成り立っているため，1.5世はその優位性を逃そうとはしないのである。

このように，日本生まれの子どもたちの登場によって，T教会に日本語化の流れが押し寄せるわけだが，1.5世の存在がそれを一定程度押しとどめており，そこに言語使用に関するせめぎあいが見て取れる。

(3) 日比国際児にとってのユースグループ──新たにフィリピンを感じる場

以上見てきたように，日比国際児の増加によって，ユースグループに変化が生じていることが分かる。それでは，ユースグループは，日比国際児たちにとってどのような場となっているのだろうか。

日本生まれ日本育ちの詩音は，生活の中でフィリピンを感じることはほとんどないという。日本語しか話せず，フィリピンでの生活経験がまったくない詩音にとって，フィリピンは旅行で訪れる場所である。彼女は，父親が日本人であるため，自らを「ハーフ」と定義するが，家では日本語しか話さず，母親の作る料理も日本料理である。母親からタガログ語を教わったことはないという。

このような生活を送る彼女にとってフィリピンを感じる唯一の場が教会であった。

　　教会は，もうフィリピン！って感じ。……なんか日曜日だけ違うみたいな。
　　日曜日だけなんかガイジンがいるなという感じになります。
　　　　　　　　　　　　　　　【詩音17歳/インタビュー/2010.12.26】

　彼女は母親が教会に通っていたため幼少期から教会に参加している。だが，日本語しか話せない彼女は，中学2年生のときにはフィリピン礼拝で話されていることの意味が分からず，日本語礼拝に参加したこともあったという。言語の問題がここでも浮上する。彼女が中学生のときは日本語の通訳はまだついておらず，英語のみの礼拝であったため，理解できない言葉を唯々聞いているだけの礼拝に意味を見いだせなかったと彼女は述べる。
　このように，一度はフィリピン礼拝から離れていた詩音だが，中学3年の時に再びフィリピン礼拝に参加するようになる。その背景にあったのは1.5世の友達や年長者たちの存在であった。家が近いこともあり，幼い頃からクレアたちとは親交があり，憧れの存在であったという。そのクレアたちにフィリピン礼拝でピアノを弾いてくれないかと言われたことが再びフィリピン礼拝に戻るきっかけとなった。そして，ステージに立ち，ダンスやバンドの演奏をするクレアたちを見て，彼女はああいうふうになりたいと思い，ダンスを習い始める。

　　あの人たち（＝1.5世たち）は，（ダンス）習ってなくてもできるんですよ。
　　リズム感いいから。……ああいうふうになりたいと思って習い始めました。
　　　　　　　　　　　　　　　【詩音17歳/インタビュー/2010.12.26】

　さらに，ピアノの演奏などでステージに立つ機会が増えることで，教会での責任が増し，より積極的に礼拝に参加するようになる。そして，彼女は教会での活動を通し，教会の友達との関わりのなかで，フィリピンを感じる機会を得るようになり，フィリピンをより深く知るようになっていく。小，中学校のときには，名前が日本名であることから，「ハーフ」であることは自ら主張しな

かったというが，高校になるとフィリピンとの「ハーフ」である自分を積極的にアピールするようになったという。モデルを目指しているという彼女は，「フィリピン人のほうが日本人よりシンプルなおしゃれが上手だから，たまに真似したりして」と言い，1.5世たちのファッションを真似していると言う。また，フィリピンでは18歳のお祝いに盛大なパーティーを開く習慣があるというが，彼女は来年それを行う予定でとても楽しみにしていると嬉しそうに語ってくれた。ユースグループにおける1.5世との関わり合いが，彼女にフィリピン文化を知る機会を与えたのである。

このように，日本生まれの日比国際児の彼女は，あくまでシンボリックな文化実践を通してでしかフィリピンを感じることはできない。マジョリティに囲まれて生活をしている移民2世の子どもたちはパーティーやイベントを通して，フィリピン文化を感じるため，かれらにとって「フィリピン人であること」はある種のイベントであるとエスピリトゥは指摘するが，彼女の場合もまさにそうであるといえる（Espiritu 2003）。だが，ダンスや劇など，シンボリックな文化実践を行える場こそがフィリピンでの生活経験がなく，家庭でもフィリピンを感じることのできない2世以降の子どもにとっては必要なのであり，詩音にとってはそれがT教会のユースグループであった。この点に関しては第6章で詳述する。

ここで重要なのは，シンボリックな文化実践を1.5世の友達や年長者と行うことにより，日比国際児たちがフィリピンをより知るようになるということである。前述の言語使用の例にも端的に示されているが，1.5世は積極的にルーツの再確認という機能をユースグループに付与する。繰り返すが，それは日本語中心の生活のなかで忘れそうになるタガログ語やフィリピン文化の衣を再び確認するための手段であった。そして，こうした機能を持つユースグループ内部で，1.5世と日比国際児の関わりは促進されていくのであるが，この関わりによって，ユースグループは日比国際児にとっても間接的にフィリピンを感じることのできる場となるのである。教会は，ホスト国生まれの子どもたちがルーツの言語や文化を知ることのできる場であり（Yang 1999, Levitt 2001），フィリピンとの結びつきを確認することのできる場となるのである。

6　世代を超えて受け継がれるもの——ロールモデルの獲得と規範の継承

（１）親世代からの期待と監視

　以上のように，ユースグループの「ルーツの再確認／確認」という機能は，1.5 世と日比国際児では，その意味合いが異なっている。しかし一方で，育ちの過程に関係なく維持されている機能もある。それは「規範の遵守」という機能である。

　ユースグループは若者たちが主体的に運営しているわけだが，親世代からの監視の目がまったくないわけではない。既述したように，親たちは，子どもが非行の道に走らないよう，教会に子どもを連れてきていると述べる。つまり，しつけの一環として，子どもを教会に連れてきていることが分かる。たとえば，聡美は，ユースグループに入るに当たって，母親に下記のように言われたという。

> お母さんに言われた。何かいつも「うるさい」って言われてて。だから，ちゃんとユースになったら，「まじめにね」みたいな。「ちゃんとやりなよ」って。「お兄さんとかお姉さんに怒られない程度でね」って言われた。
>
> 【聡美13歳／インタビュー／2012.3.18】

　ユースグループに入るからには，これまでのようにうるさくするのではなく，ユースグループの年長者の言うことを聞き，まじめにやるよう，言われたのだという。親たちは，ユースグループの年長者を，規範を遵守する存在として捉えており，かれらに任せておけば，子どもは変な方向にはいかないので，安心と考えているのだろう。ユースグループに社会的な規範を遵守させる機能を期待している側面があるといえる。そして，こうした規範の遵守という機能が親から求められていることは，ユースグループのリーダーであるクレア，ダイアナもよく理解している。

> （小学校）卒業すると一番中途半端。自分が子どもか大人か，迷っている時期じゃない？ 13とかって。……卒業すると，……お母さんから離れて違う

ことするから。あんまりよくないほうにいっちゃうと，お母さんも困るし。そういうのだと寂しい。　　　　【ダイアナ23歳／インタビュー／2010.8.29】

　ダイアナも思春期，反抗期に入る中学生が親離れに伴って，「よくないほう」に行くことを懸念している。そして，ユースグループが子どもの居場所となることで子どもを「よくないほう」へ行かせないための歯止めとなればと考えていると語る。だが，その居場所は何でも許される場ではない。ユースの活動が若者たちの自主性に任せられているのは，自分たちで規範を守りつつ活動が行える限りにおいてである。そのため，クレアとダイアナは，ユースの子どもたちにけじめをつけ，規範を守るように常に言っているという。

　たとえば，礼拝中に，メッセージ聞かないでずっとおしゃべりしたり。（そういうときは）みんなに「前に立ってる人，見えてるんだからね」って。「結局怒られてるのはこっちだよ！みんなにどんなこと言われてるか分かんないでしょ」って言って。こっちが恥かいている。みんなは多分，分かってない。他の大人たちが「ユース迷惑」って言うの。色んなクレーム聞くじゃないですか。こっちが。それをこっち謝って，説明してるのはこっち。その気持ち分かってほしいっていうふうに話して。
　　　　　　　　　　　　　【クレア23歳／インタビュー／2010.10.31】

　ユースグループのリーダーである2人は，大人たちからのクレームを受け，それを子世代に伝える親世代と子世代のつなぎ役となっていた。大人たちから見れば，ユースグループのリーダーである年長者に任せれば，安心であるので，ある程度子どもの自主性に任せようと考える。子どもの立場からすれば，親から言われたら反発することでも歳が近く身近な存在であるリーダーから言われるのであれば，と規範を守るようになる。実際，クレアとダイアナからお酒を飲まないようにということや，けじめをつけるようにということを言われてきたジェニファーは，その規範をしっかりと守っているようだ。

　そのアテ[8]・ダイアナとかアテ・クレアとかと一緒だと，必ず言うの。「お

酒は飲むんじゃないわよ」みたいな。だから，飲まない。……あと，ユースのなかでその土曜日とか聖書の勉強してるときとか，あと真剣な話とかのときに，なんかそのけじめの本当の意味が分かるようになった。

【ジェニファー 19 歳 / インタビュー /2010.8.25】

　こうして親の監視の目はユースグループのリーダーである2人を通して子どもたちに届くことになる。こうした年長者を媒介にした規範遵守の機能は，なにもクレアとダイアナが牧師の娘であるから機能していたわけではない。2011年にクレアとダイアナからユースグループのリーダーを引き継いだ沙樹[9]も大人たちの目があるから，きちんとするように下の世代の子たちに言っていると述べており，「しっかりした年長者」がいる限り，この機能は維持していくものと考えられる。つまり，親世代の監視の目を背中に感じつつも，規範が遵守される限りで，主体性が付与されているのがユースグループであるといえる。そこでは，1.5世か日比国際児かという区分はなく，親世代に対峙する子世代として規範を遵守しなければならない。親たちが子どもを教会に連れて行き，そこで子ども同士のつながりを作らせることで，「世代間閉鎖性」(Coleman 1988=2006 : 220) のあるネットワークを作ろうとすることは既に第2章で述べた通りである。「世代間閉鎖性」のあるネットワークでは，相互の監視が強化されやすくなるが，子ども同士の関係性を強固にするユースグループは，この監視の目をより強める機能を持つのである。

(2) 年下からのまなざし

　一方，こうした規範を遵守させようとする圧力は親世代からのみかかるのではなく，年下からも無意図的にかかることとなる。対象者となった若者たちは皆口々に教会のメンバーを家族やきょうだいみたいなものだと語る。「もうみんな，きょうだいって感じ。いないと足りない」，「やっぱ教会の子と一番仲いい。友達っていうか，家族。きょうだい」という言葉が多くの若者から出てきている。ダイアナも「**教会は，もう第2の家。もうみんな家族。大きな家族ですね**」と述べるが，そこでの自分の役割が年下の若い子たちの面倒を見る「お姉ちゃん」であることを自覚している。同様にクレアもユースグループの最年

長として，年下の子たちのことを考えて活動しているという．

> 結局やっぱりね，お姉さんとしてっていうのがあって．(だから) たまに「学校どう？」とか聞いてるんですよね．
> 【クレア 23 歳 / インタビュー /2010.10.31】

　そして，それは自分自身も同じニューカマーとして，日本の学校，生活を経験したからこそ分かることでもあるという．同じような経験をした者として親世代とは異なる見方ができ，だからこそ，ユースグループの存在が少しでも年下の子たちのためになればと考えているという．ニューカマーの場合，ロールモデルの不在がよく指摘され，それがかれらの進路選択を狭め，肯定的アイデンティティ形成を難しくするといわれる (田房 2005)．だが，この教会のユースグループにおいては，ニューカマーとして類似の経験をしている年長者が多く存在し，身近に目指すべき像が存在するため，ロールモデル獲得のための資源が提供されていた．特に，クレア，ダイアナを中心に年上の子を模範とし，自分の将来像を描く子どもたちが多いという．

> やっぱり，「アテ・クレアとアテ・ダイアナみたいになりたい」っていうのは (下の子から) 聞きますね．夢，っていうかゴール，目指すとこになってる．
> 【クレア 23 歳 / インタビュー /2010.10.31】

　タガログ語，英語，日本語の 3 カ国語を操れ，楽器の演奏やダンスができる彼女たちはユースグループの子どもたちの憧れとなっている．ジェニファーは高校進学，大学進学いずれの際もクレア，ダイアナに相談したという．また，そういうジェニファーも同じ高校に進んだロバートに進学の際のアドバイスをし，年下の子たちを「**お姉ちゃんとして面倒見るって感じ**」だと述べている．このように，「年下の面倒をみる」という認識がユースグループ内で継承されているのである．
　だが一方で，それはモデルとされる年長者にとっては「ちゃんとしなきゃ」というプレッシャーにもなる．「やっぱり次の世代の子もみんな見てるから，

第 3 章　エスニック教会の教育的機能

ちゃんといいモデルになんないとって（他のユースの子たちにも）言ってる。どんどんそれは，下に続くから」とクレアは語る。そして，この「ちゃんとしなきゃ」というプレッシャーは，下の世代にも引き継がれていくのである。

　幼い頃から「アテ・クレア，アテ・ダイアナみたいになりたい」と言って，2人に憧れて育ってきた詩音は，最近，自分が見本となる番であることを自覚し始め，「下の子たちが見ているからちゃんとしなきゃ」と思うようになっているという。ステージ上に立って歌ったり，ピアノを弾いたりする機会が増えてきたことにより，下の子たちの目を気にするようになったと詩音は言う。詩音は，クレア，ダイアナを見て育ったからこそ，年下の子たちにとって，ロールモデルの持つ役割の重要さを認識しており，そのことが「ちゃんとしなきゃ」というプレッシャーを強めるものとなっていた。

　また，クレア，ダイアナの後を引き継いでユースグループのリーダーとなった沙樹は，「自分もしっかりしないとなって。すっごいあります。プレッシャーは。……ほんと，1つ1つの行動に気をつけないとなって。見られてるって思って」と述べており，そのプレッシャーはリーダーになった後，ますます増したという。事実，沙樹がリーダーとなってからユースグループに入った聡美は，沙樹をお手本として，ダンスやドラムを頑張っていると述べる。

> 踊りうまくなりたいだとか，ドラムがんばりたいとか思う。アテ・沙樹とかちょーうまいじゃん。なんかやきもちやく。いいな。あんくらいうまくなりたいなみたいな。　　　　　　　　　【聡美13歳／インタビュー／2012.3.18】

　クレアやダイアナを見て育った詩音や沙樹は，クレアたちのようになりたいと憧れ，沙樹たちを見て育った聡美は，沙樹たちのようになりたいと憧れる。このようにして，ロールモデルを獲得していくのだが，この過程でかれらは年下から目標とされることの重要性を認識し，規範を遵守するよう意識していくのだ。これは規範が世代を経て，若者たちの間で継承されていることを示す。ユースグループが主体性を付与されつつも，第一世代の大人たちの監視を間接的に受けていることは指摘した通りだが，ロールモデルとして年下からも羨望のまなざしで見られることが，規範を遵守しなければならないというプレッシ

ャーを強めていたのである。

このような緩やかな相互監視は規範を強固にし，その規範が子どもや若者たちを「よい」方向へと導く。これはまさに親たちが教会に期待する教育的機能である。ニューカマーの若者が組織の形成，運営主体となることにより，教育的機能が強化され，より効果的に規範の継承が行われているといえるだろう。

7 小括

本章では，フィリピン系エスニック教会を舞台に，教会の教育的機能について検討してきた。以下，本章で得られた知見をまとめ，考察を加えたい。

第1に，日曜学校は親の子どもに対する教育期待を手助けすることが念頭に置かれており，ユースグループは子どもや若者にルーツの確認や承認を与える居場所として位置づいていた。自分の生まれ育った国とは異なる環境で子どもを育てる親たちは子どもの教育に対し，なんらかの不安感を抱える。しかし，エスニック教会の日曜学校に子どもを連れて行くことで，親は子どもの教育をしっかり行っているという意識を持つことができる。この意味で，日曜学校は親にとって欠かせない場となる。そして，そうした多くの親を教会に引きつけるため，教会の指導者は親のニーズに応じて日曜学校の教育内容を決める。なぜなら，教会に通う信徒の数は教会それ自体の存続に関わるからである。すなわち，日曜学校は異国に暮らす親たちの教育に対する不安感を軽減させる役割を持っているが，それは広く見れば，教会の存続のためにも役立っているのである。だが，日曜学校は親のニーズを満たすための役割は果たしていても，子どものニーズは十分に満たしているとは言い切れない。そのため，小学校から中学校に上がる段階で多くの子どもが教会を離れる。これは海外の移民研究でも指摘されていることであるが，異なるのは，海外の事例では子どもが教会に来なくなる理由として親との価値観の違いが挙げられているのに対し，日本の場合は部活で忙しくなることが理由とされているということである。日本の子どもにとって学校がいかに生活の中心を占めているかがよく分かる。だが，そうであるからこそ，部活中心，学校中心の生活を理解しながら活動を展開するユースグループは居場所としての役割を果たす。

第2に，日曜学校は親の論理で成り立ち，ユースグループは若者や子どもの論理で成り立っているが，そこには親の期待の継承と断絶がある。親が子どもに身につけて欲しいと願う英語はユースグループでは特に重視されず，むしろタガログ語が重要視されていた。ここに親の期待とのズレがある。親は自らが英語力によって日本で仕事を見つけていることから，自分の母語よりも国際的に活躍するための英語能力の獲得を子どもに期待するわけだが，ユースグループはそれを重要視しない。なぜなら，ユースグループの中心的担い手が学齢期に移動してきた1.5世の若者たちであり，かれらにとって英語を話すことよりもタガログ語を話すことのほうが自分のルーツを確認するために必要であったからである。そして，その影響を受け，日本生まれの子どもたちもフィリピン文化に愛着を持つようになる。親世代は日本社会で生きていくために英語という資源を用いて外（職業世界，欧米先進諸国など）とつながることが必要であると考えるが，子世代はそれよりも同じフィリピン系の友人と集える親密圏の形成が重要であると考えているのである。

　一方，親が子どもに期待するもう1つの願い，非行の道に走らないための教会内における友人関係作りはユースグループで達成されている。そして，この友人関係は，若者や子どもが教会に通い続ける理由の基盤となるものであり，若者たちがユースグループを居場所として位置づけようとする動機の根源ともなっていた。日曜学校とユースグループは一見すると，異なったニーズによって異なった運営がされている。アメリカのエスニック教会では，親世代と子世代の対立によって，教会が分離状態に陥ってしまうこともあると言われるが（Goette 2001），T教会もこのような状態に陥ってもおかしくない。しかし，これらが分離せずに成り立っているのは，ユースグループの担い手が子どものニーズと同時に親の期待，すなわち教会で友人を作ることで非行の道に走らないという願いを継承しているからであるといえるのではないだろうか。しかし，一方でこれは親の期待する規範が強化されることになり，そこからはみ出る子どもを排除することにもなり得る。

　第3に指摘しておきたいのは，日曜学校にせよユースグループにせよ，これら2つの場は，子どもたちが日本社会にうまく適応していくための役割を果たそうとしているということである。英語の習得を目指す日曜学校も，子どもた

ちが学校で不適応を起こさないための居場所となるユースグループも日本社会でうまくやっていくことが大前提とされている。しかし、それはフィリピン系であることを拭い捨て、日本に同化していくためという意味ではない。むしろ、日常生活においては日本に「合わせなくてはならない」子どもたちがフィリピン系ニューカマーとしての自分を確認しつつ、学校では得られない友人関係や充足感を獲得できる場として、2つの育ちの場は位置づいていたのである。母文化を維持しつつ、ホスト社会の文化を選択的に獲得し、適応していくあり方を「選択的文化変容（selective acculturation）」(Portes and Rumbaut 2001) というが[10]、まさにエスニック教会は、選択的文化変容を促すために必要な場であったといえる。そして、エスニック教会のような場があることが日本社会に合わせながら、生きていくため、成功するために必要であると教会の担い手たちは考えているのである。

　滞日ムスリムの宗教組織に関する研究では、宗教組織の場には、イスラーム国家ではない日本においてムスリムとしての生活を守る機能が付与されていると指摘される（岡井 2007）。教育的機能に関して言えば、ムスリムとして生きていくための教育やイスラーム社会に適応するための教育が行われるという（福田 2012, 三木 2012）。日本社会に合わせるという志向よりも、イスラーム社会への適応やムスリムとしてのアイデンティティ構築が目指されているといえよう。つまり、滞日ムスリムにとっての宗教団体が日本社会でムスリムとして生きていくための装置、いわば異化するための装置として働いていたのに対し、フィリピン系エスニック教会は子どもたちが「選択的文化変容（selective acculturation）」をするための装置として位置づいていたといえる。

　第4に、ニューカマー1.5世によって、主体的に作られたユースグループは、ルーツの確認と規範の遵守という2つの機能を持つ場となっていた。教会がエスニックマイノリティにとってエスニックなルーツを確認する場となることは、先行研究においても指摘されていることである。しかし、今回の場合、ルーツの確認という点でいえば、先行研究とは異なる諸相が見いだされている。つまり、エスニックなルーツにこだわる親世代とそれに反発する子世代というこれまでの構図が今回の事例からは見て取れないのである。今回の対象となったフィリピン系ニューカマーの場合、親たちは必ずしもルーツへのこだわりを見せ

ない。フィリピン文化を継承して欲しいという思いは持っているものの，かれらが第一に願うのは，子どもの日本での成功である。そのため，礼拝時の言語が日本語となることにも反対はせず，子どもたちにルーツを押しつけることもしない。

　しかし，学齢期の途中で来日し，日本での生活の中でフィリピンの記憶が薄れていく1.5世は，教会にルーツの確認の場としての機能を求め，自ら積極的にユースグループを作り上げていく。来日後，日本社会に適応しようとしてきた1.5世にとって，教会はフィリピン人同士がタガログ語で会話ができる数少ない場であり，ルーツを再確認することのできる場なのである。結果，そのユースグループに参加するフィリピンでの生活経験がない日比国際児も，1.5世との関わりによって，ルーツの重要性を認識するようになっていた。1.5世と日比国際児では，ユースグループの果たす機能は異なるが，日本語中心の生活の中で，家族以外のフィリピン人と関わるのは教会だけであり，唯一教会だけが自分のエスニックルーツを再確認する場，もしくは新たに知ることのできる場となることは共通している。フィリピンでの記憶が薄れている，もしくはまったくないかれらにとって，教会はフィリピンを再現する場であり，教会に行くことで想像を通してフィリピンに帰ることが可能となっているのではないだろうか。つまり，本書の事例では，1.5世という「古い世界と新しい世界にまたがる完全にはどちらの側でもない」（Rumbaut 1991：61）存在によって，これまでとは違う宗教組織における世代間の関係性が浮かび上がることとなった。

　ルーツの確認という機能は，1.5世と日比国際児によってその意味合いが異なっていたが，ユースグループの持つもう1つの機能である規範の遵守は，世代に関係なく継承されていた。親世代が子どもに身につけて欲しいと考えている道徳的価値規範は，直接的ではなく子どもをユースグループに入れるという方法によって効果的に継承される。つまり，年長者に面倒をみてもらうことで，規範を遵守させやすくなっていたのである。また，ユースグループのメンバー同士は非常に仲が良く，皆きょうだいみたいであるというが，そうしたメンバー同士のつながりは年長者をモデルにし，将来像を形成するための資源ともなっていた。そしてそれは，モデルとされる年長者にとっては規範を遵守しなければならないというプレッシャーにもなる。年長者をモデルにして成長してき

た年下の子たちは自分たちもより年下の子たちのモデルにならねばと思い，規範がどんどん継承されていく。つまり，上からも下からも見つめられることによって，緩やかな相互監視が強められ，規範の継承がより効果的に行われていたのである。

注
1）たとえば，ニコールは，「**神様みんな一緒だから**」と言い，カトリック教会にもたまに行くと述べている。
2）第1章で指摘したように，家事労働者の場合，雇用主とのコミュニケーションが可能な程度の英語力が求められる。
3）また，上記では，日本生まれの子どもたちが，教師であるニコールの日本語の不十分さを揶揄する場面が見て取れる。来日したばかりで英語ができる1.5世と比べ，英語が十分にできない日本生まれの子どもたちは，日本語ができるということをアピールしながら，その劣等感を相殺しようとしているようにも思われる。
4）ここでいうフィリピン語とはタガログ語のことを指す。
5）礼拝で話す内容は，事前に牧師が紙に書いて，その週の通訳者に渡し，通訳者が翻訳する。礼拝時には，日本語に訳したものにそって通訳をする。だが，たまに紙に書いていないことも牧師が話すことがあるため，そのアドリブに対応できるほどの英語力と日本語力がないと，通訳はできない。
6）月に一度，「ユースサンデー」と呼ばれる日がある。通常は，大人が前で歌い，ユースグループはバンド演奏をするだけだが，ユースサンデーの日はユースグループが前に出て歌う。
7）これは，日本生まれの子どもたちの間でも共有されているようで，「**タガログ語しゃべれるとリーダーになりやすいとかある？**」という筆者の質問に，日本生まれの聡美は，「**やっぱなりやすい。色んな人とコミュニケーションとれるから**」と述べ，それに同じく日本生まれの遥や美菜子も同意している。
8）タガログ語で「お姉さん」を意味する。
9）彼女は母親がフィリピン人で，父親が日本人であり，日本名を持つ。だが，小学校4年から中学3年までフィリピンで暮らしていたため，流暢なタガログ語を話す。
10）選択的文化変容は，「同化なき適応（accomodation without assimilation）」とも呼ばれる（Gibson 1988）。

第4章　地域の学習教室の機能

　本章では，移民コミュニティのなかにある学校外の育ちの場として，地域の学習教室に注目する。ホスト社会側が作り出した制度の1つである学習教室を対象に据えながら，そこがフィリピン系ニューカマーの子どもたちにとってどのような場として機能しているのかを明らかにしていく。

　子どもは，学校に通うことが前提とされているため，大人よりも日本の制度に組み込まれやすい存在である。学校は，当該社会システムによる制度化の諸力が作用する場であり（広田2002），学校外に作られる学びの場を確保した場合であっても，学校に通う子どもたちは，こうした諸力から自由になることはできない。だが一方で，地域の学習教室は学校とは異なる機能を付与された場でもあり，学校という枠内だけに留まらないかれらの多様な生き方を支える装置にもなり得る。学習教室にどのような機能が付与され，そこからかれらが何を獲得したのかという点に迫ることによって，学習教室という場がかれらにとって，いかなる意味で重要なのかが明らかにされるだろう。さらに，そこに大人に支援されるだけでない，子どもの主体性が垣間見られるはずである。

　以下では，まず，学習教室の設立経緯を追いながら，日本人の支援者側がどのような機能をこの学習教室に持たせようとしていたのかを明らかにする（第1節）。その後，そこに通うフィリピン系の子どもたちにとって，どのような場として学習教室が機能していたのかを描き出していく。その際，学齢期で来日した1.5世にとって学習教室が果たす機能（第2節）と日本生まれの日比国際児にとって果たす機能（第3節）を分けて論じる。

1　子どもの学習を支える場

　この学習教室は，2007年に現在の代表である松本さんによって作られた。

自身の子育てが一段落したのをきっかけに日本語教授法を学び，外国人親子の子育て支援を始めた松本さんは，あるとき，近所に住んでいたフィリピン人女性[1]から1人の男の子を紹介される。彼は，フィリピンから来日したばかりで，日本語ができず，学校での適応がうまくいっていなかった。そんな彼に勉強を教えるようになったことから，松本さんはこの学習教室を始めるようになったのである。活動を始めるまでは，外国人児童生徒の問題について，多くを知らなかったという松本さんであるが，子どもの学びが十分に保障されていないことに疑問を感じ，学習教室を立ち上げることを決意したという。最初はわずか数人であった学習教室だったが，行政の協働事業として活動資金を得ながら，子どもとボランティア[2]を徐々に増やし，現在の形になった。

　学習教室の参加にあたっては，親のサインが必要となるが，小学校5年生以上で，少なくとも片親が日本語母語話者でない子どもであれば，誰でも無料で参加できる。最近では，子どもが友達を連れて来る形で参加者がどんどん増えている。一度登録すると，毎回参加することを前提に担当のボランティアが決められるが，学校のように強制でないため，子どもたちの参加にはむらがある。親は，夜遅くまで働いているため，子どもの参加状況を関知できない場合が多い。なかには，勉強よりも妹弟の世話をするようにと，学習教室に来させない親もいる。休む場合には，松本さんに連絡することになっているが，無断で休む子もおり，なかには，来なくなる子どももいる。もちろん，一度登録した限りは，継続して参加することが推奨されるが，来なくなる子たちに対して，どうしても来るようにとは松本さんも他のボランティアも決して言わない。すなわち，学習教室への参加は子どもの自主性に任せられているのである。

　では，こうして作られた学習教室は，どのような場として企図されたのだろうか。松本さんは，子どもたちに，誰かの犠牲になるのではなく，「**自分のために生きる人生を勝ち取ってもらいたい**」と思いながら，この学習教室を行っているという。ニューカマーの子どもの中には，家庭の事情などから自らが望まない道を選ばざるを得ない子も少なくない。きょうだいの面倒を見るために，学校に行かず不就学に陥る子，貧困によって低賃金の単純労働をせざるを得ない子。こうした子どもたちの状況を認識している松本さんは，困難な社会状況，家庭状況にある子どもであっても，なんとか社会で生き抜いていって欲しいと

願い，そのためのツールを子どもたちに身につけさせる場として，この学習教室を運営している。社会で生きていくために必要不可欠なのが学校知識の習得である。

　学校で伝達される知識は，決して中立的なものではなく，マジョリティによって作られるものであることは，批判的教育学によって繰り返し指摘されている（たとえば，アップル 2007）。だが，現実問題として，学校知識を一定程度学ばないことには，社会に参入するためのツールを得ることができない。松本さんは，どこの世界で生きていくにせよ，高校に行かないことには進路選択の幅が狭められると言い，高校進学までの学習支援を1つの目標としている。中学2年の3月には，進学ガイダンスが通訳付きで催され，中学3年になると，支援の回数が多くなり，本格的に受験支援の体制に入る。

　事実，高校受験は，ニューカマーの子どもにとって大きな壁として立ちはだかる。ニューカマーの高校進学率について全国的な調査は実施されていないが，2000年の国勢調査をもとに，外国人青少年の在学率と通学率を分析した調査では，以下のような数字が出されている。すなわち，16〜17歳の高校在学率を国籍別で見ると，「日本」は90〜95％，「韓国・朝鮮」は90％，「中国」は75％，「ペルー」は50％，「フィリピン」は40〜45％，「ブラジル」は30〜35％となっているのである（鍛治 2011：39）。さらに，日本で2年半以上中学に通う機会があった外国人に限定して，その在学率を調べると，「韓国・朝鮮」は90％，「中国」は80〜85％，「ペルー」は35％，「フィリピン」は40〜45％，「ブラジル」は35〜50％となっていた（鍛治 2011：41）。これを受けて，鍛治は，たとえ日本で2年半以上中学に通う機会があったとしても，ブラジル人とフィリピン人の半数以上は高校に通わない（あるいは通わせてもらえない）という実態を指摘している。さらに，別の先行研究では，日本人の定時制，通信制高校への進学が5％前後であるのに対し，「日本語指導が必要な外国人児童生徒」の場合は全日制へ進む子が44.3％，定時制に進む子が53.4％であると指摘されている（永吉・中室 2012：52）。前者調査には，日本国籍で外国にルーツのある子どものデータは入っていないものの，全体としてニューカマーの高校進学率，在学率の低さがうかがえる。

　なぜこのような差が生まれるのか。金井によれば，ニューカマーの子どもの

学業不振は，これまで①子どもの言語（日本語・母語）操作能力，②子どもの置かれた地域的文脈，とくに家族，③日本の学校文化，教師の3つの観点から議論されてきたという（金井 2004：4-8）。①に関連して，主張されてきたことは，社会生活言語と学習思考言語の違い[3]による学習の困難さと，それに伴う学習意欲の低下が子どもの学業不振の一因となっているということである。また，②で指摘されていたのは，親の教育戦略の不安定さや教育資源の欠如，それを補完するロールモデルの不足によって子どもが学業不振に陥るという点である。最後に，③では，モノカルチュラリズムな日本の学校文化のなか，教師が子どもの差異による学習困難を見ないことによって，学業不振に陥る子どもが多いことが指摘されている。以上の3点は，本書で対象となった子どもたちにも概ね当てはまる。

　このような問題を少しでも解決すべく，学習教室が行うのが学習支援による日本語力，学力の向上と，情報提供である。日本語ができなければ，学習内容を理解することも困難となり，高校進学相当の学力を身につけることが難しくなる。さらに，学力だけでなく，情報量の絶対的少なさも不利に働く。第2章でも指摘したように，親のなかには自分自身のネットワークを駆使しながら，情報を集めようとする人もいるが，多くの親は，日本の教育システムについて十分な情報を得ていない。学校では，入試全般に関する説明はしてくれても，外国人に対する入試の特別配慮[4]については，自分で聞きに行かない限り，説明がなされないことが多い。特別配慮を利用するための条件（滞日年数，国籍など）が何なのか，日本語のレベルがどれくらいならば志望校に入れるのか，学習教室では，こうした情報も提供している。さらに，後述するように，ボランティアが親に代わって三者面談や学校訪問について行く場合もある。これらは，最初から企図されていたわけではなく，子どもたちの高校受験に当たって認識されてきたものである。

　このように，この学習教室は，子どもたちが社会で生き抜くためのツールとしての学力や情報を身につけさせる場として，企図されたものであった。しかし，無論それだけではない。教室は，午後7時から9時までの2時間，地域にある教育センターで行われている。夜間に行うことにしたのは，部活に参加する子どもであっても，夜間ならば教室に通えるだろうと考えたためであると松

本さんは言う。また，親が仕事で遅く，家に1人で取り残される子どもたちの居場所を作るためでもあるという。片親家庭，もしくは共働き家庭の子どもが多いため，夜は子どもだけで過ごすという子も少なくない。そういった子どもたちが寂しさから，夜間，街を徘徊して危険な目に遭わないよう，夜に教室を行うことにしたのだという。

では，ここに通う子ども自身は，この学習教室をどのような場所として捉えているのだろうか。以下では，この点について，かれら自身へのインタビューと参与観察から明らかにしていきたい。

2　1.5世にとっての学習教室

本節では，まず学齢期途中で来日した1.5世にとって，学習教室がいかなる場となっているのかを描き出す。

（1）日本社会との接続の場——社会で生き抜くツールの獲得

かれらがこの学習教室に通うようになったきっかけ，通い続けていた第1の理由として挙げられるのは，「学校の勉強についていくため」である。今回対象となった1.5世は，皆，11～14歳で来日している。出身地で簡単な日本語を勉強していたという子もいるが，ほとんどは日本に来て，日本語を勉強し始めている。

かれらが住んでいる地域の場合，日本の学校に編入後，①通所指導と②学校における個別指導の2パターンの日本語指導を受けることになる。①通所指導の場合は，1日3時間を基本に10日程度，教育センター，もしくは，A地域内の1つの学校に設けられた分室に通い，母語話者から指導を受ける。これは，主に韓国語，中国語を母語とした児童生徒が対象とされる。10日の集中指導を受けた子どもは，その後，②学校における個別指導を受けることになる。韓国語，中国語以外の言葉を母語とする子どもでも，相談の上，通所指導を受けられることもあるが，その多くは，通所指導ではなく，始めから②の学校における個別指導を受ける。②学校における個別指導では，母語話者が学校に派遣される。1日2～4時間を基本とし，週に2～5日程度で，幼稚園児50時間，

小学校 1・2 年生は 50 時間，小学校 3 年生以上および中学生 70 時間を上限として指導を受ける。日本語の定着度によっては，30 時間を上限に延長指導が行われるが，①通所指導を受けた者に対しては，延長指導は行われない。

②の学校における個別指導は，所属学級から離れて，別教室で母語指導員の指導が行われる。だが，学校によっては，こうした指導とは別に，日本語国際教室を設け，専任教員が日本語指導，並びに教科指導を行う場合もある。ニューカマーの子どもが在籍児童の約 7 割を占める A 小学校では，3 人の日本語専任教員がおり，日本語指導に当たっている。しかしながら，A 地域で日本語国際教室を設けているのはこの小学校だけである。中学校に至っては，2012 年度まで日本語国際教室を設置している学校は 1 校もなかった。2013 年度からは，地域ボランティアや元教師たちの働きかけにより，中学校 1 校で日本語教室が設置されるようになった。しかし，本事例の対象者たちが来日した当時は，日本語教室がある学校はなく，日本語指導が終わった後は，取り立てて特別な指導が行われることは少なかったという。

なんか 96 時間の日本語の勉強終わってからは，そのまま 2 年生の時はなくなっちゃって。3 年生が受験生だから，それでまた先生が来てくれて，辞書とかそれでアシストとかされて。日本語のレベルアップもしないといけないから，それの文法とか勉強したりとか，それでそのまま卒業。

【マリー 16 歳 / インタビュー /2011.6.14】

中学 2 年で来日したマリーは，日本語の初期指導を延長指導も含めて 96 時間受けた。だが，その後は，特に何もされることなく，放っておかれたという。受験の際には，特別に教師が面倒を見てくれることもあったようだが，その前までは，特別な指導はなかったとマリーは述べる。ニューカマーの生徒が多く在籍する中学校では，上記で挙げた行政による日本語指導の他に，学校なりの対応の蓄積がある。だが，マリーの学校の場合，ニューカマーの生徒はさほど多くなかったため，どう対応していいか分からず，試行錯誤を繰り返しながら，かれらの指導に当たっていた。だが，マリーの学校は，学校独自で受験指導をしていたという点でまだよいほうであり，特別なサポートはされず，教室のな

かで日本人と同じように勉強をすることになる場合も多々ある。

　また，取り出し授業など特別な対応がなされるのは，決まった時間だけであり，それ以外の時間は，所属学級で過ごすことになる。最初の1，2週間は，担任がクラスのできる子に面倒を見るように頼んでくれることもあるが，それはあくまで最初のうちだけで，1ヵ月も経つと，特別なサポートはほとんどされなくなる。担任教師のなかには，宿題を少なくしてくれる人や夏休みに特別に補習をしてくれる人もいたようだし，英語が通じるフィリピン系の子に積極的に話しかけてくれた英語の先生もいたようである。だが，最初のうちは，授業中，ただ椅子に座っているだけだったと振り返る子が多い。

　　（日本語指導は）ちょっと。でも，時間かかったです。最初はなんもないです。ただ，学校行って。ただ座ってるだけ。なんもわかんないです。たまに，クラスメイトが話してくれたんですけど。英語で「ハーイ」とか。……半年で何言ってるかはわかったんですけど，話はしないです。恥ずかしいし。で，しゃべるのは1年かかった。　　【カレン 20歳／インタビュー／2014.8.9】

　かれらは日本語が分からないがゆえに，学校では沈黙を余儀なくされる。カレンは，日本語が分からないために，授業にはまったくついていけず，ただ座っていただけだったという。半年程度で日本語を理解できるようにはなったものの，自ら話すようになるまでは1年かかった。日本語を理解できるようになっても，その日本語に自信がないため，「**恥ずかしくて何も話せなかった**」というが，同様の発言は，学齢期で来日した1.5世たち全員から聞かれた。

　しかし，教師や親もただなんとなく学校にいるだけのかれらをそのままにしておいたわけではない。行政の紹介や各学校に置いてあったチラシから，松本さんの学習教室の存在を知った親や教師たちは，それをかれらに紹介し，通うように促した。レイモンドは，「**松本先生とお母さんが知り合いで，チラシもらって，行き始めた**」と学習教室に通い始めたきっかけを語る。カレンは，日本人の継父がどこからか情報を得て，何も知らされず連れてこられたという。また，同じニューカマーの同級生やきょうだいが学習教室に通っており，紹介されたという者も多い。松本さんによれば，最初は，子どもを集めるために，

学校や児童館，教育委員会などにチラシを配りにあちこちに行ったというが，子どもが集まるにつれ，子ども同士，親同士の口コミによって参加希望者がどんどん増えていったという。

　こうして，かれらは学校以外の学びの場に出会うこととなったのである。学習教室では，来日してまもない子の場合，日本語の勉強をまず行う。学校での初期指導があることは既述した通りだが，時間数が限られている初期指導だけでは学校の勉強が分かるような日本語は身につかないため，学習教室でも日本語を学ぶ。そして徐々に日本語が分かるようになると，教科学習に移っていく。

　学習教室では，歳が近い大学生が先生となることもあれば，自分の祖父母以上の歳の人が先生となることもある。だが，毎週ほぼ決まった人に教えられるため，徐々にそこには人間関係が築かれる。勉強の合間に，学校のこと，家族のこと，友達のことを話すようになり，ときには，雑談だけで勉強時間の2時間が終わってしまうこともある。こうした関わり合いのなかで，普段日本人の前で日本語を話すことにためらいを感じるかれらもボランティアの前では，少しずつ日本語を話すようになっていく。また，それと同時に，日本語が分からず理解できなかった学習内容も出身地で勉強したことに照らし合わせながら，徐々に理解できるようになる。かれらは，学習教室に通ったことによる変化を以下のように語る。

　まあ，助かっちゃうんですね。勉強が。……学校の授業とかついていけないんですよ。で，そこで（学習教室に）入って，ちょっと楽になった。
【ジュリ19歳／インタビュー／2014.8.9】

　日本語まあまあ上達してて，苦手な教科とかもどんどん上達して，いいです。
【デイジー／インタビュー／2014.8.9】

　かれらが学習教室に通う目的が「学校の勉強についていくため」であることは前述した通りである。塾や学校とは異なるため，どうしても行かなくてはならないという強制性はないが，学校の勉強についていけていないと感じている子どもたちは，そのハンディキャップを乗り越えようと，自ら主体的にやって

きては，勉強にいそしむ。フィリピン系の子の場合は，英語ができる子が多いため，英語のテストは高得点がとれるが，それ以外の教科はなかなか難しい。学校では，周囲の目が気になり，分からなくても詳しく聞くことはできないという子たちだが，学習教室だと何でも聞けるという。

そして，学習教室での勉強を通して，徐々に日本語を上達させ，学校の勉強も理解できるようになったかれらは，学校生活を楽しむようになる。「日本語ができるようになってから，友達と話せるようになって，学校が楽しくなった」というような発言は，ほぼ全員から共通して聞かれた。日本語能力の向上は，学校生活の充実と相関関係にある。もちろん，学習教室だけがかれらの日本語能力の向上に寄与したわけではない。学校やテレビなど，かれらを取り巻く生活環境すべてが日本語能力の向上に影響を及ぼしたのだろう[5]。だが，学校以外に学びの場があるということ，また，そこで日本人と自由に会話ができるようになったということは，かれらの日本語に対するコンプレックスを軽減させる1つの要因となり得る。たとえば，レイモンドは，以下の様に述べる。

多分，小学校の時日本語話せないから，ストレスがあった。でも，中学校最高だった。……勉強のことはあんまり考えなかった。部活も楽しかったけど，やっぱ友達。　　　　　　【レイモンド16歳／インタビュー／2010.8.29】

だが，いくら日本語力が向上し，学校の勉強についていけるようになっても，圧倒的なハンディキャップは歴然として存在する。既述したように，ハンディキャップは，日本語力，学力という側面だけでなく，情報量という側面でも現れ出る。特にそれが顕在化するのが，高校受験である。マリーやカレンは，高校受験時の苦労を以下のように述べる。

筆者：受験とか大変じゃなかった？
カレン：大変でした。焦った。そういう感じの知らなかったんですよ。
筆者：システム自体を？
カレン：そうそう。なんかみんなが。先生達も焦ってます。勉強勉強って。
筆者：情報とかは？

第4章　地域の学習教室の機能　　145

カレン：分かんなかったんですよ。中3の夏，フィリピンに遊びに帰るつもりだったんですよ。で，松本先生から電話きて，「そういう勉強（＝受験勉強）しないといけないんですよ」って言われて，「え，フィリピン帰るんですよ」って言って，「え，ちょっとやばーい」みたいにすごい言われて。「え？」ってなって。

【カレン20歳／インタビュー／2014.8.9】

高校の見学とかあるじゃないですか。みんな親と行ってるのに，私の親だけきてない。松本先生とかに頼まなきゃいけない。

【マリー16歳／インタビュー／2011.6.14】

　既述のように，ネットワークを使って，情報を入手する親もいるが，多くの外国人の親たちは，日本の教育制度についての知識に乏しく，高校入試に関する情報を持っていないことが多い。親たちは，日本語で書かれた複雑な説明を読み解くための日本語力を持たないため，高校入試にあたって必要な情報を入手しにくい。また，日本の教育制度を経験していないため，日本人が経験のなかで学んでいく知識や情報を体得することができない（長谷部 2014：198-199）。そのため，高校入試がどういうものなのか，それを突破するためには何が必要なのかを理解していないことが多い。たとえば，ジュリは，高校受験にあたって，親にはほとんど相談せず，色々なことを自分で決めていった。「**お母さんも（受験のこと）分かんないから，自分で決めてって**」と言われたという。

　高校見学や三者面談に親が来られないこと，受験に関する全てのことを親に頼らず判断しなければならないこと，それは子どもたちにとって，大きな不安となる。日本人の継父の場合には，受験情報の収集を手伝ってくれることもあるが，放置される場合も少なくない。実際，マリーやカレンの継父は日本人だが，高校受験に関する情報を彼女たちは持っていなかった。

　こうした情報量不足を補填するのが学習教室のボランティアである。対象者のほぼ全員が三者面談や高校見学の際，学習教室のボランティアについてきてもらっている。たとえば，ロバートの場合，両親ともフィリピン人であり，日本語がほとんど分からなかったため，高校受験時の三者面談や高校説明会など

には松本さんがいつも同行していたという。ロバートの母と，ロバートの母に松本さんを紹介したエイミーにインタビューをした際，エイミーは当時のロバートと松本さんの様子について以下の様に語った。

　　なんか大変なときは，松本先生に頼む。説明会とか，学校の色々あるんじゃ
　　ないですか。松本先生に全部頼む。松本先生と（お母さんとロバートの）3人
　　で行く。卒業式も松本先生と一緒。通訳。高校のときも。面倒全部。
　　　　　　　　　　　　　　　　　　【エイミー / インタビュー /2012.3.25】

　志望校にはニューカマーの子がこれまでどれくらい入っているのか，どれくらいの内申点であれば志望校に受かるのか，そうした情報もボランティアを通して得たという。先に述べた通り，これらは，日本人の子が大多数を占める学校ではなかなか提供され得ないものである。
　これらの情報は，情報として明示されやすいものであるが，情報として認識されにくいが，日本の学校，社会で身につけておくべきとされるものもある。それは，対人関係対処能力ともいえる場面に応じた振る舞い方である。たとえば，身体測定の際，クラスメイトに「足長いね」と言われたマリーは，「うん。そうなんだよ」と返し，笑われ，当惑したことがあった。日本語も分からなかったし，フィリピンでは，謙遜するということがないため，なぜ笑われたのかさっぱり分からなかったと彼女は言う。
　このように，来日したばかりの子どもたちは，日常生活の些細な場面でも，日本社会で「普通」とされていることが分からず，戸惑うことが多々ある。もちろん，これらは，情報として伝達されるだけでは身につかず，経験を重ねることによって，徐々に身についていくものであるが，そういうときにどう言えばいいのか，こうした些細な疑問を投げかける相手も学習教室のボランティアであった。無論，それを身につけることによって，日本への同化が促されるという側面も無視してはならない。だが，日本の学校や日本社会に適応し，うまくやっていくためには，こうした明示化されない情報の伝達も必要となってくるのである。すなわち，出身地や家族のなかで「普通」とされていることと，学校で「普通」とされていること，その隙間を埋めるのが学習教室なのである。

以上，見てきたように，ニューカマー1.5世の子どもたちは，学校だけでは十分に獲得できない日本語力，学力，情報を学習教室で獲得することによって，学校生活をうまく乗り切ろうとしていた。つまり，学習教室は，学校を補完する場として機能していたということができるだろう。この機能は，支援者側が企図したものと合致する。すなわち，ニューカマー1.5世たちが学習教室に求める第一義的な機能は，支援者側が企図したものと同様に，社会でやっていくためのツール獲得ということになる。なぜなら，かれらにとって学校は，ホスト社会そのものを体現する場であり，そこでうまくやっていくことが日本社会でうまくやっていくことにつながるからである。かれらは，学習教室を媒介にすることによって，ハンディキャップを乗り越え，日本社会で生き抜くためのツールを身につけようとしていたのである。換言するならば，日本社会との接続の場として，学習教室は位置づいていたといえる。

（2）居場所──いじめからの逃走と共通経験による共感
　学習教室の第2の機能として挙げたいのが居場所としての機能である。「居場所」とは，第3章でも述べた通り，自己肯定感や安心感を得ることができる場である（住田・南 2003：4）。学校で孤独感や排斥感を感じる子どもたちは，学校以外の場に居場所を求めるが，そのうちの1つとして学習教室も位置づいていた。
　インタビューに応じてくれた1.5世たちのなかには，いじめを受けた経験がある者も少なくない。同質性を重んじる日本の学校において，日本語が話せず，外見や名前が異なるニューカマーの子どもは，いじめの標的となりやすい（清水 2006）。たとえば，ロバートは，学校で先生に「いじめられる」という経験をしている。「ひどい先生だった。殴られたり，日本語しゃべれないからいじめられた」と彼は振り返る。このような「ひどい先生」に対して，刃向かうクラスメイトはおらず，小学校はもちろん「楽しくなかった」。なんとか学校には通ったが，学校に居場所がなかったロバートにとって，松本さんの学習教室は，安心できる場所となった。ロバートは「松本先生のお陰で日本語を覚えた。松本先生のお陰で助かった」と述べ，「松本先生が本当の先生」だと語る。
　同じように，中学2年で来日したジュリも日本語が分からないため，来日当

初はクラスメイトから無視されていた。

　ジュリ：いじめられた。言葉だけだけど。いじめられたんですね。妹と弟も
　　　　　いじめられたんですね。
　筆者：クラスメイトに？
　ジュリ：そう。
【中略】
　筆者：いやだね。無視されたりとか？
　ジュリ：うん。でも，ママが先生に言ったから，ちょっと（よくなった）。で
　　　　　も，まだまだいじめられた。
　筆者：どれくらい続いた？
　ジュリ：3年まで。
　筆者：え，じゃあ，卒業するまでってこと？
　ジュリ：はい。あははは。笑
　筆者：仲良くしてくれる子はいなかった？
　ジュリ：仲良くしてくれる子もいたけど，友達はそんないなかった。
　　　　　　　　　　　【ジュリ19歳／インタビュー／2014.8.9】

　ジュリの弟であるルイもジュリの話にあるように，来日当初小学校でいじめを受けており，そのときのことを振り返って，「結局，小6はなんも覚えてない。……いい思い出がないからこそ，覚えてない。覚えていたくない」と述べている。
　ロバートやジュリ，ルイの場合，学校にニューカマーの子が他にいなかったということがかれらの孤立を助長した。いじめられないよう，名前を日本名に変えたり，異質性が顕在化しないような努力をするのだが，それでも日本語のハンディキャップによって，どうしてもその異質性は表に出てしまう。他に同じニューカマーの子どもがいるのであれば，「自分だけが周りと違う」という意識も薄れるが，圧倒的多数が日本人の場合にはそうもいかない。もちろん，ニューカマーの子どももそれぞれであり，全ての子がニューカマーであるということによって仲良くなれるわけではないが，「日本人には壁を感じる」と言

うかれらにとって国際移動という同じ経験をした者同士が集まる学習教室は自らの経験を共有する仲間を得る場となる。

かれらは，自分たちが日本に来るようになった理由，日本に来て戸惑ったこと，学校で辛かったことについて互いに話すうちに，自らが経験した困難が自分だけではなく，他の子にも共通の経験であったことを知るようになる。インタビューや日々の会話を聞いていて驚くのは，仲のよい友人の場合，来日経緯や来日後の生活について互いによく知っているということである。

マリーは，日本で働いていた母親に会うため，夏休みを利用して日本にやってきている。休みの間だけの短期滞在だと思っていたが，母親にフィリピンには戻らず，日本でずっと暮らすのだと言われ，当惑したと当時のことを振り返る。このようなマリーの来日経緯を，マリーと学習教室で知り合い，友人となったタイ系のナナはよく知っており，本人に代わって，マリーの来日時の様子を詳細に述べてくれることもあった。また，ロバートもマリーと同じように，短期滞在のつもりで来日し，日本に居住することになっているが，同じ経験をした者同士，マリーとはそのときのことを話すようである。その他にも，上記で述べたいじめの経験や日本語ができなかった時の教室での過ごし方などが共通経験として話題に上る。ナナとマリーは，日本語が分からないとき，いかに教室に居づらかったか，日本語が少し分かるようになった後は，いかに日本語を分からないふりをして，面倒な仕事をさぼるかなど，話していたという。

　　ナナ：たとえば，日本語のテストの漢字とか勉強すればできるのに，勉強してないから，点数取れないんだけど，先生が「日本語が分からないからいいよ」って。
　　マリー：たまに自分たちができないところを利用して，楽な方を（選ぶ）。
　　　　　……皆，一生懸命やっていたのに，うちら日本語分らないふりしてたんだよね。　　【マリー，ナナ16歳／インタビュー／2011.6.14】

マリーとナナは，通っていた学校は異なるが，同じように日本語が分からないフリをするという戦術をとりながら，学校生活を乗り切っていたようだ。外国人が少ない日本の学校でどのようなことに問題を感じ，どう生きていくか，

週に数回，学習教室の仲間と話すことで，かれらは安心感を得ていたのである。
　さらに，出身地が同じ場合は，出身地の話で盛り上がることもある。フィリピンではいかに英語が重視されていたか，いかに家族が大事にされているかという話や，好きなフィリピン料理，テレビ番組の話などが勉強時間の合間に繰り広げられる。ジュリは，学校にはフィリピン人の子は1人もおらず，孤立していたというが，学習教室で他の学校に通う同じ歳のフィリピン人の子と友人になったという。教会などにも通っていなかったジュリにとって，彼女は唯一のフィリピン人の友達であった。また，カレンも学習教室で，ロバートやマリーなどと出会い，初めてフィリピン人の友達ができたという。「ロバートたちは，初めてのフィリピンの友達。学校はいなかったです。……初めてフィリピン人見て，嬉しかった」とカレンは語る。
　言葉が分かる者同士は，母語で会話することも多いが，周りに日本人など，言語が分からない者がいる場合は，日本語と母語をミックスしながら話す。また，出身地が異なる場合であっても，出身地での生活を語り合ううちに，文化や生活習慣が似ていると感じるようになる。ナナとマリーは，タイとフィリピンは文化が近いと述べ，であるがゆえに，互いに話がしやすく，すぐに仲良くなれたとインタビューの中で述べている。

ナナ：でも，すごい近いよね。タイとフィリピン。
マリー：大体なんか。文化が一緒。だから話しやすいしすぐに仲良くなれる。
　　　　　　　　　　【マリー，ナナ16歳／インタビュー／2011.6.14】

　上述の会話のように，彼女たちの認識においてはフィリピンとタイの文化は似ていると捉えられており，その類似性によって「仲良くなれた」と捉えられている。「日本人と話すときはやっぱ考えちゃう」という彼女たちであるが，「外人同士だと口悪いから，何でも言える」のであるという。学習教室には，日本人生徒はいないため，いじめに対する緊張感もなく，安心して過ごせたと語る者も多い。「日本人と異なる者」という共通点によって，互いに共感し合っている様子が看取できる。同質的な日本社会の中で同じ異質性を持った仲間を得ること，これは日本人が多数の学校ではなかなかできないことでもある。

第4章　地域の学習教室の機能　151

つまり，かれらが同じく異質性を持つ仲間と出会える場としても学習教室は位置づいていたのである。
　無論，日本の学校で日本人の友人を作り，なんとかうまくやっていっていた者もいる。今回対象となったフィリピン系の子どものなかに該当する者はいなかったが，学習教室では，他の子とはあまり話さず，友達は学校の友達が主であったという者もいる。また，同じ地域内にある外国人の子どもが多く通う小中学校に通っていた子たちの場合，学習教室に同じ経験を持つ仲間を求めずとも，学校で多くの外国人の友達を得ることができていた。たとえば，デイジーは，学校の友達には，フィリピン人，日本人だけでなく，韓国人，ベトナム人など，色々なエスニシティの子がおり，学校では互いに文化や言葉を教え合いながら，過ごしていると述べている。このように，学校で日本人や同じ外国人の子どもと良好な友人関係を築いていた者たちは，学習教室をいじめや学校での疎外感から逃れる居場所としては捉えていなかったようである。
　日本語ができず，コミュニケーションがとれない場合，学校に居場所はなく，ひどい場合には，いじめに遭う。日本語ができるようになってからは，いじめられなくなる子もいるが，それでも，その大多数が日本人で構成され，日本社会で生きていくための知識を教授する学校は，かれらの異質性を積極的に承認する場としては位置づかない。特に，学校でその異質性によって，いじめに遭っていた場合，常に認識させられる自らの異質性は，隠したいもの，消したいものとなり得る。だが，学校の外にその異質性を否定しない場，ニューカマーとしての経験を共有できる仲間を獲得する場があれば，その異質性を受容することも可能となる。すなわち，学校では周辺化され，その異質性が無視されがちなかれらにとって，学習教室は，排除されない場，その異質性を隠さなくて済む場として機能していたといえるだろう。前節で述べた日本社会との接続の場としての機能は，日本社会で生き抜くために必要なものであったが，それだけでは自らの異質性を隠し，日本社会に同化することになりかねない。それに対して，第2の機能は，異質性を否定する学校から逃避できる場としての機能であり，異質性を共感し合える仲間を得る場としての機能であった。かれらは，学習教室を居場所とすることにより，自らの異質性や経験を受容する基盤を形成していたのである。

（3）ネットワークの結節点——学習教室の外に広がるネットワーク

　これまで見てきたように，この学習教室は学校や家庭で得られないものを補完する機能を持っていたが，日本社会で生きていくためのツールを獲得し，同じ異質性を持った仲間に出会ったかれらは，そこを基点に，独自のネットワークを築いていく。

　この学習教室に来るようになって，何が一番変わったか，という問いかけにマリーは，「**ちょっと世界が広くなった**」と答えている。彼女は，5人姉妹の一番上であるため，学校から帰るとどこにも行かず，幼い妹の面倒を見るという生活を送っていた。両親が夜働いていたため，食事を用意し，妹を寝かしつけることが彼女の仕事であったという。「**私，いつも家族中心。それが嫌で，なんとかしなきゃって**」思っていたという彼女であるが，学習教室に通うようになり，その世界が徐々に広がっていく。

　中学は違ったものの同じ学年であったナナとは，志望校が一緒だったため，高校情報を調べるうちに仲良くなった。結局2人は違う高校に進むことになるが，マリーの中学時代の日本人の友達がナナと同じ高校に行くことになり，3人で遊ぶことが増える。さらに，ナナ，マリーがそれぞれ高校でできた友達を互いに紹介し合うことによって，そのネットワークは拡張していく。彼女たちは外国人が多い高校へ進学したため，日本人の友達は1人だけで，中国人，韓国人，タイ人，フィリピン人など，「**周り外国人ばっかり**」とナナは述べている。そのなかで，互いに言葉を教え合うようになり，中国人の友達はナナとタイ語で会話をするのだという。様々な国の出身者で構成されるマルチエスニックなネットワークがここに成立している。

　マリーに限らず，学校と家だけで生活世界が構成されているニューカマーの子どもも少なくない。学校に友達がおらず，家族も仕事ですれ違いが多い場合には，かなり狭い世界で生きていくことになる。こうした狭い世界を広げる機会を提供する場としても学習教室は位置づく。

　レイモンドもマリーと同様に，幼い弟の面倒を見るため，学習教室を早退することもあり，家族中心の生活を送っていた。だが，学習教室で同じフィリピン出身のロバートと知り合うことによって，その生活世界は変わることとなる。ロバートとレイモンドは，それぞれX教室とY教室に通っており，勉強する

場所は分かれていた。ロバートの通うY教室には，フィリピン出身の子がいなかったため，同じフィリピン出身の友達を探しに，X教室に遊びに行った。そこでレイモンドと出会い，仲良くなり，今では家を互いに行き来するようになったのである。

　ロバートは，両親が敬虔なキリスト教徒であるため，来日当初から第3章で取り上げたフィリピン系のエスニック教会に通っていた。そこでは，既述したように，教会を中心としたエスニックネットワークができ上がっており，フィリピン系ニューカマーの若者は，ユースグループを作り，若者独自のエスニックネットワークを形成していた。それまでは教会に熱心に通ったことはなかったというレイモンドは，ロバートに連れられて，T教会のユースグループに参加するようになり，そこでの関係を深めていく。同様に，学習教室に通うまでフィリピン人の友達は1人もいなかったというカレンも，ロバートの誘いで，T教会に参加するようになっている。

　かれらは，教会に参加することによって，多くのフィリピン系の若者たちと出会うことになる。そして，そのなかで，同じ経験を持つ年長者をロールモデルにして進路相談をしたり，タガログ語を話し，フィリピン文化に触れたりしながらフィリピンにいるかのような感覚を味わうことになる。ロバートたちが最年長となる学習教室では，ロールモデルを獲得することは難しく，また，フィリピン出身者とたまにタガログ語で話すことはあっても基本的に使用する言語は日本語になる。つまり，教会を中心としたエスニックネットワークは，学習教室では得られない資源を獲得する場となっていたのである。

　このようなエスニックネットワークに組み込まれているかどうかは，親によるところが大きい。親がエスニックネットワークに組み込まれていれば，ロバートのように，自分自身もエスニックネットワークを持つことができる。だが，レイモンドの親のように，職業形態などからエスニックネットワークを持てない親もいる。その場合，子どもたちもエスニックネットワークに埋め込まれる機会を持ちにくくなるが，こうした子どもたちがエスニックネットワークに接続するための場としても学習教室は機能するのである。

　このように，学習教室を基点にマルチエスニックなネットワークを築く者，エスニックネットワークに接続する者など，様々である。学習教室は個々人の

持っているネットワークとネットワークが接触し，拡張していく場であるといえるだろう。ネットワークが外へと広がり，幾重にも重なることによって，そこから得られる資源も増幅するのである。

以上，見てきたように，学校，公園，地域の学習教室など多様な場を拠点として，友達の友達が友達となり，多様なネットワークを形成していくが，どのネットワークを居心地のよいものとし，使っていくのかは，それぞれの子どもが置かれた状況によって異なる。だが，少なくとも，学校や親を通じてネットワークを形成できない子どもにとって，多様なニューカマーの子どもが集う学習教室は子ども自身がネットワークを形成する拠点となっているといえるだろう。

3　日比国際児にとっての学習教室

1.5世にとって学習教室は，1) 日本社会との接続の場，2) 居場所，3) 自分たちなりのネットワークを形成する拠点であったことがこれまでの考察から見て取れた。では，日本生まれの日比国際児にとって学習教室は，どのような機能を果たしているのだろうか。以下で，具体的に確認していこう。

(1) 学校と家庭の狭間を埋める場――親子間の文化的葛藤と学業不振

まず，かれらが学習教室に通うようになったきっかけや通い続ける理由は，1.5世と同様に，学校の勉強についていくためである。日本語の日常会話にはほぼ問題がなく，学校では日本人と同様に扱われる日比国際児だが，学習思考言語が十分でなく，学校の勉強が分からないという子どもも少なくない。親が日本人である子どもに比べ，日本語の語彙数が十分でない子が少なくないが，日本語指導が必要とは判断されない場合が多いため，特別なサポートはされないまま，学校生活を送っている。学校のテストでは，平均点に満たない子が多く，全体的に低学力の子どもがほとんどである。

松本さんは，「**来日した子より，日本生まれの子のほうが大変なことが多い。母国でしっかり勉強してきた子はやっぱり学力は高い**」と述べる。言語の問題よりも，勉強のやり方が身についているかどうか，思考力が身についているか

どうかという点が重要で，1.5世の場合は，日本語が分かるようになると，それまで勉強してきたことを日本語に変換すればよいため，成績が伸びる子が多いと彼女は言う。

同様のことは，鍛治の研究でも指摘されている（鍛治2007）。鍛治は，中国帰国生徒の来日時期と学校教育の継続年数の関係性を分析したが，そこで明らかとなったのは，小学校時代に来日した子のほうが就学以前から日本にいる子よりも日本の学校に適応しているということである（鍛治2007）。

第一言語が確立した状態で来日する子どものほうが第二言語の発達が早いというのはバイリンガル教育の見地から主張されていることである（カミンズ・中島2011）。第一言語と第二言語は相互依存的であり，第一言語が習熟していれば第二言語の発達も早いため，第一言語が確立している1.5世のほうが，第二言語の学習言語習得も早く，学業達成が促されるといわれている。

一方，鍛治の研究のなかで，学齢期に来日した子と日本生まれの子の学業達成度を分かつ要因の1つとして挙げられているのは，親子間の言語，価値観の共有ができていないがために起こる文化的葛藤である。就学以前から日本にいる子どもの場合，その第一言語は日本語となり，親の母語を話せない子どももいる。しかし，親は日本語をほとんど話さないか，話したとしても難しい表現や微妙な感情を表す言葉を使いこなすことはできない場合が多い。すると，そこにコミュニケーションの齟齬が生まれ，親が子どもを統制できなくなり，高校進学を放棄する子が出てくるのである（鍛治2007）。親は，仕事の忙しさや，居住国の主要言語の能力や社会制度についての知識が十分でないことから，子どもに対する権威を失い易く，その生活を管理することも難しくなるのだ（永吉・中室2012）。

本書で対象となった子どもたちも，外国人である母親との間のコミュニケーションの齟齬を抱えていた。母親が母語で話し，子どもが日本語で答えるというコミュニケーションのパターンは，日本生まれで日本語が第一言語の子どもと外国人の親の間ではよく見られることである（たとえば，西口2005，長谷部2014）。筆者が学習教室で観察していた子どもの場合も，フィリピン系に限らず，親の母語に関して，言われていることは分かるが，返すのは日本語であるという子が多かった。無論，日本人と国際結婚をした母親たちは，日本語を習得し

ようとするため，常にこのようなコミュニケーションが行われているわけではないが，子どもが分かる表現（「掃除しなさい」「勉強しなさい」など）は母語で話すことが多く，日本語と母語のミックスが家庭内言語として定着しているようだ。

　普段の生活では，このようなコミュニケーションパターンでも問題になることはないが，ケンカの際など，微妙な感情を伝えることができずに意思疎通が難しくなることがある。子どもたちが口々に言うのは，親たちは感情が高ぶると母語で叱り，手をあげるということである。子どもを諭すだけの日本語力がないために，一方的に叱りつけてしまうことになるのである。結果，子どもたちはなぜ怒られているのか納得できず，不満を抱えることになる。

　また，母親の日本語が十分でないことを恥ずかしく思う子どもたちが，親をばかにするということもある。「三者面談とか来てほしくない」「片言の日本語しゃべられるとうざい」という発言が子どもからは聞かれる。学校で自分の異質性を明らかにしようとしない子どもたちが外国人の親の存在を隠そうとすることは，先行研究でも度々指摘される（たとえば，高畑2000）。日本人の親のように振る舞ってくれない親，日本語力が十分でない親を，子どもたちが恥ずべき存在として捉えることにより，親の権威が失われていく。

　子どもたちのなかには，親が日本人の子どもに比べ，不利な状況に自分が置かれているという認識がある。母親の日本語が十分でないために，学校へ提出すべき書類等は，自分で作成するという子どもが多い。親のサインは自分で書き，弟や妹がいる場合には，親に代わってサインする。「親が日本人だったら，こんなことしなくていいのに」という発言は，フィリピン系に限らず，非常に多くの日本生まれの子どもが度々口にすることであった。親が日本人ではないということをハンディキャップとして捉えている子どもの様子が看取される。母親が日本人でないことによって，他の子よりも不利な立場に置かれているという認識は，母親の存在をマイナスに捉え，否定することにもつながり得る。また，母親の日本語力の欠如が，自らの日本語力にも影響を及ぼしていると捉える子どももいる。

凛：フィリピン人とのハーフだと日本語知らないことが多すぎる。……うち，

日本語知らない。難しい日本語。
筆者：それはさ，フィリピン人とのハーフと関係あるの？
志穂：ただバカなだけ。
凛：関係ある。
美波：絶対関係ある！　だって，使わないもん。そういう難しい言葉。
凛：だってママとか言わないし。簡単なことしか言わないし。
【中略】
凛：授業中とかわかんない。憲法の話とか？　もう普通の憲法の言葉自体わかんないじゃん。だけど，うち普通の日本語も「えっ？」ってなる（から余計難しい）。難しいのとかでると頭おかしくなる。……だから，一から日本語勉強したい。

【凛，美波15歳・志穂14歳 / インタビュー /2014.3.9】

　外国にルーツを持つ子どもの教育支援を行ってきた小林によれば，日本生まれの子どもの場合，親から子どもへの伝えるべき日本語の語彙が少なく，小学校入学時に持っているとされる5000語（独立語）の語彙が不足していることが多いという（小林2014：233）。実際，上記のインタビューで，凛や美波は，自らの日本語力が他の子に比べ，劣っていることを主張する。子どもたち自身も，自分の日本語力の限界を意識していると言えるが，その理由として挙げられるのが，日常生活で触れ合う日本語の限界である。家庭で日常的に使用してきた日本語が限られたものであることを，彼女たち自身も自覚しているのである。しかし，凛たちのように，自分の日本語力の不十分さを認識し，「日本語勉強したい」という子はまれであり，先に述べたように，日常会話に問題ない日本生まれの場合，本人も周囲もその日本語の課題に気づかないことが多い。そのため，抽象概念を必要とする文章読解や小論文作成等ができない理由が本人も周囲も分からず，勉強を怠けているからできないのだという評価を受けてしまう（小林2014：233）。

　他方，日比国際児の場合，英語力のある母親の存在は，学業達成のための資源となる。実際，英語の宿題を母親に聞きながらやるという子どもも多くいる。だが，それもときには，親子間の葛藤や対立を生み出すことになる。ある日，

筆者は陽菜の母であるケリーから Facebook で以下のようなメッセージをもらった。

昨日，陽菜が英語の宿題をやってるとき，教科書を見たの。そしたら，教科書のスペルが間違ってて，すごくショックを受けたの。それで，陽菜にそう言ったの。でも，彼女は信じてくれないの。だから，明日正しいスペルについて説明して下さい。　　　　　　　　【フィールドノーツ /2012.6.5】

　これは，結局，アメリカ英語とイギリス英語によるスペルの違いだったのだが，陽菜は，英語においても，母親の言うことが信じられず，2人は対立するのである。その直後の学習教室で，陽菜は，「**教科書間違ってるわけないじゃん。ママは何も分かってない**」と述べ，母親への不信感を露わにする。母親がその強みを活かせるはずの英語においても，子どもは母親を信用できず，葛藤を抱えるのである。
　このように，日本語が第一言語となり，日本の社会で育っていく子どもと，日本以外で生まれ育った母親との間に，コミュニケーションの困難さや文化的葛藤が生じていることが分かる。本事例においては，学業不振の原因と親との文化的葛藤の関係性は必ずしも明確にはなっていないが，鍛治を始めとする先行研究の知見を借りれば，学業不振の要因の1つに家庭的背景があることは想定され得る。では，このような状況において，学習教室はどのような機能を果たすのだろうか。
　端的に言えば，親が持ち得ない日本社会の教育システムに関する情報を提供し，学習についてのアドバイスをし，学習を支援するというのが第1の機能である。ときには，親に代わって，その生活を統制しながら，学習意欲を高めさせようとすることもある。前述したように，この学習教室では，1.5世に対しては，学校で十分に教えられない日本語や教科内容の支援がなされるが，日比国際児に対しては，教科内容を理解するための支援がなされている。学校では，日本人と同じように扱われ，特別なサポートをされない日比国際児に対し，宿題やテスト勉強の支援をする。教室には，子どもたちが使っている教科書や資料集が置いてあり，子ども1人1人に問題集が配布されている。経済的に塾に

行く余裕がない子どもにとって，この学習教室は学校の勉強を補完する機能を持つのである。

　日本生まれの子どもの場合，外国人特別枠を使って高校入学をすることは，ほとんど不可能である。フィリピン系に限って言えば，1.5 世たちはフィリピンで英語を身につけてきているため，その英語力を高校受験に活かすことができるが，日比国際児の場合はその英語力も十分でない。また，母親が子どもの教育の主な担い手にならざるを得ないことを考慮すれば，国際結婚家庭であっても，日本の教育システムに関する情報を親が十分に入手できていない状況は，1.5 世と同様である。日本語が第一言語となる日比国際児のほうが，日本語が分からない 1.5 世よりも受験に優位かと言われれば，必ずしもそうではないのである。そのため学習教室では，日比国際児に対しても，1.5 世と同様に，高校見学に付き添ったり，受験に関する説明会を行ったりしながら，情報提供を行い，学習を支援する。すなわち，少なくとも片親が外国人であることによって，日本の学校で抱えることとなるハンディキャップを埋める場として，学習教室は位置づく。

　しかし，親子間の文化的葛藤を解消するという機能は，十分であるとは言いにくい。アメリカの移民研究では，エスニックコミュニティに埋め込まれた子どもがコミュニティの成員から民族的価値規範を継承することによって，親への尊敬を持ちながら，教育達成を遂げていく姿が描かれている（Zhou and Bankston III 1998）。エスニックコミュニティの成員が親の規範的価値を強化することによって，親の権威が補強されるのである（Portes and Rumbaut 2001 : 108）。だが，学習教室においては，親の権威を補強し，親子間の文化的葛藤を解消するような機能は十分に備わっていない。これは，この学習教室が日本人側によって運営されていることの限界ともいえる。日本人が作った組織の場合，日本社会で生きていくための情報やツールは多分に提供されるが，エスニックコミュニティと同じように，親の文化や価値観の継承，親の権威の補強を行い，親子間の文化的葛藤を解消させるのは難しいのである。これは，対象となった学習教室だけの課題ではなく，他の日本の支援組織においても課題とされている（小林 2005 : 152-153）。小林は，親が主体となった母語教室は，親子間のディスコミュニケーションや葛藤を解消し得るものになると指摘している。親子

間の文化葛藤が子どもの学業不振につながっているのだとすれば，このような試みは，子どもの学業達成をも促進する可能性も持っているだろう。

しかし，日本人ボランティアが親の文化や価値規範の継承の担い手となるのは困難でも，学習教室はかれらの文化背景を否定する場ではなく，かれらがルーツを認識する場となり得る。学習教室に集まる子ども同士の関わり合いを通して，日本人化していく子どもたちも自分たちのルーツを認識するようになるのだ。次項では，このルーツの確認という機能について述べよう。

(2) ルーツを問いかけられる場――「お前何人？」

前述したように，個別指導の塾に近い形で勉強が行われるこの学習教室は，かれらにとって，塾のようなところである。「**ここって塾って言っていいのかな？ 勉強会？**」と陽菜は疑問を投げかけるが，同様の疑問は子どもたちから多く出される。学校の教師や友達にこの場を説明するときに，なんと呼んだらよいか戸惑うようである。学習教室を「勉強会」と呼ぶ子どももいれば，教室が開催されている建物の名前を学習教室の呼称として用いる子どももいる[6]。「今日，勉強会ある？」「今日，○○（教室が行われている建物名）行く？」というやりとりが子ども同士や子どもとボランティアの間では，頻繁になされる。これらの呼称や上記の戸惑いに見られるように，子どもたちはこの場を塾とまったく同一のものだとは考えていない。塾のような形態を取る学習教室だが，ここが塾と異なるのは，お金がかからないということと，ここに通っているのがニューカマーの子どもだけであるという点である。特に，後者の部分を子どもたちは強く認識しているようである。

凛：（ふと周りを見渡して）ここってほとんどがハーフ。
陽菜：うん。ってか，外国人。　　【学習教室 / フィールドノーツ /2011.3.2】

その他の子どもたちもここが少なくとも片親の母語が日本語でない子が集まる場ということは認識している。日比国際児の子の多くは，友達やきょうだいの紹介をきっかけに，この学習教室に参加するようになっているため，その紹介の過程で，両親とも日本人の子たちは参加できない場であることを認識する

のである。さらに，教室に初めて参加する子どもは申込書を書くが，そこに親と自分自身が何語を話すかを書く欄があり，そこでもまた，この学習教室が多様なルーツを持った者たちが集まる場であることを認識させられる。

このように，皆がニューカマーであるという状況が広く認識されている学習教室では，普段の日常的なやりとりのなかで「〜人である」という話が頻繁に出される。新しく入って来た子がいれば，「あいつ何人？」という問いかけが子どもから出される。学習教室でよく観察される場面をここで2つ挙げておこう。

> カルロス：みずほ，お前何人だっけ？
> みずほ：（突然言われ，驚いたような顔をし，一瞬戸惑う）
> カルロス：あ，タイ人だ！
> みずほ：ハーフだよ。
> カルロス：フィリピン人かと思った。
> 健人：みずほってタイ人なんだ。日本人かと思ってた。
> みずほ：日本人じゃないよ。　　【学習教室／フィールドノーツ／2012.6.14】

> ブライアンが凛にタガログ語で何か話しかける。
> 少し驚いた表情をしながら凛は，日本語で「ハーフだよ」と言う。
> ブライアンが離れた後，凛は「びっくりしたー。急にタガログ語で『フィリピン人？』って聞かれたー」と言う。
> 　　【学習教室／フィールドノーツ／2012.3.7】

このように，子どもたちの間では，異質性が外見から顕著な子に対しても，そうでない子に対しても，「何人？」と聞くのが当たり前となっている。第6章でも指摘するが，日本生まれで，日本名の子の場合，学校では，自分が「ハーフ」であることをあまり表だって言わないことが多い。「ハーフ」であることを隠しているわけではなく，聞かれたら答えるが，自ら表明することはないというスタンスをとる子もいる。日本語に問題がなく，日本人のような行動様式を取れる日比国際児は，学校では，日本人と同じように振る舞うことが可能

である。この点は，その日本語力から異質性が顕在化している1.5世と大きく異なる点である。

　学校では日本人と同様に扱われ，振る舞っているかれらにとって，「何人？」と問いかけられる学習教室は異質な空間となる。学校では，ストレートに「何人？」「フィリピン人？」と聞かれることは少ないため，そのルーツを急に聞かれると，かれらは上記のように，戸惑いを見せる。第3章で取り上げたようなエスニック教会の場合は，始めからフィリピン人が集まっていることが前提とされているため，「何人？」という質問が発せられることはない。「ハーフ」であれ，両親ともフィリピン人であれ，フィリピンにルーツがある者たちが集まるのがフィリピン系のエスニック教会なのである。つまり，学習教室は，その多くが日本人であることを前提とした学校や，そのほとんどがフィリピン人であることを前提としたエスニック教会とは異なり，参加者のルーツが多様であることを前提とした場である。そのため，他者を判別するために，「何人？」という言葉が頻繁に交わされるところなのである。

　このような空間において，日比国際児たちは，同じような状況にいる子ども同士，複雑な家庭環境について話し合ったり，親の出身地に関する情報を言い合ったりする。1.5世たちが日本にやって来た後，日本の学校生活での困難さを互いに話し合っていたのと同じように，日比国際児，ときには，両親ともフィリピン人で日本生まれの2世たちも一緒に，フィリピンの情報やイメージ，日本社会で生まれ育ったが故の日本への愛着などを言い合いながら，「分かる！」と共感し合うのである。このようなやりとりは，同じルーツを持った者同士の中でも，そうでない場合でも交わされるものである。

　学校で日本人と同じように振る舞っていても，そのルーツの一端は海外にあり，親が持ち込むフィリピン文化に触れ合って過ごしている子どもたちは，完全に日本人になりきることはできない。「何人？」と頻繁に聞かれる学習教室は，日本人と同じように振る舞っていても，ルーツが海外にあることを子どもたちに想起させる。互いのルーツを問いながら，人間関係を築いていく学習教室では，ルーツの話をするのは当たり前であり，子どもたちは，学校ではなかなか話すことのできない自らのルートやルーツについて話しながら，互いに共感し合う。日本で生まれ育ち，それでも，ルーツの一端は違う国にあるという

点において，日比国際児たちは共感し合うのである。このような日比国際児同士のつながりは，かれら独自のネットワーク形成の可能性を示すものである。親同士が築くエスニックネットワークとも，1.5世が築くネットワークとも異なるネットワークの基盤がここで形成されている。

(3) ロールモデルの獲得──「ジェシーの高校入る！」

　日比国際児にとっての学習教室の機能として，第3に挙げられるのがロールモデルの獲得ということである。ニューカマーは，進路決定や職業選択に当たって，ロールモデルを獲得しにくく，それゆえに，狭い範囲でしか将来像をイメージできないことが先行研究で指摘されている（田房2005）。自分の進路を描くとき，参考にするのは，身近にいる大人や年長者である。きょうだい，親戚，身近な友人，同国人の中で，モデルとなる個人がいて，それに刺激され，励まされ，またそれに習って，将来を決めるという場合は少なくない（宮島2002：138）。だが，ニューカマーの子どもの場合は，将来の職業生活のモデルを提供してくれる者が身近にいないため，実現性の高い職業を思考できず，具体的戦略不在のまま，芸能人やスポーツ選手というような実現性の低い職業を志向することが指摘されている（宮島2002：138）。本書で対象となった子どもたちの場合も，将来の夢は，芸能人やスポーツ選手と答える子が少なくない。もしくは，医者や弁護士など，社会的ステイタスの高い職業に憧れる子もいる。だが，かれらの周りには，芸能人やスポーツ選手はもちろんのこと，医者や弁護士として働いている人はいない。子どもたちは，これらの仕事に就くには具体的にどうしたらよいかは分かっておらず，ただ漠然と憧れているのである。それだけ職業選択のイメージが限られているということができるだろう。

　しかし，より直近の進路選択，すなわち，高校進学や大学進学という点に関しては，実現性の高い希望を持つ子が多い。それには，身近に存在する年長者の影響が大きい。小学5年生から中学3年生までが集まる学習教室では，同世代の友達同士がおしゃべりをすることが多く，異年齢同士が話すことはさほど多くない。だが，週に2度，必ず顔を合わせる者同士，まったく関わりがないことはなく，誰がどこの中学か，どこにルーツがあるのかは，互いに把握しており，顔を合わせる回数が増えるにつれ，会話も増えていく。また，長期の休

みに，皆で行くスキー合宿や夏合宿7)をきっかけに，異年齢同士が仲良くなることもある．合宿の場合は，普段は教室で会うことのない卒業生も参加するため，より広い年代の者同士が関わることのできる機会となり，合宿をきっかけに仲良くなった年長者に対して，憧れを抱く者も出てくる．

　フィリピン系の亜里紗は，同じくフィリピン出身で，6つ年上のマリーに憧れているようで，「マリー姉ちゃんみたいになりたい」と何度も繰り返していた．マリーと亜里紗の母親同士は友人であるため，元々知り合いだったようだが，2011年の夏合宿で，より仲良くなったようである．筆者が亜里紗に勉強を教えているとき，亜里紗はマリーについて何度も筆者に尋ねてきた．

　亜里紗：マリー姉ちゃんっていつ日本に来たの？
　筆者：中2のときかな？
　亜里紗：え？　日本語うまくない？　すごーい．
　　　　　　　　　　　　【学習教室／フィールドノーツ/2012.8.8】

　亜里紗は，マリーの年下の面倒見がよいところや容姿がよいところに憧れるというが，同時に，フィリピンから日本に来て，日本語をすぐに習得していったことも憧れの対象となっているようだ．同様の発言は，他の子からも聞かれる．

　健人：マリー姉ちゃん，あの人いつ日本に来たの？
　筆者：いつだっけな？　中2かな？
　健人：へー，すごいね．漢字書けてた．
　筆者：高校受験突破してるからね．
　健人：すごい！　　　　【学習教室／フィールドノーツ/2011.8.9】

　健人は，亜里紗の兄であり，発言当時は，中学1年であった．彼は，日本で生まれ育ち，一度フィリピンで数年間を過ごした後，再び日本に戻ってきている．フィリピンから戻ってきて，日本語を忘れ，学年を1つ落としている彼は，日本語を習得することの困難さを実感しているのだろう．中2で来日し，高校

受験を突破したマリーの日本語力の高さに驚きを示すのである。

　こうした年長者の存在は，高校進学の進路決定にも影響を及ぼす。健人と前述したカルロスは，ミャンマーから来日した4つ年上のジェシーと合宿で仲良くなったことをきっかけに，彼の高校に進学したいと言い出した。ジェシーの高校は，職業訓練に力を入れているため，就職が保証された学校である。健人とカルロスは，合宿中，高校の話をジェシーから聞き，ジェシーの高校に興味を持ったのだろう。それまでは勉強に身が入らなかった2人が，彼の高校に進学したいから，勉強を頑張ると言い出したのである。さらには，筆者らボランティアに高校の情報を求め，「ぜってージェシーの高校入る！」と2人で競い合うように，繰り返し述べていた。

　このように，モデルとなる者の存在は，学習意欲を喚起させる。それが最も現れ出るのが高校受験のシーズンである。高校受験が迫ってくると，それまでおしゃべりばかりしていた中学3年生も必死で勉強するようになる。それを目の当たりにする周りの子どもたちは，近い将来自分も同様の立場になることを徐々に認識していく。さらに，ボランティアも，「来年は，あなたたちがああなるのよ」「2年後は，ああやって必死に勉強しないといけないのよ」ということを言い聞かせ，学習意欲を高めさせる。

　学習教室の子たちは，毎年少なくとも半分以上の受験生が全日制に受かり，退学することなく，高校生活を送っている。学力がほぼ同じくらいの子が集まっているため，同じ高校に進学する者は非常に多い。2012年度で言えば，受験生9人中4人は同じ学校であり，この学校には毎年3～4人が進学している。本章で登場した子で言えば，マリーとハオがこの高校に進学している。先輩が進んだ学校は，身近な学校として捉えられ，進学希望先となるのである。

　以上のように，この学習教室は，日比国際児たちがロールモデルを獲得する場として位置づいていた。ニューカマーとして類似した状況にある年長者たちとの関わり合いによって，直近の進路選択をより具体的に捉えることが可能となっていたのである。だが一方で，先行研究においては「ネットワークの中に日本社会での上昇移動を果たした層が含まれておらず，適切なロールモデルを提供することができないと，教育達成の可能性を大きくしないどころか，場合によっては，ピア・エフェクトを通じて，教育達成を阻む」ともいわれている

(永吉・中室 2012：64)。年長者との関わりがあればそれでよいのではなく，年長者との関わり合いによって，ますます素行や学業成績が悪化する場合もあるのである。しかし，勉強をする場としての機能が第1に押し出されているためだろうか，現在のところ，こうした事例はこの学習教室では見られていない。高校進学を果たし，在学を続けている年長者たちは，必ずしも日本社会で上昇移動を果たした層とは言い切れないが，年少者たちに，具体的な進路の道筋を示すロールモデルであるとはいえるだろう。

　第3章で取り上げたエスニック教会においても，年長者との関わりのなかで，子どもたちがロールモデルを獲得していく様子が観察された。ただ，エスニック教会と学習教室では，ロールモデルの意味合いが若干異なる。エスニック教会の場合，道徳規範を身につけ，周りに信頼されていることや，タガログ語や英語が堪能なこと，ダンスや楽器が上手なことによって，年少者は年長者に憧れを抱き，ロールモデルとしていた。それに対し，学習教室の場合は，日本語力があること，高校進学を果たしたことなど，日本社会でニューカマーとしてうまくやっていっていることが羨望の対象となっていたのである。これは，エスニック教会と学習教室の場が重要視する機能がそれぞれ異なることに起因しているだろう。すなわち，キリスト教的規範を身につけ，フィリピン文化を継承するという機能が付与されたエスニック教会においては，これらを身につけた年長者が尊敬され，日本社会でやっていくためのツールを獲得するという機能が付与された学習教室では，日本語力があり，高校進学を果たした年長者が尊敬を集めるのである。

4　小括

　以上，日本人によって作られた学習教室の機能が少しずつ読み替えられ，そこを拠点としてネットワークを作り上げる様子を描いてきた。社会で生き抜くためのツールを身につけさせる場として企図された学習教室は，ニューカマー1.5世にとって，1) 日本社会との接続の場であり，2) 居場所であり，3) 自分たちなりのネットワークを形成する拠点であった。一方，日比国際児にとっては1) 学校と家庭の狭間を埋める場，2) ルーツを問われる場，3) ロールモデ

ルを獲得する場となっていた。

　これらの機能は，部分的に重なりを見せるため，学習教室の機能は，大きく以下の2つに集約することが可能だろう。第1に，1.5世にとっても，日比国際児にとっても，学習教室は，学校の勉強を補完し，学業達成を促す機能を持つ。無論，それぞれが置かれた状況によって，学習の困難さは異なる。1.5世の場合は，日本語力が不足していることが最も大きな課題であり，その問題を克服しつつ，学業達成を促すことが求められる。一方，日比国際児の場合は，親子間の文化的葛藤による学習意欲の低さを克服しながら，学習を支援することが求められる。だが，いずれの場合も，学習教室は，親が外国人であるがゆえの情報不足や家庭学習支援の少なさを補完する場として，また，学校で十分に得られない資源を獲得するための機能を持つ。

　坪谷は，ニューカマー第二世代にとっての将来像が不明確になりがちななか，ボランティアが運営する学習教室は子どもと日本社会との接点を拡大する機能を持ち合わせていると述べる（坪谷 2005：214）。学校で周辺化され，学業達成が困難なニューカマーの子どもにとっては，学校外の学習教室が学業達成を助け，日本社会でやっていくためのツールを獲得する場として機能するのである。海外の研究でも，移民問題に関心のあるボランティアによって形成されているインフォーマルな組織のほうがマジョリティの論理が強く働くフォーマル組織よりも，移民の社会統合を促す機能を持つことが指摘されている（Kahane 1986：23）。学習教室は，日本の教育システムの情報が不足しがちなニューカマーの子どもや親に情報を提供しながら，学習支援を行い，日本社会で生き抜くためのツールを子どもたちに身につけさせる場となり得るのである。

　第2に，同じルートを辿ってきた者同士が集まり，ネットワークを築ける場としての機能も1.5世，日比国際児の双方に共通している。1.5世は，1.5世同士，そのルートでぶつかった困難について共感し合い，日比国際児も日比国際児で，日本で生まれ育ちながらも，ルーツの一端が海外にあることに関する思いを共感し合う。学校でいじめを受けている場合には，居場所としての機能も付与されることだろう。この子ども同士が学習教室を拠点に作り上げるネットワークは，大人が作るエスニックなネットワークとは，異なる特徴を持ち得る。すなわち，大人が作るネットワークは，1つのエスニックグループに限定され

たもの，あるいは，日本人を一部含み込んだネットワークとなることが多いが（広田 2003），子どもが学習教室を基点に作るネットワークは，マルチエスニックなものとなる可能性がある。ここに子ども独自のネットワークの特徴がある。

　大人が作るエスニックネットワークは，教会やエスニック商店を基点に，母語を介在して形成される場合が多いため，自ずと 1 つのエスニックグループに限定されがちとなる。日本人との間にネットワークが作られる場合もあり，それは幅広い情報収集や信用の獲得に役立つものとなるが（福田 2012），あくまでも日本人と 1 つのエスニックグループとの間に作られるものであり，マルチエスニックなものとはいえない。だが，地域の学習教室を拠点とした子どものネットワークの場合，ニューカマーとして日本の学校でうまくやっていくためのツールの獲得という目的が第一義的にあり，それによって集まっているため，「ニューカマー」としての共通性をもったマルチエスニックなメンバーによって構成されたネットワークとなる。これは，日本人が介在することによって，つまり，ホスト社会によって作られた制度を介在させ，それをずらすことによって，成立したものであるともいえるだろう。ネットワーク形成におけるエスニシティの凝集力が大人と子どもでは異なるともいえる。もちろん，それは，対象とした地域の特性――様々なエスニックグループが居住しているという特性――の影響もあるだろうが，ニューカマーの滞在の長期化に伴って，様々なエスニックグループが形成されてきている状況を鑑みれば，他の地域においても同様のネットワークが形成されている可能性は大いにあり得る。

　無論，全ての子どもにとって，これらの機能全てが重要なわけではない。どの機能が重要かは，それぞれの学校生活や家庭環境に左右される。また，学校で十分に支援を受けている子や，エスニックネットワークからの情報や支援で十分な子もいることだろう。だが，エスニックネットワークを築けず，学校のようなフォーマルな制度からも周辺化される子どもにとっては，日本人ボランティアが作る学習教室のような場が必要不可欠となってくる。無償で煩雑な手続きがなく，柔軟な対応をしてくれる学習教室は，多くの人に開かれた場であり，子どもの日本での生活を支えるものとして，様々な機能を提供しているのである。

注
1）第2章で登場したエイミーである。
2）序章でも述べたように、ボランティアは、学生、主婦、定年退職者、会社帰りの人で構成されている。松本さんが講演に呼ばれる先々でリクルートしてくることが多い。男性の割合が6割、女性が4割で男性の割合のほうが高い。定年退職をした人たちは、「家にいるより子どもの相手をしていたほうがよい」「自分の子どもに出来なかったことをしている」と述べる（2012年9月12日インタビュー）。最年長は、教室開始当初から関わっている70代の男性で、最も若いのは、サークル活動の一環で参加している大学生である。また、この学習教室の卒業生がボランティアとして、参加することもある。
3）太田によれば、「社会生活言語」は、言語の意味内容を理解する手がかりとなる「非言語的要素」（ジェスチャーや顔の表情など）が多く伴った状況で、日常的に使われる言語である。一方、「学習思考言語」は、言語それ自体の他に言語の意味内容を理解する手がかりとなる「非言語的要素」がない状況で用いられる言語である。学習思考言語は、社会生活言語よりも複雑で高いレベルの認知能力が必要とされる（太田 2000：172）。
4）現在の入試配慮を大別すると、試験を受ける際に配慮がなされる「入試特別措置」と入学枠が確保される「特別入学枠」の2つに分けられる。「入試特別措置」は、一般受験の際、時間延長、漢字へのルビふり、辞書持ち込み、母語使用などを許可する制度である。「特別入学枠」は、特定の高校に中国等帰国生徒及び、外国籍生徒を対象とした入学枠があり、科目減や特別な試験で受験できる場合の枠を指す（乾 2008）。現在、「入試特別措置」は27自治体、「特別入学枠」は21自治体で導入されている。（中国帰国者定着促進センター「都道府県立高校の中国帰国生徒及び外国籍生徒への2011年度高校入試特別措置等について」http://www.kikokusha-center.or.jp/shien_joho/shingaku/kokonyushi/other/2010/kokotop.htm 2014.9.29）
5）たとえば、デイジーは、「なんか中1くらいのときから、日本語に集中するから、日本のテレビとか見てて。バラエティとかめっちゃ面白くて」と言い、テレビ番組が日本語の上達に役立ったと述べている。
6）行政用に作られた正式名称は知らない子がほとんどである。
7）この学習教室では、年に1度か2度、不定期ではあるが、スキー合宿や映像製作合宿を行う。

第5章　2つのホームの間で
—— 1.5世のホーム意識の変容とエスニックアイデンティティ

　本章では，1.5世の生活史を追いながら，かれらにとってのホームの有り様がいかに変容しているのか，また，そのなかでかれらがエスニックアイデンティティをどのように形成しているのかを描き出す。

　今回対象となった1.5世たちは，皆小学校高学年から中学校の間に来日している。かれらの多くは，家族や親族に海外移住者がおり，来日以前から，トランスナショナルな空間に埋め込まれていた。そして，来日後もかれらは，物理的，精神的に出身地と日本を往還し，2つの国にまたがったトランスナショナルな空間を生き，そのなかで自分のルートを作っていく。

　1.5世は，「古い世界と新しい世界にまたがる完全にはどちらの側でもない子どもたち」(Rumbaut 1991：61) と特徴づけられるが，それゆえに，出身社会からも受け入れ社会からも疎外される存在にもなりかねない。トランスナショナルな空間を生きるかれらは，2つのホームの間に築かれるそのルートのなかでホームに対する認識をいかに変容させ，そのなかでエスニックアイデンティティをどのように築いていくのだろうか。これを明らかにすることが本章の課題である。

　以下では，かれらの来日経緯を確認した後（第1節），来日直後，日本に適応しようとしていくかれらの様子を見ていく（第2節）。そして，日本でホームを作っていく過程を見た後（第3節），日本とフィリピンの両方をホームと感じるようになるかれらの姿を描いていく（第4節）。そして，最後に，以上のようなルートを辿ったかれらが自らのエスニックアイデンティティをどのように認識するのかを検討していく（第5節）。

　本章で登場する対象者は，マリーとデイジー以外は皆，第3章で扱ったエスニック教会に通っており，非常に仲がよい。マリーも熱心に教会活動を行って

いるが,彼女の所属する教会はT教会ではない。また,マリー,ロバート,レイモンド,カレン,デイジーは第4章で取り上げた学習教室に通っており,同じフィリピン人ということで親しくしているようだ。

1 来日経緯——ホームとの別離

では最初に,トランスナショナルな空間を生きるかれらの背景を探るために,その来日経緯について見ていこう。かれらの多くは,母親,ないしは両親が幼いときから出稼ぎに出ている。第1章で確認したように,世界第2位の移民輩出国であるフィリピンでは,家族の誰かが海外に出稼ぎに出ることは珍しくない。特に,女性移民が多いフィリピンでは,母親が出稼ぎに出て,子どもはフィリピンの親族のもとに残されることも少なくない。家族が2国間以上にまたがって形成される「トランスナショナル家族」(Hondagneu-Sotelo and Avila 1997, Parreñas 2005, Foner 2009)をかれらは生きていたことになる。トランスナショナル家族を生きる子どもたちは,実際に移動する以前からトランスナショナルな空間に埋め込まれていたこととなるが,かれらは来日をどう捉えていたのか,以下で見ていくことにしよう。

(1)移動が「当たり前」の生活

クレア,ダイアナ姉妹は,家族揃っての来日であるが,それ以外の対象者は,皆,両親,もしくは,母親が先に日本へ出稼ぎに出ていた。両親がそろって出稼ぎに出ていたのは,ロバートだけである。彼の両親は母親が家事労働者として,父親が大使館の職員として働いていた。ジェニファー,マリー,レイモンド,カレンの場合は,かれらが幼いときに両親が離婚しており,母親が養育費を稼ぐため,出稼ぎに出ている。ジェニファーの母は家事労働者として,マリー,レイモンド,カレン,デイジーの母はエンターテイナーとしての来日だった。

家事労働者であっても,エンターテイナーであっても,子どもを連れて日本で働くことは難しく,フィリピンの親族のもとへ子どもを預ける親がほとんどである。本事例の対象者たちも,日本に来るまでは祖父母や叔父,叔母に面倒

を見てもらっていた。第1章でも指摘した通り，親族関係のつながりが広く，強いフィリピンでは，両親を中心とした親族・近隣関係の広がりのなかで子育てが行われる状況があり，子どもの養育を親以外の者が担うこともよくある（清水 1990：78）。そのため，移住者の子どもの面倒を親族が見ることも取り立てて特別なことではなかった。

　子どもを養育してもらう親たちは，親族のもとへ送金を行う。たとえば，ロバートの場合，ロバートの兄，姉を含めて子どもたち3人を見てもらう代わりに，両親は毎月 10,000 ペソ（現在の為替レートで 23,000 円程度）を送金していたようだ[1]。この送金は，第一義的には子どもたちのためになされるが，養親も含めた親族の生活費にも充てられる。出稼ぎに出た移住者は，子どもを預けていてもいなくても，出身地の家族や親族に送金をすることが求められるが[2]，子どもを養育してもらっている場合には，送金はほぼ義務となる。仕事がない，もしくは，働くには高齢すぎる養親は，移住者たちの送金によって生活を成り立たせていることも少なくない[3]。

　出稼ぎ先からの送金は子どもへの愛を示す1つの手段となる（Parreñas 2005）。親たちは，送金することによって，子どもに経済的に豊かな生活を保障し，それによって，遠隔地から愛情を示そうとする（Parreñas 2005）。子どもたちもそうした親の愛情を感じ取り，親に対して感謝の念を示す。自分たちの生活が成り立っているのは，親の送金のおかげであることを認識していたかれらは離れて暮らしていても，親が自分のために出稼ぎに出ていたことを知っており，親を自分にとって必要不可欠な存在だと思っていたようだ。

　また，送金だけでなく，定期的に日本から送られてくるお菓子やおもちゃも愛情を示す手段となる。デイジーは，「**お母さんがいなくても，月に1回パッケージのなんか人形とか好きなものとか送られてきて，それが嬉しい**」と述べ，母親が近くにいなくても，日本から送られてくるパッケージから母親の愛情を感じることができたと懐述する。

　カレンも同じように，日本から送られてくるパッケージを楽しみにしていたと述べる。チョコレートやおもちゃなどがたくさん敷き詰められた箱は，彼女にとって夢のような箱であり，日本のお菓子や文房具を友達に自慢することもあったという。

日本からの送金や贈り物は，フィリピンで暮らす子どもたちの生活に大きな影響をもたらす。親が海外に出稼ぎに出ている子は，比較的裕福な暮らしを送ることができるため，友人関係の間で優位に立ちやすい。フィリピンでは手に入ることのないお菓子やおもちゃ，友人たちにはもらえない額のお小遣いは，かれらの自尊心を高めるのである。たとえば，ロバートは自分の小学校時代を振り返り，以下のように語る。

　　昔は俺，なんでも思い通りになると思ってた。お金持ちだと思ってた。（親が）お金送ってくれてたから。（自分が）偉いと思ってた。学校でも俺がいじめる側だった。　　　　　　【ロバート21歳 / インタビュー /2013.11.19】

　だが，送金や贈り物だけでは，親の愛情を感じることができない者がいることも確かである。今回の対象者には該当者はいなかったが，フィリピンに住む出稼ぎ労働者の子どもを対象としたパレーニャスの研究では，親が自分のために出稼ぎに行っていることを理解し，親の送金の重要性を認識しつつも，それだけでは愛情が十分でないと考える子どもの姿も明らかとなっている。親に置き去りにされたと感じる子どもが少なくないのである（Parreñas 2005）
　第2章でも見たように，母親が移動した場合には，送金だけではなく，移住先から母親役割を遂行することによって，子どもに対する愛情を示すことが求められる（Parreñas 2005, パレーニャス 2007）。フィリピンでは，母親は「家の灯り」（Parreñas 2005：57）と称され，家庭で家族のケアをすることが仕事となる。母親が外で働くことは，本来の仕事とは見なされず，出稼ぎに出る女性たちは，ジェンダー規範から逸脱した者とされる。女性たちの仕事は，あくまで子どもの養育や家事であるのだ。そのため，経済的困難から出稼ぎに出ざるを得なかった母親たちは，頻繁な訪問や電話によって，母親役割を遂行し，子どもたちに愛情を示そうとする。父親の場合は，送金だけで愛を示せるが，母親の場合は，感情的な部分のケアが求められるのだ（Parreñas 2005：120-140）。
　実際，両親とも日本で出稼ぎをしていたロバートの話から看取できるのは，父親よりも多い母親とのやりとりであり，つながりの強さだった。今ほどインターネットは普及していなかったため，テレビ電話や SNS（Social Networking

Service）による今日のようなより頻繁なやりとりはできなかったものの，毎日のように電話で連絡を取りながら，宿題はやっているか，規則正しい生活を送っているか，こうしたことを確認していたという。

　記憶がないほど幼い時期に母親／両親が出稼ぎに出かけたため，母親／両親が日本に行ったときのことを覚えている者は，ほとんどいない。物心ついたときから，母親／両親は日本にいる人であり，たまの休みにたくさんのお土産を持って，やって来る人だった。ロバートは，両親共にいないことに「慣れていた」というし，レイモンドは，「仕事だから仕方ない」と思っていたようだ。かれらは，定期的な訪問や毎日のように行われる電話のやりとりによって，母親／両親を身近に感じることができたため，母親／両親と離れて暮らしていても，寂しくはなかったと言うのである。ここから，トランスナショナルな母親役割の遂行が功を奏していることが分かる。

　送金や子どもの養育に関するやりとり，頻繁な電話や訪問は，移住者と出身社会を密接に結びつけ，トランスナショナルなネットワークの形成，維持に貢献する[4]（Soto 1992, Levitt 1998, 2001）。送金，電話，訪問を通して，移住者と非移住者の間のトランスナショナルなネットワークが広がり始め，2つの社会の間で，人や社会的，経済的，文化的仕送りのやりとりが行われるようになったとき，そこには，トランスナショナルな社会空間が成立する（Levitt 2001）。そして，このトランスナショナルな社会空間に埋め込まれた者たちは，実際に移動を経験せずとも，移住先の生活様式，価値観の影響を受けることとなる。母親から定期的に送られてくる日本のお菓子やおもちゃは，日本の消費文化とかれらを結びつける媒介物となり，また，母親から聞かされる日本の生活は，かれらの想像力をかき立てるものとなる。日本とフィリピンにまたがっているトランスナショナル家族の生活の有り様は，第2章でも見た通りである。日本へ出稼ぎに行った親たちとの間に，送金や電話，訪問などによって，頻繁なやりとりがあったかれらは，実際に日本へ移動する以前から，トランスナショナルな社会空間を生きていたということができる。

　また，親が出稼ぎに出ていなくとも，親族が海外にいる場合，部分的にでもトランスナショナルな空間に埋め込まれることになる。両親と共に来日したクレアとダイアナの場合，上記4人のような国境を超えた緊密なつながりを持っ

ていた訳ではない。両親は，常に同じ家のなかにおり，いつでも話ができる状況にいた。ただ，父親のきょうだい5人のうち，1名を除き全員が海外で生活5)をしており，海外へ行くのは「**当たり前だった**」とダイアナは言う。

　第1章で見たように，フィリピンでは，海外出稼ぎ者が全人口の約1割を占めており，出稼ぎによって収入を得ることは常態となりつつある。この移民流出の常態化や構造化は，「移民の文化（culture of migration）」や「移民症候群（migration syndrome）」と称される（Wayne 1992）。移動することが自明視され，ライフサイクルのなかに移動があらかじめ組み込まれるのだ（小井土 1997：43）。さらに，親族の紹介による移動が頻繁に行われている状況を鑑みれば，親族に移住者が多くいる場合，自身の移動の可能性も高まることになる。牧師であるクレアたちの父親の場合，経済的問題から出稼ぎに出るという選択肢はなかったようだが，布教のために海外移住をするということはまったくあり得ないことではなかった。

　また，移民送り出し政策が積極的に推し進められているフィリピンでは，出稼ぎから戻った者は，「バリクバヤン（balikbayan）」として，羨望のまなざしを受ける（小ヶ谷 2005, 長坂 2009）。出稼ぎで富を手にしたバリクバヤンたちは，フィリピンに立派な家を建て，帰郷の際には豪華な宴を催すが，このようなかれらの行動は，移動していない者たちに海外への憧れを抱かせ，更なる海外移住の拡大をもたらす（長坂 2009）。実際，休暇で戻って来る親戚の海外生活の話を聞いていたクレアたちは，海外生活に憧れを抱き，「**海外ってどんなところだろう？**」という好奇心を強く持っていたという。

　このように，両親が出稼ぎに出ていない彼女たちにとっても，移動は身近なものであった。クレアとダイアナは，上記4人のように，母親や父親との緊密なやりとりはなかったが，親族の海外移住やフィリピン全体の移住の常態化によって，トランスナショナルな空間に部分的にではあるが，埋め込まれており，移動が「当たり前」とする心性を持っていたといえるだろう。

（2）来日への期待，抵抗，驚き

　では，このように移動が自明視された生活を送っていたかれらは，実際に自分が移動するとなったとき，どのような反応を示したのだろうか。家族揃って

来日したクレアとダイアナは，日本へ行くと父親に言われたときの心境を以下の様に語る。

　　すごい楽しみだった。海外とか行ったことないし，初めて海外行くから，海外ってどんなところだろう？って。フィリピンを離れるのが寂しいという気持ちは全然なかったですね。それよりも（日本って）どんな国だろうって。まだ子どもだったし。　　　　【クレア23歳／インタビュー／2010.10.31】

　牧師である父親の宗教ビザ，母とクレア，ダイアナの家族滞在ビザがおり，家族の来日が実現したのは，彼女たちが11歳の1月であった。フィリピンとはまるで違う真冬の東京に戸惑うことはなく，むしろ初めて見る雪に興奮したという。当時の心境をダイアナは「**言葉が分かんない。たのしー。なんか違う人がいる。フィリピン人じゃない。たのしー。全部がたのしー**」と振り返る。環境が変わることによる不安感はまるでなく，未知なる世界への期待と好奇心にあふれていた。海外で暮らす親戚たちと同じように，海外移住者になることへの興奮が上記の語りからは見て取れる。
　しかし，彼女たちのように，来日を楽しみにしていた子たちは稀であり，呼び寄せという形で日本へやってきた子どもたちは，来日に当たって，複雑な思いを抱えていた。日本で生活が安定し，子どもと一緒に住む余裕のできた親たちは，フィリピンに残してきた子どもを呼び寄せるようになるが，それに対して，子どもたちは戸惑いや驚きを見せるのである。来日に当たっては，事前にその事実を知らされていた子と，そうでない子に大別できる。まずは，事前に日本に行くことを聞かされていたジェニファーとレイモンドについて見てみよう。
　母親が出稼ぎに行っている子どもは，非行に走ったり，ドロップアウトしたりすることがあるといわれるが (Parreñas 2005)，本事例の対象者は皆，良好な学校生活を送っていた[6]。母親とは一緒に暮らしていなかったかれらだが，フィリピンでの生活は，楽しかったと振り返る。特にレイモンドは，フィリピンでの生活がとても楽しかったため，母親に日本に行くと言われたときは，「**すっごい嫌だった。抵抗があった。ぜってーやだと思った**」という。母親が

いなくとも，家族や友人と過ごす毎日は非常に充実したものであり，そこから離れることは彼にとって耐え難いことであった．同様に，ジェニファーも日本へ行くと聞かされたときは，不安で，「行きたくない」と思ったそうである．母親から聞かされる日本の生活は未知の世界であり，離れていた母親と一緒に暮らす喜びよりも，知らない土地で暮らすことへの不安感が勝ったのだという[7]．また，かれらが一様に語るのは，祖母と離れることへの寂しさである．幼い頃から育ててくれた祖母への愛着は強く，日本へ行くとなったとき，「**おばあちゃんと離れるのが辛かった**」と，レイモンドもジェニファーも，また後述するロバートやマリーも述べている．

　だが，結局かれらは，「子どもだから，しょうがない」と言って，母親の決定に従い，来日することになる．フィリピンでは，「家族中心主義」（Espiritu 2003, Wolf 2002）と呼ばれる規範が重要視され，子どもは，親に対して従順であることが求められる．在米フィリピン系移民の若者を調査した研究（Espiritu 2003, Wolf 2002）では，かれらにとって「フィリピン人である」ということが，家族に貢献することや，家族の結束を重視することと同義であることが指摘されている．また，日本をフィールドとした研究においても，母親の日本人男性との再婚に伴って，フィリピンから呼び寄せられた子どもたちがこの家族中心主義を内面化しているがゆえに，親に従順にならざるを得ないでいることが示されている（額賀 2012）．ジェニファーもレイモンドもこの家族中心主義のもと，母親の決定に従うことが求められ，不安や抵抗感はあっても，来日を受け入れざるを得なかったのである．

　一方，何も聞かされず，突然日本へ連れてこられたマリー，ロバート，カレン，デイジーの場合，抵抗などする隙もなく，突然日本へ住むことになった．4人共，夏休みを利用して日本に遊びに来るよう親に言われ，旅行のつもりで日本に行くが，突然フィリピンには帰らず，日本の学校に通うように言われたのだという．

　ロバートの場合，姉が仕事を探しに日本へ行ったことがそもそもの発端だった．姉は先に日本に行き，その後兄とロバートが一緒に追い掛けた．兄もフィリピンで仕事がなかったため，来日後，日本へ残ることを決めた．ロバートは，来日当初，夏休み中だけの短期滞在だと思い，旅行気分でいたため，母親にフ

ィリピンに帰らないで日本で勉強するのだといわれたときは，非常に驚いたという。彼は，「日本語できなかったし，（フィリピンに）帰りたかった」と当時の心境を振り返るが，「お母さんがかわいそうだったから」という理由で日本に留まることを決める。彼の母親の話によれば，姉も兄も日本へ残ることが決まるなか，ロバートだけをフィリピンに送り返すわけにはいかなかったのだという[8]。

同様に，幼い頃から妹と2人，祖母に育てられ，中学2年のときに急に日本に連れてこられたマリーも，来日時のことを以下のように述べた。

> マリー：友達ともバイバイしないで，おばあちゃんにも。おばあちゃんも何も知らなかったんですよ。だから，人生がこんなに変わるなんて分かんないままで，そのまま流しちゃって。もうしょうがなかったから。……（日本に）行きたくないとかいう場合じゃない。もうここ（＝日本）にいたから。ショック。
>
> 筆者：帰れないってなったときにどう思った？
>
> マリー：なんかもう頭，真っ白で。だって，お母さんじゃないですか。だから，なんにも言えないで，そのまま。あんま文句はしなかった。嫌だけど，しょうがない。【マリー16歳／インタビュー／2011.6.14】

わけの分からないまま日本に滞在することになったことに対して，かなりの戸惑いを覚えている様子が分かる。事前情報がまったくなく，突然やってくることになったかれらは，親が日本に長年居住しており，頻繁に連絡を取っていたことから，トランスナショナルな社会空間に埋め込まれていたといえるが，自らが移動する可能性については，想像しておらず，突然の越境を強いられている[9]。

ここで注目したいのは，「お母さんがかわいそう」「お母さんだから，何も言えない」という母親への遠慮や気遣いである。ロバートもマリーも母親のために日本に残ったというのだ。同じように，カレンも「ママのここの生活見て，ママ1人だなって」思ったため，日本に住むことを決めたと述べている。これは，ジェニファーやレイモンドと同様に，前述した「家族中心主義」の影響を

受けていると考えられる。出身地で培われた道徳規範は，移民の行動を規定するが（Armbruster 2002, Wolf 2002），この家族中心主義の論理が突然の移動を受け入れる根拠として使われたのである。

以上見てきたように，1.5世たちの多くは，親族や家族に海外移住者がおり，来日以前からトランスナショナルな社会空間に埋め込まれていた。かれらのトランスナショナルな生活は，来日後に始まったことではなく，来日前から始まっていたのである。来日に当たって，期待や抵抗，諦めなど，かれらが抱く思いは多様であるが，親の移動に巻き込まれざるを得ない子どもたちの状況は共通している。自分がいくら嫌だと言っても，「家族中心主義」規範を内面化したかれらは，親に逆らうことはできず，親が行くと言えば，その決定に従わざるを得ない。こうした状況のなか，子どもたちは自分たちなりに来日後の生活を組み立て，生き抜いていくことになる。

2　日本への適応──もう1つのホームとの接触

来日後，日本の学校に入ったかれらは，多かれ少なかれ言葉の壁，日本の学校文化の壁にぶつかることになる。日本の学校文化のモノカルチュラリズムは，既に多くの先行研究の指摘するところであるが（たとえば，志水・清水 2001，太田 2005），かれらは程度の違いこそあれ，この日本の学校文化からの同化圧力を受ける。しかし，かれらは，日本語や日本の学校文化を身につけることを強いられながらも，自分なりの戦術を用い，その学校生活を乗り切っていく。また一方で，母親が日本人男性と再婚した場合には，家族の再結合問題も日本での生活課題の1つとなる。かれらは，来日後，学校と家庭の両方でどのような経験をしながら，日本へと適応していくのだろうか。移住後の適応は，かれらのルート作りの一環であり，日本がもう1つのホームとなる過程である。以下では，その過程を見ていこう。

（1）異質性の顕在化と英語による地位の確保

まず，そのルーツの違いから生じる異質性を顕在化させながら，フィリピンで培った英語力を武器に，良好な人間関係をクラスメイトと結び，適応してい

った事例を見ていこう。これに当てはまるのは，クレアとダイアナ，ジェニファー，デイジーである。

　来日前は日本での生活に期待をふくらませていたクレアとダイアナだが，日本の学校に入ると，その現実を知るようになる。言葉が分からないということと，それでも勉強はしなくてはいけないというプレッシャーで「たのしー」という気持ちは薄れていった。最初の数ヵ月は，英語の通訳が付いたというが，その後は日本語専門の先生が付くことはなく，6年生に上がるまでの2ヵ月間だけ，週に2度ほど日本語を担任とは違う先生がみてくれたという。しかし，そこでは本当にベーシックな会話しか習わず，日本語の単語を何個覚えたかチェックされるだけであった。クレアは，来日した当初のことを次のように述べる。

　こっちに住む分には，日本人と合わせなきゃいけない。日本の生活に慣れなきゃいけない。やっぱり大変じゃないですか。自分がフィリピンでこうしてたから（って），ここで通じるわけじゃないし。その分，大変だった。学校も大変だし。

【クレア23歳 / インタビュー /2010.10.31】

　第4章でも触れたように，外国人が多い学校では，独自の日本語支援を行う場合もある。だが，この学校には当時，クレアとダイアナの2人しか外国人の子どもはいなかったようで，外国人児童に対する支援体制は十分に整っていなかったことがうかがえる。学校ではタガログ語を話す機会などまったくなく，日本語漬けの毎日が続いた。しかし，2人は日本語ができなかったことへの不安や日本の学校に対する戸惑いは語りつつも，総じて学校は楽しかったと振り返る。その背景には，良好な友人関係があった。

　すごい仲良かった。学校入る前は，色んな外国人とかの話聞いてて，外国人だといじめがあるから気をつけてっていうのがあったから，親は心配してたんですよ。でも実際，小学校，中学校行ったとき，そういうのはなくて，逆にみんな外国人だから，分かんないことあると，みんなすぐ手伝ってくれた

り。すごい優しかったですね。それがすごく良かったから，楽しかった。
【ダイアナ 23 歳 / インタビュー /2010.8.29】

うちらが通ってた小学校はみんなすごい優しくて，外国人珍しいっていう風な感じだった。珍しいから友達になりたい。いじめっていうより興味を持って，みんなも英語がんばって。今日遊びたいから家にピンポンして（来てくれて），日本語わかんないから，みんな片言の英語で"today play?"って聞いて。
【クレア 23 歳 / インタビュー /2010.10.31】

　外国人に対するいじめの噂は，周囲の大人から，親，そして，子どもへと伝わっていき，日本の学校に入る際の大きな不安材料となった。依然として単一民族神話が強い日本社会において「外国人だといじめられる」という認識が移住してくるニューカマーの人々にいかにプレッシャーを与えていたかは容易に想像できる。しかし，彼女たちの場合は，いじめを経験することはなかった。日本語が分からず，名前や外見が周囲の日本人とは異なるクレアとダイアナはその異質性によって，周りの子どもの興味を引く対象となったのである。すなわち，「外国人だから分からないだろう」という認識が彼女たちの適応を助けたのだ。そして，良好な友人関係は中学校に行っても継続することになる。中学校の友達も「外国人珍しいって思って，興味を持つ人たちだった」ため，日本語が大丈夫か，授業についていけるか心配して助けてくれた。

　同様に，ほとんど外国人がいない学校へ転入したジェニファーもその異質性を顕在化させながら，学校へ適応していった。小学校の担任は，日本語が分からない彼女を「特別扱いしてくれた」と彼女は言う。常に英和辞典を持ち歩き，授業内容を説明してくれたり，クラスメイトに英語の挨拶や単語を教え，ジェニファーとクラスメイトの関係が円滑に進むように配慮してくれたりしたのだという。

日本にきたときに，学校では外国人はいじめられるって聞いてて，嫌だなと思ったけど，学校によっても違うなって。……いじめはなかった。……みんな仲良くしてくれましたね。最初の日から。それもあって，日本語早く覚え

た。片言ですよ。普通にみんなも英語とかで話しかけてくれたり。

【ジェニファー 19 歳／インタビュー／2010.8.25】

　外国人はいじめられるという話を事前に聞いていたという点，実際にはいじめはなく，むしろ英語で友達が話しかけてくれたという点は，クレアやダイアナと共通している。そして，その異質性を顕在化しながら，学校適応を行う場合，「外国人であること」はある種の免罪符として機能する。

　成績がくると，全然恥ずかしくない。外国人だから言い訳っていうのもあるんだけど。（友達に成績を）見せても全然恥ずかしくなくて，アヒルがいっぱいあっても，2 がいっぱいあっても，全然（笑）。「1 じゃないからいいでしょ？」って（笑）。みんなも見て，「あ，うちより上じゃん」みたいな。ダイアナも地理とか結構覚えがいいから，地理で 4 取ったときもあって，みんなで「おーすげー，外国人なのにー」みたいな。英語だけはみんなに負けないんだけど。

【クレア 23 歳／インタビュー／2010.10.31】

　日本の学校には，「外国人であっても日本人と同じように扱う」という「差異を認めない形式的平等」（太田 2005）があるといわれるが，日本語が分からない子どもに対しては，「手厚い支援」が行われるともいわれる（清水 2006）。上記 3 人は，この「手厚い支援」を受けていたことが上述のインタビューデータから見て取れるだろう。この「手厚い支援」は，ニューカマーの子どもを「支援される者」として，周辺化させるという作用を持つが，この＜支援＞－＜被支援＞の関係は，支援される側のニューカマーの自尊心を傷つけることにもなりかねない。しかし，クレアやダイアナ，ジェニファーの場合，この「手厚い支援」を利用しながら，良好な人間関係を友人たちと結んでいたといえる。彼女たちは，異質性を顕在化させ，支援を取り付けながら，うまく学校へ適応していったのである。

　だが，彼女たちは，常に支援されるという立場に甘じていたわけではない。「英語だけは負けらんない」というクレアの語りからも分かるように，彼女た

ちは英語を用いて，自己肯定感を保持していたのである。ジェニファーも，その他の科目の成績は良くなかったものの，英語だけは成績が良かったと述べている。フィリピンでは，アメリカ植民地時代の影響もあり，英語が公用語として用いられている。学校では，二言語教育が行われているところが多く，数学や科学は英語で勉強する（清水他 2013：179）。そのため，日本で英語を学んでいる子どもたちよりも高い英語力を持つ。日比国際結婚家庭において，脆弱的立場にあるフィリピン人妻たちがその英語力を使うことで，夫との関係を対等なものにしようとする様子が先行研究では明らかにされているが（鈴木 2011），彼女たちの場合も日本人生徒よりも遥かに高い英語力を使って，他の教科の点数の低さを補い，クラス内での地位を確保しようとしていたといえる。これは，英語が公用語として用いられているフィリピン出身者特有の戦略であろう。

また，英語は，単語レベルであっても周りの友人とのコミュニケーションを可能にし，良好な友人関係を構築する際に有効に働いた。世界言語として，日比両国で教えられている英語が互いの意思の疎通を促したのである。出身地で獲得していた英語力が日本の学校適応に役立ったといえるだろう。

このように，かれらは，同化を強いられる日本の学校で，その異質性を強調することによって，「手厚い支援」を受ける弱者という立場を部分的に甘受しつつ，英語という世界言語を用いることで，巧みに自らの地位を確保しようとしていたのだった。

（2）日本の学校文化に対する違和感と学校外資源の調達

一方，特に「手厚い支援」を受けず，学校生活を乗り切ったという者もいる。マリー，レイモンド，ロバート，カレンである。かれらの学校での様子は，第4章でも指摘した通りであるが，日本語初期指導が終わった後は，特別な支援は一切無く，ただ机に座り，授業を聞くという毎日を過ごしていたという。クラスメイトも特に手伝ってくれるわけでもなく，「**自分でやりなさいみたいな**」感じであったとマリーは述べる。日本語で言われていることがなんとなく分かるようになっても，授業内容を理解するようになるには，時間がかかった[10]。日本語が分からない間に感じるストレスは，相当なものであったという。レイモンドは，「**小学校のとき，日本語話せないから，ストレスがあった。あんま**

楽しくなかった」と述べている。また，カレンも中学校生活を以下のように振り返る。

　　（中学校は）楽しくなかったです。全然まったく。毎日泣きたいくらいです。なんも分かんないし。……お箸の使い方も分かんないです。ずっと家で食べるときと，外で食べるとき「スプーンください」って言うから。学校入って，一番最初の給食，食べれなかったです。「おなかいっぱい」って（ウソを）言って（笑）。ほんとは，お箸使えないんです。帰ったら，ママに言って「教えて。教えてよ」って。　　　　　　【カレン20歳／インタビュー／2014.8.9】

　日本語が分からないことに加え，箸の使い方など，日本の習慣もまったく分からなかったため，カレンの学校生活は困難を極めた。給食の時間，箸を使うことができないことを周囲に打ち明けることができず，おなかがすいていないという嘘をつくしかなかったというのは，彼女のストレスフルな学校生活を物語るエピソードである。
　ロバートに至っては，第4章でも述べた通り，日本語が話せないことを理由に，担任教師からいじめを受けていた。日本語が話せないという異質性が支援ではなく，無視やいじめへとつながったのである。では，かれらはどのようにして，学校生活を乗り切っていったのだろうか。
　マリーの場合は，フィリピンで身につけた従順な態度を維持することで，学校に適応していった。その異質性を少しでもなくすため，かれらは，日本語を習得し，日本の学校文化へ適応していかねばならないが，フィリピンとは異なる日本の学校文化に戸惑うことも多い。マリーは，フィリピンと比べ，日本の生徒が教師に対して，従順でないことに驚いたという。フィリピンでは，教師の権威が絶対的であり，教師に刃向かうことなど決して許されなかった。教師とすれ違ったときには，丁寧にお辞儀をしなければならなかったという。また，授業中に寝るなどもってのほかだった。そのため，教師に冗談を言ったり，反抗したりする日本のクラスメイトの言動に非常に驚いたのだという。

　　びっくりしたのは，生徒の方が強い。先生より。なんか悪口言っても，先生

は何も言わないし。listen とかしなくてもあまり文句も言われない。

【マリー 16 歳 / インタビュー /2011.6.14】

　「家族中心主義」のもと，培われるフィリピン系ニューカマーの子どもたちの親への従順な態度は，既に指摘した通りであり，先行研究でも指摘されていることであるが（額賀 2012），学校でも教師に対して従順であることがフィリピン系の子どもには求められていたのである。既述した通り，出身地で身につけた規範は，移動後の移民の行動を規定する（Armbruster 2002, Wolf 2002）。そのため，マリーはフィリピンで身につけた態度や習慣を急に変えることはできず，従順な態度を維持しながら，日本の学校へ適応していった。出身地の規範が移住先での規範と合致しない場合，その規範は否定され，移民はジレンマを抱え，不適応を起こすこともあるが（Armbruster 2002），マリーの従順な態度は，日本で必ずしも否定されるものではなく，不適応を起こすことはなかった[11]。

　一方，レイモンドとロバートは，学校外に居場所を見つけることによって，学校に適応していった。マリーと同様，沈黙を強いられつつも，なんとか学校へ慣れていったレイモンドだが，内心では，日本とフィリピンとの友人関係の違いに違和感を感じていたという。フィリピンでは，「ウタン・ナ・ロオブ（utang na loob）」と称される互酬性の原理が人々の人間関係を規定していることは，既に第 2 章で述べた通りである。困った人がいたら，助け合う。「お互い様」という意味の「パキキサマ（pakikisama）」という言葉は，フィリピンの人間関係を象徴するものである。しかし，日本の学校では，「**俺は俺で，お前はお前みたいな感じ**」がしたとレイモンドは述べる。フィリピンよりも人間関係が「**冷たい感じ**」がしたのだという。日本人と仲良くなっても，そこには壁があり，フィリピンで築いていた友人関係とは違うという違和感を彼は持っていたのだった。だが，日本に合わせることを第一としていた彼は，その違和感に目を瞑りながら，学校生活を送っていた。フィリピンで身につけた人間関係構築様式を隠し，日本の人間関係に慣れようとしたのである。

　しかし，レイモンドは完全に日本人化に向かったわけではなかった。彼は，第 3 章で取り上げたフィリピン系エスニック教会で，同じフィリピン出身者と密な友人関係を築くことで，日本の学校で感じた違和感を解消していったので

ある。フィリピン人が集い，タガログ語が飛び交う教会は，フィリピンを再現する場であり，そこでは，「ウタン・ナ・ロオブ（utang na loob）」をもとにした，緊密な人間関係が築かれる。「学校の友達とかよりも教会の友達のほうが近い。教会の子は，友達っていうか，家族。きょうだい」とレイモンドは言う。彼は，教会に通うことによって，フィリピンで築いていたものと同様の友人関係を同じフィリピン人と結ぶことによって，日本の学校に合わせる過程で感じていた違和感を解消することができたのであった。

　一方，学校でいじめを受けていたロバートにとって教会は居場所として，より重要で欠かせないものであった。ホスト社会での差別などの辛い経験は，ホームへの希求を高める（Espiritu 2003：86）。「いっつも泣いてて，フィリピンに帰りたいって思ってた」とロバートは当時を思い出し，振り返る。しかし，日本で家族形成を始めたロバートの両親は，彼をフィリピンに戻すことは考えておらず，なんとか日本でやっていって欲しいと願っていた。そこでホームであるフィリピンの代わりとなったのが，教会である。ロバートは，「教会があったから，日本にいたいって思うようになった」と述べる。

> フィリピンにちょー帰りたかったとき，6年生のとき（週に）1日だけ楽しかった。それは教会に行く日曜日。【ロバート21歳／インタビュー／2013.11.19】

　教会では，同じフィリピン人がたくさんおり，日本語ではなく，タガログ語が使え，自分の言いたいことが自由に言える。この空間は，物理的な帰還が叶わない彼が想像を通して，感情的にフィリピンに帰れる場であった。教会は，フィリピンを再現する場であり，いじめを受けていたロバートだけでなく，クレア姉妹やジェニファー，レイモンドも教会が支えであったと述べている。

　また，第4章でも指摘したように，この教会に通うフィリピン人女性から紹介された日本人支援者の松本さんとの出会いは，学校以外に学習する場を確保する契機となった。彼は，学習教室で日本語や教科学習をすることによって，日本語力，学力を徐々に身につけ，いじめを堪え忍ぶ力を付けていったのであった。教会が学校で否定されたルーツの違いを取り戻すための場所だったのに対し，学習教室は，日本でやっていくための資源を提供していたのである。そ

して，学校外にこの2つの場があったからこそ，彼は小学校でのいじめを耐え，中学ではいじめられることなく，学校へ適応していったのであった。すなわち，学校以外で形成されていた移民コミュニティとそのなかにある育ちの場が彼を日本へ踏みとどまらせたのである。

このように，学校で「手厚い支援」を受けられなかったかれらは，日本とフィリピンの学校文化の差異や同化圧力に戸惑いながらも，フィリピンで身につけた従順さや学校外の居場所から得られる資源を活用しながら，適応していく。移民は，出身地と受け入れ社会を比較しながら，その状況に応じて，適切な行動を取るようになるといわれる（Guarnizo 1997）。かれらの場合も，フィリピンとは異なる日本の学校文化と対峙していくなか，フィリピンで身につけた規範や態度，行動様式のうち，日本の学校で受け入れられるものとそうではないものを峻別し，日本の学校で受け入れられないものは隠す，という術を身につけていくのだった。

（3）家族の再結合と家族中心主義
　これまで，学校適応について述べてきたが，家族の再結合とそれに伴う再編も来日後，1.5世たちが抱える課題である。特に，母親が日本人男性と再婚した子どもたちの場合，新しい家族と一緒に暮らすことになるが，そこには様々な問題が浮上する。今回の対象者のうち，母親が日本人男性と再婚したのは，ジェニファー，マリー，レイモンド，カレンの4人であるが，レイモンドとカレンは新しい家族について多くを語らなかった。そのため，ここでは，ジェニファーとマリーの事例を主に取り上げてみることにする。

　ジェニファーの日本での生活は，母親と日本人の新しい父親の3人でスタートした。日本人の父とは，当初，「どういう感じに話しかけようかな」と考えながら，話していたという。「**本当のお父さんじゃない**」という意識がやはりあった。しかし，仕事で帰りが遅い母親に代わって，授業参観，運動会，クラブのことなど，学校のことを全部やってくれたのは父親だった。食事の際にも，日本語や日本について父親が色々教えてくれたため，日本語の上達が早かったと彼女は振り返る。日本人の継父と子どもとの間の信頼関係の構築には，困難が伴い易い。だが，言語や知識の卓越性という点で，日本人の継父は子どもの

学習を手助けする重要な資源ともなり得ることも確かである（額賀 2012）。ジェニファーの場合，家事労働者として忙しく働いていた母親よりも，継父と過ごす時間のほうが長かったこともあり，良好な関係を継父と結ぶことができた。そのため，継父を資源としながら，日本に適応することができたのである[12]。

また，長年離れて暮らしていた母親との関係も呼び寄せられた子どもにとっては，来日後の課題となる場合がある。長年別離していた親子が受け入れ社会で再会し，共同生活を始める際，親子の双方に対する身勝手な期待が親子関係に支障をもたらすことは，アメリカの事例からも日本の事例からも明らかとなっている（Menjivar and Abrego 2009, 額賀 2012）。ジェニファーの場合，母親と暮らすことに特に戸惑いはなかったものの，母親との間に一定の距離感があったと述べる。物心ついたときから海外にいた母と長期間一緒に住むことはそれまでなかったため，どうしたらよいか分からなかったというのだ。だが，一緒に暮らすにつれ，その距離も狭まっていった。「最初はおばあちゃんとの距離が近くて，お母さんがちょっと遠かったけど，日本にきて，お母さんとの距離が近くなった」のだという。

現在は，母親と日本人継父は離婚しており，ジェニファーと母親の2人暮らしである。幼い頃から母親と共に過ごす時間は非常に限られていたジェニファーだが，「尊敬するのはお母さん。お母さんみたいになりたい」と言い，母親への感謝と尊敬を強調する。フィリピンでは，「ウタン・ナ・ロオブ（utang na loob）」という互酬性原理のもと，恩を受けたら恩を返すことが重要視されることは繰り返し指摘しているが（永田 2011），自分を育ててくれた母親は，最も恩義を感じる人である。ジェニファーも，母親が自分のためにずっと働いてくれていることに恩義を感じており，その恩を返さなければならないと強く思っているようだ。だが，一方，彼女は母親に対し，自分の言いたいことを言えないというジレンマも抱えていた。

なんか普通に口出せないの。なんていうの。怒られて，こっちもちゃんとした理由があるのに，でも言えない。言っちゃうとより怒られるから，じゃ，もう黙ってようみたいな。【ジェニファー 19歳 / インタビュー /2010.8.25】

これは，親に従順であるべきという家族中心主義を内面化しているがゆえの葛藤と捉えることができるだろう。幼い頃から母親が自分のために出稼ぎに出ていたことを知っている彼女にとって，最も恩義を感じる人物である母親は，絶対的存在である。そのため，母親に逆らうことはできず，沈黙を強いられる。母親に対する尊敬や感謝の念を持ちつつも，感謝しているがゆえに，言いたいことが言えないという複雑な思いを彼女は抱えていたのであった。だが，ジェニファーの場合，母親が家に不在がちであったことや，日本人継父がこの家族中心主義に与さなかったこと，一人っ子だったこともあり，母親との関係以外では，家族中心主義の葛藤に苦しめられることはなかった。

　一方，マリーの場合，日本人継父と母親が結託し，彼女に家族のために尽くすことを求めた。すぐ下の実妹と共に日本へやって来たマリーだが，日本で新たに一緒に住むこととなったのは，日本人継父と，母と日本人継父の間にできた3人の幼い妹たちだった。フィリピンにいたときから，長女として「しっかりしなくちゃ」という意識を持っていたという彼女だが，日本に来て，その意識はさらに高まった。インタビュー中，何度も彼女の口から出てきたのは，「長女だから」という言葉だった。

　夜遅くまで働いている両親に代わって，幼い妹たちの面倒を見るのは，彼女の仕事だった。学校から家に帰ると，夕飯の支度をし，妹たちの世話をする。それが彼女の日常であり，友達と遊びに行く際にも妹を連れて行くことが多かったという。学習教室に行くのもいつもぎりぎりであり，学習教室主催の合宿にも妹同伴で参加していた。

　私，多分家族と別れられないと思う。多すぎてもう駄目。……逆に親がこっちに頼っているから。妹の将来とかこっちに頼ってて。ずっといると周りが狭いじゃないですか。広げたいのに。だから家も早く帰りなさい。3時で電話するんですよ。高校生なのに。「学校終わったんじゃないの？今どこ？」って。で，「6時前に帰りなさい」って。いつもそうなんですよ。

　　　　　　　　　　　【マリー 16歳 / インタビュー /2011.6.14】

　家の仕事が学業よりも優先され，行動は親から厳しく監視された。「家族中

心主義」は，男女ともに，フィリピン人のなかに内面化されている規範だが，特に女性のほうにその負担はのしかかり（Espiritu 2003, Wolf 2002），長女であるほどその責任は重くなる。さらに，その監視は，フィリピンの家族中心主義の影響を受けた母親のみならず，日本人継父からも行われる。母親よりもむしろ，継父からの監視が厳しいとマリーは言う[13]。

　両親は，家の仕事をするように言いつつも，学業も頑張るように彼女に言う。日本人継父は，「ひらがなとカタカナ1週間で覚えなさい」と言い，日本語を勉強するようには促すが，継父自らが教えてくれるわけではなかった。自分で教えることは決してしないが，口だけは出してくる継父は，資源というよりも，彼女に日本へ早く適応するよう，プレッシャーを与える存在であった。また，日本人継父からの支援の欠如によって，彼女は「誰にも頼れない」という不安感を高め，「がんばらなきゃ」「しっかりしなきゃ」という思いを強めていった。ジェニファー同様，彼女も親には思っていることをうまく伝えられないと述べる。自分の思いはポエムにしたため，消化していくのだという。

　来日後の家族再結合と再編は，フィリピンの家族中心主義の影響を少なからず受けながら進んでいく。既述したように，アメリカの中米移民を対象とした研究では，長年の別離の後，共に暮らす親子が双方への非現実的期待によって，対立する様子が描かれている（Menjivar and Abrego 2009）。一方，親に従うべきという規範のもと育ったジェニファーとマリーの場合，親との関係は，対立ではなく，従順へと向かう。彼女たちは，言いたいことを言えず，自分の気持ちを押し込めながら，母親との関係を結んでいくのである。そして，母親が日本人と再婚した場合には，その家族再編に日本人継父というアクターも入ってくる。日本人継父は，ジェニファーのように，適応のための資源となり得る場合もあるが，マリーのように，適応へのプレッシャーをかけ，家族中心主義を強化する存在ともなり得る。学校だけでなく，新しい日本人家族との関係も日本での適応に影響を及ぼすが，「何よりも家族が大事」という規範のもと生きてきた彼女たちは，来日後も家族中心主義の規範を守り，家族のため，親孝行するために頑張るのであった。

3 日本でのホーム作り――「アットホーム」な感覚

　以上，見てきたように，来日して数年間は，日本に合わせることに悪戦苦闘していたかれらだが，高校受験を経て高校に進学する頃には，日本生活にも大分馴染んでいた。日本語を習得し，日本で不自由なく生活をできるようになったかれらは，学校や学習教室，教会で，居心地のよい人間関係を築き，日本をより心地のよいホームとしていく。移住当初に感じた「よそ者」感覚は，ホームと感じられる場作りに移民を駆り立てると言われるが（Abdelhady 2008 : 59），かれらは，高校進学後，どのような生活を送ったのだろうか。以下では，学校，学習教室，教会の3つの場に注目しながら，高校進学後のかれらの生活を見ていくことにしよう。

(1) 外国人が多い高校生活

　フィリピン系の子どもたちは，受験時に英語の配点が高い学校を受けるため，外国人が多い高校に集中する。ジェニファー，マリー，レイモンド，ロバート，カレンはいずれも外国人が多い学校に通っており，レイモンド以外の4人は同じ高校である[14]。多いといってもクラスの3分の1程度であり，やはりマジョリティは日本人である。だが，日本人だらけの学校で日本語や日本の学校文化に適応しようと悪戦苦闘していた中学時代とは違い，外国人が多くいる高校では，そのルーツの違いによる異質性を隠さずに過ごすことができるようだ。

　（うちの学校は）普通科と外国文化（科）は分かれてる。この2つの間は，あんまり仲良くない。普通科だとガイジンが嫌いな子もいる。でも，平和なんですね。他の学校に比べて。……先生とかはみんな不思議だなって。違う学校だと，大体いじめとかある。やっぱグループある。でも，こっちはない。
　　　　　　　　　　　　　　【マリー 16歳 / インタビュー /2011.6.14】

　同じ学校に通っていたジェニファー，マリー，ロバート，カレンは外国文化科に所属している。日本人がそのほとんどを占める普通科と外国文化科の間には距離があるようだが，外国文化科のなかでは，日本人と外国人の間にいじめ

等はなく，良好な関係が築かれているようである。これは，外国人であることがいじめの理由となった中学とは異なる点である。そして，このような高校生活を送るなかで，中学時代は沈黙を強いられていた1.5世たちも，自分の言いたいことを言えるようになっていく。マリーは，「中学は（色々）言えなかったんだけど。高校に入ってからもう話すし」と述べており，中学と高校では全然性格が違ってきたという。また，「高校は最高！」と述べるロバートは，クラスの中心的存在として，高校生活を楽しんでいたようであるし，レイモンドも「高校が一番楽しい」と述べる。

マリー：（クラスメイトはみんな）結構，口が悪い。「おい，外国人，口悪いぞ」って。「それお前だろ」って。「外国人だから無理無理，相手なれない」みたいな。「自分の国帰れ」みたいな。
筆者：それ日本人が言ってくるの？
マリー：そう。口悪いんですよ。皆がつっこんでるから，こっちもつっこまなきゃ。　　　　　　　　　【マリー16歳/インタビュー/2011.6.14】

　無論，これは「仲良くならないと無理」だというが，日本人が圧倒的多数の学校では，差別ともなりかねない発言である。だが，外国人が多く在籍するこの学校では，こうした発言も冗談として受け止められる土壌が作られていた。このようなやりとりが受け入れられるのは，第1に，外国人が多いことが理由であろう。多様な背景を持った移民が集中する学校では，生徒同士が多様性に寛容となり，互いにその異質性を認め合う環境が作られやすくなるのだという（Warikoo 2004）。
　さらに，日本人よりも外国人のほうが，学力が高いことも第2の理由として挙げられるだろう。レイモンドの学校で成績の上位を占めるのは，ほとんど外国人だという。

　今の学校すごいのは，外国人とか差別がない。多分，今の学校の場合は，日本人が弱いんですよ。頭が。レベルが低い。だから，外国人に負けてる。1位は韓国人。20位までが外国人。それ以下が日本人。

【レイモンド16歳／インタビュー／2010.8.29】

　マリーのK高校もほぼ同じような状況にあるようだ。日本人生徒の学力がさほど高くない，彼女たちの学校では，学力による序列が日本人を頂点とするものではなく，中国人や韓国人を頂点とするものとなっている。フィリピン人は，中国人や韓国人と比べ，全体の成績は落ちるようだが，英語が重視される外国文化科では，英語ができるフィリピン人は，一定程度の地位を確保できる。そのため，「外国人であること」に必ずしもスティグマが貼られないのだ。
　上記で見たように，外国人が多い学校環境のなか，中学時代に比べ，日本人クラスメイトに対して言いたいことを言えるようになったかれらだが，やはり依然として日本人との間に違いを感じることもあるようだ。

　「マリーは，外国人に対しての性格が違うんだよね」って（友達に）言われる。日本人だと，気を遣うんですよね。外国人だと楽。
【マリー16歳／インタビュー／2011.6.14】

　日本人としゃべるの苦手なんですよ。しゃべれないから。恥ずかしがりです。フィリピン人ならすぐなんですけど，日本人だと大丈夫かなって気遣っちゃうんです。
【カレン20歳／インタビュー／2014.8.9】

　日本に慣れ，日本人に言いたいことを言えるようになっても，日本人に対するときは，どこか気を遣っており，対応を考えてしまうのであるとマリーやカレンは言う。ジェニファーも同様に，「初対面で日本人と会ったときは，なんかどう話かけようかなみたいな。頭のなかでぐるぐる回ってるんですよ」と述べ，日本人との間に一定の距離感を感じると語っている。だが，日本人だらけであった中学時代とは違って，高校の場合は教室に同じ外国人の子が多くいる。そのため，たとえ日本人に気を遣っても，外国人同士で楽な人間関係を築くことができる。ここで指摘しておきたいのは，上記の語りでマリーが一緒に居て楽だと感じると述べるのは，同じ「フィリピン人」に限定されず，「外国人」であるということである。

外国人が多い学校では，多様なエスニックグループの者同士が互いに関わることとなる。国境移動によって，移民たちが出会うのは，受け入れ社会の人間だけではない。他のエスニックグループの人たちとも出会い，人間関係を築いていく（Espiritu 2003）。マリーの友達は，日本人と外国人が半分半分で，中国人，タイ人，フィリピン人，「ハーフ」の子たちが多いようだ。マリーは，「中国人ってレベル高い。頭いい」と言い，エスニックグループ間の差も所々で指摘するが，外国人同士という共通点を差異点よりも強調する[15]。日本人ではないという共通性がかれらを結びつけ，居心地のよい関係を作り出しているのだ。逆を言えば，それだけ日本人との間に壁を感じているとも捉えることができる。ハワイの韓国系移民を対象とした研究でも，主流社会から周辺化されているという認識を共有した1.5世たちがエスニックグループを越えて，密な友人関係を築くことが記されているが（Danico 2004），本事例でも同様の現象が見られる。
　しかしなかには，フィリピン人同士で固まってしまうという子もいる。カレンは高校時代，フィリピン人の子と遊ぶことが多かったと述べる。無論，常にフィリピン人と一緒にいたわけではなく，ミャンマー人や日本人などの友達もいたようだが，やはりフィリピン人と一緒にいると楽なのだという。しかし，フィリピン人同士でいると，タガログ語を使ってしまうため，日本語が上達しないという問題も発生する。

筆者：K高校ってさ，フィリピンの子たくさんじゃん？　カレンちゃんのときもそうだった？
カレン：いっぱいです。そこから日本語が止まったんですよ。
筆者：止まったの？
カレン：止まったんです！　中2，中3だんだんアップしてたんですけど，高校入ったらダウン。毎日フィリピン語。なんか日本語しゃべりたくても，（周りが）フィリピン人だから。グループで，フィリピンになってて。
筆者：でもさ，日本に来た時期とかみんな違うんじゃない？
カレン：大体一緒です。だから，みんなも気持ち同じですよ。だから，「今

日，タガログ語なし！」って言うんですけど，結局タガログ語になっちゃう。　　　　　【カレン20歳/インタビュー/2014.8.9】

　皆，学齢期の途中で来日し，苦労して日本語を身につけたため，日本語を話そうと努力するのだが，どうしても楽なタガログ語を使ってしまう。せっかく身につけた日本語のレベルが落ちてしまうというデメリットは感じつつも，高校は「すごく楽しかった！」と彼女は振り返る。タガログ語を使いながら，フィリピン人の友人と過ごすことのできる高校は，フィリピンにいるような感覚を持つことのできる場であり，中学とは違って非常に居心地のよい場所となったのである。

　このように，外国人が多い高校に進学した場合は，中学よりも同化圧力が弱く16)，日本人に言いたいことが言える環境に置かれることとなるが，それでも，日本人との間に感じる壁は依然として残る。だが，かれらはフィリピン人同士や同様の経験を共有している外国人同士，交友関係を結んでいくことによって，学校を中心とした居心地のよい人間関係を作っていくのである。

（2）卒業後も続く学習教室との関わり

　学校の他に，かれらにとって重要な場の1つとして，第4章で取り上げた学習教室がある。中学時代のかれらにとって，学習教室は，学校の勉強を補う場であると同時に，居場所でもあり，同じ外国人の友人を作れる拠点でもあった。学校と家庭とで世界が狭くなりがちなかれらにとって，学習教室は，世界を広げる1つの拠点であったのである。だが，高校生ともなると，アルバイトなど学校以外の場での活動が広がることになる。また，同化圧力が弱く，外国人も多い高校に通っている場合，学校から避難する居場所がどうしても必要であるというわけでもなく，マルチエスニックな交友関係を学校で作ることも可能である。学習教室のような場は，高校生となったかれらには，必要ないものとなってもよいように思われる。

　しかし，かれらは，高校生になっても，学習教室の時間に同級生たちと一緒に現れては，おしゃべりをしていく。基本的に学習教室は，中学3年生までを対象としているため，高校受験が終わったら，卒業ということになっている。

そのため，高校生たちは，定期的に勉強をしに来るわけでもない[17]。だが，かれらは，居場所を求めるかのように，学習教室に通っていた友達同士で教室に来ては，松本さんやその他のボランティアとおしゃべりをしたり，学校のことや進路のことを相談したりしていくのである。

　このような子たちが多いことを受けて，松本さんらは，2010年に不定期でワークショップを行うアートプロジェクトを立ち上げた。月に何回か，写真家や映像作家を講師に迎え，ビデオワークショップや写真のワークショップを開催し，実際に子どもたちが作品を作るのである。また，夏休みと冬休みには，学習教室に通う子どもたちと一緒に，合宿に行く。週に2回，定期的に通う必要がある学習教室が日常を構成するものだとするならば，このアートプロジェクトは，非日常を構成するものである。参加したくなければする必要もない。だが，かれらは，学習教室に一緒に通っていた友達と一緒にワークショップや合宿に参加する。ときには，学校でできた外国人の友達を連れて来ることもある。

　同じく外国人が多く集まる場でも，フォーマルな学校という場と，インフォーマルなアートプロジェクトという場では，違いがあるようだ。外国人が多い学校に通うマリーに，学校での友人関係は，アートプロジェクトで展開される友人関係と変わりはないかと尋ねると，「こっち（＝アートプロジェクト）のほうが feel at home」という返事が返ってきた。そして，理由を以下のように語る。

筆者：なんでかな？
マリー：みんな，オープンなんですよね。恥ずかしいとかもないし。なんかふざけててもいいし。楽しいことやってるだけだから。でも，学校だと，気を遣う。人の目みんな見る。気にする。空気読む。あと，違う国から日本に来て，多分（同じ）気持ちがある。
筆者：だから，なんでも言えるんだ？
マリー：うん。　　　　　　　【マリー16歳／インタビュー／2011.6.14】

　この楽しいことだけをしている場は，学校よりも気を遣わなくてよい空間で

あり，よりオープンな空間である。高校では言いたいことを言えると述べていたマリーだが，あくまでそれは中学校と比べてのことであり，周りの空気を読まねばならないという感覚は高校でも継続している。それに比べ，中学のときから同じ外国人ということで，友人関係を築いてきた学習教室の友達は，何でも言える関係であり，その友人たちと参加するアートプロジェクトは，「at home」な感覚を持てる場であった。日本人との間には依然として壁を感じるというという彼女にとって，同世代の日本人がいないことも，この「at home」な感覚作りに影響を及ぼしたことだろう。

　また，学習教室との関わりを継続的に持ち続けるかれらは，高校受験時と同じように，大学受験や就職にあたっても，松本さんやその他のボランティアを頼る。たとえば，マリーは学習教室のボランティアの1人である西本さんの紹介で就職を決めたし，レイモンドも，アメリカ留学か日本の大学か進学先を散々迷い，その過程で何度も松本さんや西本さんに相談に来ていた。カレンやロバートは，専門学校の説明会に行く際，松本さんについて来てもらい，必要な書類等を点検してもらっていた。カレンは，「**勉強のことは松本先生に聞けば，大丈夫**」と言い，松本さんが常に勉強や進路のことを気にかけてくれているから，安心だと述べる。

　日本での生活に慣れ，交友関係が広がっていくかれらだが，依然として，就職や進学の相談にのってもらえる日本人は限られている[18]。親の資源が少ない子どもたちは，周囲の大人や支援組織の援助や助言を取り付けることによって，社会上昇を遂げようとするといわれるが（Stanton-Salazar and Spina 2003），本書の対象者たちも数少ない資源として，松本さんらとのつながりを活用していく。松本さんらのサポートの上で，日本に適応をしてきたかれらにとって，学習教室とそこを中心として作られるネットワークは，高校進学後も，日本社会で生きていく上で必要な資源を提供してくれるものであり続けるのだった。

（3）フィリピンを再現する場としての教会

　かれらを取り巻く3つ目の場として，重要なのがエスニック教会である。フィリピン系のエスニック教会が学校適応の際に感じる葛藤や違和感を解消する場となり得ることは，既に言及した通りである。そして，かれらは学校に適応

していった後も，教会へ継続して参加し，毎週の礼拝時でのバンド演奏やバイブルスタディー，イベントの企画と実施などを積極的に行う。さらに，年齢が上がれば上がるほど，年下の見本となるべきという親や年長者たちからの期待も強まり，責任が増すことになる。

　エスニック教会への積極的参加は，移住先でのホーム作りの一環となる。移住後，移民たちは，移住先にホームを感じられる場を作り出していくが，教会のように，同じエスニシティの者たちが集まる場は，ホームを思い出す場となる (Abdelhady 2008)。レバノン移民を対象とした研究では，移民たちがホームにいる感覚を作りだすため，エスニックコミュニティのイベントに参加することが示されている。なかには，信仰心がなくとも，教会へ行き，宗教イベントに参加する人もいる。移民たちは，ホームでしていたのと同じような宗教イベントに参加し，同じバックグラウンドの人と一緒に過ごすことで，ホームを思い出し，ホームにいるような感覚を味わおうとするのである (Abdelhady 2008 : 61)。

　フィリピン系のエスニック教会に集う若者たちも，教会へのコミットメントを高めながら，日本にいながらにしてフィリピンを感じられる居場所作りをしていた。ジェニファーは，教会にいるときの感覚を以下のように述べる。

教会にいると，フィリピン人の世界って感じ。外に出ても，教会の友達といると，もう日本って感じない。不思議。

【ジェニファー 19 歳 / インタビュー /2010.8.25】

　また，クレアも教会でフィリピン人と話しているときには，アットホームな感覚を味わうことができると述べる。

筆者：やっぱり違うものですか？　同じフィリピン人のほうがいい？
クレア：うん。やっぱりタガログ語でみんな話してて，どっちかというとアットホーム。
筆者：ふーん。そうなんだー。
クレア：やっぱ文化の違いもあるから。自分らしく，もっと自分らしくなれ

る。　　　　　　　　【クレア 23 歳 / インタビュー /2010.10.31】

　フィリピン人に囲まれ，タガログ語が話される世界。日曜日の決まった時間に，現れ出るその世界は，日本にいながらにしてフィリピンにいるような感覚を持つことのできる場である。一歩外に出れば，周りは日本語だらけ，日本人だらけの空間であるが，教会の友達といれば，そこには，日本ではないフィリピンのような空間ができ上がる。同じバックグラウンドを持つ人と一緒にいることで，フィリピンにいるかのような感覚を味わえるのだ。1.5 世がユースグループでタガログ語を用い，フィリピンを再現する場として教会を作っていく様子は，既に第 3 章で指摘した通りである。日本におけるフィリピンがここに存在するのである。
　だが，ここで重要なのは，フィリピンでかれらがまったく同じように教会活動に参加していたわけではなかったということである。ロバートが来日前にフィリピンで通っていた教会は，T 教会のようなプロテスタントではなく，カトリック教会だったというし，ジェニファーもさほど熱心に教会には通っていなかったという。ユースグループで，バンド演奏をしたり，ピクニックに出かけたりというようなことをしていた者もほとんどいない。第 3 章でも取り上げたように，ユースグループは，クレアとダイアナの姉妹が，フィリピンの教会のユースグループを模して作ったものだが，クレアたちのように教会活動を行っていた者は，稀であったのだ。
　移住先でのホーム作りは，移住先での生活に合わせ，再構築され続ける（Abdelhady 2008）。そのため，必ずしも出身地と同じものがホームとして移住先で呈示されるわけではない。このように考えると，日本におけるエスニック教会のユースグループは，かれらの日本での生活のなかで必要なものが反映されながら，再構築され続けていることが分かる[19]。すなわち，日本の学校や社会からの同化圧力のもとで日々を過ごすために，この教会という場が重要となってくるのだ。そして，その再構築の過程こそが日本でのホーム作りの一環なのである。
　在米フィリピン系移民の研究を行ったエスピリトゥによれば，実際に訪問することはできなくても，移民たちは想像を通してホームに帰る（Espiritu 2003）。

そして，想像を通してホームへ帰るためには，移民先での文化実践が重要になる。家の装飾を出身地と同じようにしたり，同郷者が集まる宗教イベントに参加したりすることで，ホームにいるような感覚を味わい，ホームを再現する場を移動先に作っていく（Abdelhady 2008）。かれらが想像し，創造するホームは，シンボリックなものであり，出身地に実在するものとは異なることもある。だが，これらがかれらにとってはアイデンティティを確認するための資源となるのである（Espiritu 2003）。同じエスニシティの人々が集まる教会のような場は，人々にホームを思い起こさせる契機を提供する（Abdelhady 2008）。同じ背景を持つ人と人間関係を深め，出身地にいるかのような気分を味わうことで，想像を通してホームへ帰ることができるのだ。上記で述べたジェニファーの「**教会はフィリピン人の世界**」という発言からも分かるように，今回対象となった1.5世の若者たちにとって，教会は，フィリピンを再現する場であり，想像を通して，フィリピンに帰ることを可能とする場となっていたのであった。

　以上見てきたように，高校に上がったかれらは，外国人の多い学校で日々を過ごすことが多くなり，中学よりも同化圧力が弱いところで過ごすこととなる。そのため，学校からの逃げ場や学校への適応の場として位置づいていた学習教室や教会の重要性は，相対的に弱められることになる。しかし，来日当初に得た学習教室と教会という資源形成の場は，それによって，適応をしてきたかれらにとっては，もはや必要不可欠となっており，高校へ上がっても，この2つの場を利用しながら，生活をしていく。日本人との間には，未だに壁を感じるというかれらだが，学校や学習教室，教会で自分が居心地のよいと感じる場や人間関係作りをしていくことによって，日本をより身近なホームとして捉えるようになる。

4　フィリピンへの帰郷——ホームの変容

　滞在期間が長くなるにしたがって，徐々に日本の生活に慣れ，居心地のよい場や人間関係を築いていくかれらだが，フィリピンへの帰郷は，日本の生活に慣れ，日本をホームと感じるようになった自分を認識する契機となる。

　クレアとダイアナの双子の姉妹は，高校進学を機に，2人だけでフィリピン

に戻っている。日本語を徐々に獲得していき，学校適応もうまくいっていた彼女たちだが，高校進学は第2の壁として，彼女たちの前に立ちはだかった。彼女たちは，「日本の高校には，日本語に自信がないから絶対行けない」と思い，家族で話し合い，フィリピンのハイスクール[20]へ進学することを決める。両親は日本での仕事があったため，日本に留まり，彼女たちだけフィリピンに戻った。フィリピンに5年ぶりに戻った2人は，英語を少し忘れている自分に気付き，さらには，フィリピンの文化に逆に戸惑ったという。

> フィリピンに帰ったら，逆カルチャーショック。こんなことするんだ？ 生活全部がなんか新しいって感じ。こんなことするんだっけ？ 外国に行ったみたいな（感じ）。　　　　　【ダイアナ23歳/インタビュー/2010.8.29】

3年間の滞在によって，日本の生活に慣れた彼女たちにとって，フィリピンでの生活は，新しいことの連続であり，出身地であるはずのフィリピンは，外国のように感じられた。そして，フィリピンでの生活に慣れていない彼女たちは，預けられた親戚の家で「日本から来た者」として特別な扱いを受けることになる。

> 向こう（＝フィリピン）に住み慣れてない。10代をこっち（＝日本）で始めたわけじゃないですか。12, 13, 14（歳）こっちだから，こっちのほうがなんとなく慣れていて，向こうは，15, 16, 17（歳）向こうにいたとしてもやっぱり，扱いが違うじゃないですか。日本から来てるっていうのがあるから。向こうの人の生活とはちょっと違うんですよね。慣れないから，危険なところもあるから，ちゃんとこの人と一緒にいなさいよ，みたいな。向こうの子だと普通に外行けるんだけど，こっちはちゃんとこの人と出かけないといけないから。
> 　　　　　【クレア23歳/インタビュー/2010.10.31】

危険な目に遭わないよう，外出時は常に誰かと一緒だったし，友人と出かけるときには，叔父，叔母，従兄弟の3人に許可を取らねばならなかった。彼女

たちは，ハイスクールを卒業後，大学へと進むことになるが，大学生になっても，その状況は変わらず続いたのだという。無論，親戚からしてみれば，両親から預かっている娘たちを危険な目に遭わせるわけにはいかないため，細心の注意を払っていたのだろう。だが，両親が出稼ぎに行き，親戚に面倒を見てもらっている子の多くがこのような扱いを受けていないことを鑑みれば，彼女たちは日本から来たということで，特別な扱いを受けていたことが分かる。彼女たちは，12歳から14歳の間の3年間，フィリピンにいなかったことによって，フィリピンでずっと育ってきた「向こうの子」とは異なる扱いを受けることとなったのだ。

さらに，3年間の不在は，友人関係にも変化をもたらした。2人はフィリピンに戻る際，少しでも知り合いがいるところがよいと，日本にくる以前に通っていた学校[21]へ編入する。そして，そこで小学校で仲良くしていた友達と高校で再会するのだが，彼女たちの間に距離を感じたというのだ。

> 小学校のときの友達に，高校のときに会ったとき，仲良かったけど，離れてたときがあったから，若干気を遣う感じ。
> 【クレア23歳 / インタビュー /2010.10.31】

高校入学当初は，その子たちしか友達がいなかったため，距離を感じながらも仲良くしていたというが，そのうち，他の子と仲良くなるにつれ，徐々に付き合うこともなくなった。結局，その距離感は縮まることがないまま，高校生活は終了したという。移動前と同様の人間関係を築くのは，やはり難しかったようだ。彼女たちが日本での生活を送っていた3年間，フィリピンでも同じように時間は流れ，その間に友人たちも変わっていったのだろう。

移民たちは，国際移動の後，出身地に帰郷する際，自分たちが移動したときとは違う祖国に違和感や驚きを覚える（Salih 2002）。移民のなかでの出身社会は，移動したときのままで止まっていても，実際には時間は確実に流れ，その間に出身社会の姿も，人々も変わっていく。近年の情報技術の発展は，移住先にいながらにして，常に更新される出身地の情報を獲得することを可能とし，情報技術が発達する以前よりは，変化する出身社会の有り様を把握することが

できるようになった（Smith and Guarnizo 1998）。しかし，それでも，日々変化する出身社会の状況についていくのは難しい。レイモンドは，日本に来てからも，年に1回は，夏休みや冬休みを利用してフィリピンへ帰っていたが，その度に，変化するフィリピンの流行に戸惑いを覚えていた。

　　なんか，フィリピン，流行とかすっごい変わるんですよ。……服の流行とか，若者の言葉とか。ついていけないときがある。
　　　　　　　　　　　【レイモンド16歳／インタビュー／2010.8.29】

　フィリピン滞在時には，そのときに流行っているファッションや言葉を覚えるのだが，1年後には，また違うものが流行している。フィリピンを訪問する度に，変わる流行についていけないと彼は言うのだ。Facebookを使って，頻繁にフィリピンの友達と連絡を取っている彼だが，それでも，現地の流行について行くには限界がある。流行の移り変わりの早さであれば，日本でも同じだろうが，生活の基盤が日本にある彼は，たまに訪れるフィリピンの流行の移り変わりの早さをより敏感に感じ取るのだろう。
　このように，出身地への帰郷は，移民に自分が出身地の人々とは異なることを認識させる契機ともなる[22]。ホームであるはずの出身地での生活に違和感を感じることによって，移民はホームがホームでないような感覚を覚えるのだ。上記で見たように，本事例の対象者たちもフィリピンへの帰郷を通し，現地のフィリピン人と自分との違いを意識し，フィリピンの生活に慣れていない自分に気付くことになる。日本での生活に慣れたかれらは日本との比較でフィリピンを認識するようになり，そのなかでホームに対する認識を変化させていくのである。

　　今は，住み慣れてないから，こっち（＝日本）のほうがホームって感じ。……よくみんなは，向こう（＝フィリピン）で育った人たちで，15のときとかに来た子たちは，フィリピンにすごい戻りたい，友達とみんな会いたいって思うんだけど，うちは多分，フィリピン帰って，こっち戻ってきたとき，最初の何週間くらいだけ寂しいんですよ。そのあと，スイッチが切り替わっ

て，もう日本にいる。だから，帰るときは，できれば長くいたいけど，長すぎるのもいやなんですよ。結局。向こうに長く行ってたり，たとえば3ヵ月とかいるようになると，なんか日本に戻りたくなっちゃうんですよ。

【クレア23歳／インタビュー／2010.10.31】

毎年，フィリピン帰ってたりするけど，やっぱりフィリピンに何週間いたりすると，日本に帰りたいって思うんですね。私はそうなんです。あんまり長くいると，帰りたい。日本がいい。日本戻りたいっていうのはある。

【ダイアナ23歳／インタビュー／2010/8/29】

最初は，フィリピンに帰りたくないな。でも，フィリピンにいると，日本に帰るのいやだな。(フィリピン)帰る時は，めんどくさいな。(フィリピン帰るの)今じゃなくていいじゃん。と思うけど，行くと楽しい。おばあちゃんが重い病気だから，いつか帰りたいという気持ちはあるけど，今はいいや。

【ジェニファー19歳／インタビュー／2010.8.25】

　ホームは固定されたものではなく，移民の経験に依存しながら，変化し続けるものである (Al-Ali and Koser 2002, Zulueta 2011)。生まれ育った場所が必ずしもホームとなるわけではなく，移民たちの日常の変化に伴って，どこをホームとするかは変化する。また，ホームは必ずしも1つであるとは限らず，複数の場がホームとなり得るとも言われる (Al-Ali and Koser 2002)。上記の語りから分かるのは，日本の生活に慣れるに従って，日本をホームと感じ始めた1.5世の姿である。かれらは，日本での滞在の長期化によって，生まれ育ったフィリピンだけでなく，住み慣れた日本をもホームと感じ始めるのである。そして，生まれ育った場所であり，ホームであるはずのフィリピンへ帰郷することとなった際に感じる違和感は，日本に慣れた自分を認識する1つの契機となるのだ。
　しかし，日本が完全にホームとなり，フィリピンにホームという意識を感じなくなるかと言えば，そうではない。かれらはフィリピンに「帰る」とも，日本に「帰る」とも言い，「帰る」という言葉を両方の国へ向かう際に用いるが，この「行く」と「帰る」という表現には，帰属意識が現れ出る（渋谷2005：

116)。フランスのモロッコ系移民を対象とした渋谷は，フランス生まれの2世のうち，「帰る」という言葉を使う者は，親の出身地に帰属意識が強く，「行く」という言葉を用いる者は，ホスト社会への帰属意識が強いと指摘する。だが，フィリピンで幼少期を過ごし，学齢期途中で来日した1.5世のかれらの場合は，両方が「帰る」場所となり得る。たとえば，デイジーは「ホームはどっち？」という筆者の問いに「どっちもかな。日本だと，お母さんがいるし，フィリピンだと友達や家族もいるから」と答えている。カレンは「フィリピンにずっと住むのはもう無理」と言いながらも，ホームと感じるのはどちらかといえばフィリピンであると述べている。繰り返しとなるが，どこをホームと感じるかは移民個々人の経験によって異なり，フィリピンと日本，両方の社会に帰属意識を持つ1.5世の場合は，その両方がホームとなりうる可能性が高いことをここで強調しておきたい。

　また，移動を繰り返しているうちにホームがどこか分からなくなる場合もある。ロバートがその例である。ロバートは高校卒業後，日本での進学を望んでいたが，経済的事情からやむを得ず，フィリピンの大学へ進学することになる。筆者は2013年11月にフィリピンに赴き，フィリピンにいる彼にインタビューを行っているが，このインタビュー中に彼が何度も繰り返したのは，どちらにも根を張れないことに対する不安だった。

　彼はホームについて「分かんない。それがよく分かんない」と述べる。来日当初は，日本の学校でいじめを受けていたため，「フィリピンに帰りたい」といつも思っていたという彼だが，大学進学のためフィリピンに帰るとなったときには，「フィリピンに帰りたくない。日本にいたい」としきりに述べていた。ロバートがフィリピンに戻ってから半年後，フィリピンを旅行で訪れた際，ロバートと会ったというクレアとダイアナの話によれば，ロバートは2人に対し，「日本戻れていいな」と言い，涙ぐんだという。また，彼は，Facebookに，「I miss Japan!」と自分の心情を吐露することもあった。日本で良好な人間関係を築くなか，ホームへの意識が変容していったことが分かるが，頻繁な移動はこのホームに対する意識をさらに複雑にさせる。彼は，教会があるからホームはどちらかと言えば日本と言いつつも，どこが自分のホームなのか「よくわからない」と繰り返した。さらに，こうしたどちらにも根を張れないという不安

は,将来に対する不安にもつながっていく。

> ロバート：子どものときは頭いいって言われたけど，いつも（住むところ）変わるから多分，そこで俺がめんどくさくなった。……なんかこっち（＝フィリピン）に戻ったじゃないですか。で，あんま英語とかしゃべれなくて，なんか俺，可哀想だなって。いつもなんか変わるから。日本行って，日本語じゃん。でも，そんなぺらぺらになってなかったから。で，フィリピン戻って，英語もそんなできない。
> 筆者：あー，どれも中途半端みたいな？
> ロバート：はい。それです。中途半端。
> 【中略】
> 筆者：じゃあ，自分に子どもが生まれたら，自分みたいにはしない？
> ロバート：しない。可哀想だから。自分でも可哀想だと思うもん。
> 筆者：でも，お父さんとお母さんを恨んだりはしない？
> ロバート：恨んだりはしない。でも，なんかお父さんとお母さんに勉強の問題で怒られるときは，俺のせいじゃないって。言わないけど，そういうふうに思ってる。めんどくさくなったんですよ。勉強。……いつも比べるんですよ。こっちにいたほうがよかった。こっちのほうがよかったって。たとえば，こっちで悪いことあったら，あっちのほうがよかった。で，あっちにいったら，悪いことあったら，こっちのほうがよかった。迷う。自分どこがいいのか分かんない。【ロバート21歳／インタビュー／2013.11.19】

ロバートは英語で授業が展開されるフィリピンの大学についていけず，入学してまもなく専攻を変えている。上記のインタビューからも分かるように，彼は自らの英語力，日本語力の中途半端さから，将来に不安を感じており，自分に何ができるのかが分からないと不安そうに語った。同じ場所でじっくりと勉強したことがなかったため，自信を持てるスキルがないと彼は述べる。このインタビューの時点では，将来の仕事に関して「大使館（の仕事[23]）かな。お父

さんと同じ」と述べ，将来の見通しが立たないなか，実現可能性が高い仕事として親と同じ職業を挙げている。日比両国を行き来し，両方の国で生きてきた彼だが，そのことが反対に，どこで生きていけばよいのか分からないという不安定さを作り出していたのである。このように，フィリピンへの帰郷は日本でもフィリピンでも根を張れない自分の不安定さを認識する契機ともなりうる。出身地と日本の間を行き来しているがため，どっちつかずになり，将来展望が描けない場合もあるのだ。

　以上本節で見てきたように，かれらは両方の国にホームを持ちつつ，その間を移動しながら，その時々によって，ホームに対する感覚を変化させていく。日本の生活に慣れ，日本での交友関係が広がるにつれ，日本をもう1つのホームと感じるようになるかれらは，フィリピンへの帰郷によって，現地のフィリピン人との違いを感じ取り，自らのホームに対する感覚が変化していることを認識するのである。すなわち，出身地への帰郷は自らのホーム感覚を捉え直す機会となるのである。

5　1.5世のエスニックアイデンティティ——血統，国籍，言語

　以上見てきたように，日本に適応していったかれらは，滞日年数が長くなるにつれ，ホームに対する認識を変容させていき，フィリピンよりも日本をホームだと感じるようになっていった。どこをホームと感じるかは，アイデンティティの問題とも関連する。繰り返し述べているように，ホームは，単なる生まれた場所ではなく，アイデンティティを感じる場であり，所属意識を感じる場でもあるのだ（Zulueta 2011）。しかし，かれらの場合，「ホームは日本」と感じるようになっても，「フィリピン人」であるというアイデンティティは揺るがない。その根拠として，かれらが第1に挙げるのが血統である。

　ダイアナとクレアの2人は2010年に帰化し，日本国籍を取得している。その理由として，フィリピン国籍だと海外に行く際にビザがなかなかおりないという不便さがあることを挙げている。また，日本に十何年も居住していること，今後も日本に住み続けることを考えれば，日本国籍を取ったほうがよいのではないかと考えたという。それには，国籍を変えたほうが将来的に絶対よいとい

う両親の意向もあった[24]）。しかし，国籍は日本となっても，彼女たちのなかでフィリピン人であるという認識は変わらないようだ。「**国籍変えたって，フィリピン人であることはなくなんないじゃないですか**」とクレアは述べ，また，ダイアナも自身のアイデンティティはフィリピン人であるとした上で，以下のように述べる。

> だって，両親フィリピン。血だと純粋なフィリピン人。国籍だけ日本に変えちゃったので。でも，日本のほうが長いし，フィリピン，子どものときだから。ほんと私，マニラ行ったら迷子になっちゃう。……フィリピンで一人で生活はできない。将来的には日本。
> 【ダイアナ23歳／インタビュー／2010.8.29】

2人とも血としては「**純粋なフィリピン人**」であると自己定義する。血統によるつながりがあるということは，ルーツがあるということを示す第一義的な指標である。彼女たちは，血統によるつながりがフィリピンにあることをもって，自らを「フィリピン人」であるとする。彼女たちにとって，国籍はあくまで記号であり，国籍を変えたとしてもフィリピン人であることは変わらないと言うのだ。国籍の変更は，日本に住み続けるための便宜的手段に過ぎなかったのである。

一方で，ジェニファーは，母親から帰化するよう，求められているようだが，それを拒んでいる。日本国籍のほうが便利であることは知っているものの，いずれはフィリピンに帰りたいと思っているため，国籍を変えることには抵抗があると言うのだ。

> なんか血はフィリピンだから，国籍が日本だと，やっぱりなんか（違う）。……最後まで日本で暮らすわけないだろうな，とは思うから，国籍は変えたくない。
> 【ジェニファー19歳／インタビュー／2010.8.25】

彼女の場合，国籍と血統を必ずしも切り離して考えているわけではない。血統としてはフィリピン人である自分が日本国籍を持つのは，何か違うと考えて

いるようだ。国籍の上だけだとしても，「日本人」として扱われることに違和感を抱かざるを得ないのだろう。このように，国籍選択に関しては，それぞれが置かれた状況によって，考えが異なるが，血統としては「フィリピン人」であるという認識は共通している。マリーやロバートたちもその血統を理由に，自分自身のことを「フィリピン人」として呈示する。

　だが，かれらの使用言語に目を向けてみると，「純粋なフィリピン人」とは異なる側面が見えてくる。言語使用とエスニックアイデンティティは，密接に関係していると言われる（Portes and Rumbaut 2001）。以下では，言語使用の観点から，かれらのエスニックアイデンティティの一端を見てみよう。

　日本とフィリピン，その間を往還し，どちらにもホーム意識を持つかれらは，日本語とタガログ語，さらには英語の3つの言語を理解するが[25]，日常的にどの言語を使用するか，またその言語使用に関する意識がどう変わってきたかは人それぞれであった。まず，クレアとダイアナは，3つの言語がミックスされた状態が自分の言葉であると述べる。

（言葉は）ミックスが一番楽。日本語だけは，やっぱり考えちゃう。すごい頭働いている。で，すごい疲れるのもある。でも，ずっとタガログ語も私，もうできない。恥ずかしいんですけど，大学で一番悪い成績がフィリピンの国語。タガログ語だけは無理ですね。ミックスじゃないと。そう。だから，タガログ語だけはもう話せない。最初からミックス。ミックスな状態が自分の言葉。　　　　　　　　【ダイアナ 23 歳 / インタビュー /2010.8.29】

やっぱ日本語でしか表せない言葉もあって，英語でしか表せないのもあって，タガログ語でしか言えないって。そういうのはみんな違うんですよね。だから，「これタガログ語でなんて言うの？」って聞かれて，それぴったりな言葉ないんだよね。雰囲気は，ニュアンス的には，こうだけど，それじゃないんだよね。日本語でしか，日本語で会話してるときに，そういうのがでてくることもある。だから，一番いいのがミックス。全部言えるから。……逆に，タガログ語だけでしゃべってって言われたら，結構難しい。英語だけっていうのも結構難しいのもあって。日本語もたまに変になっちゃうしっていうの

もある。だから，ダイアナみたいに全部分かる人と話すのが一番楽。

【クレア23歳／インタビュー／2010.10.31】

　家庭内言語がタガログ語であるのに加え，フィリピンでハイスクールから大学の3年間を過ごした彼女たちは，全て混ざった状態が自分の言葉であると言う。長期間のフィリピン滞在を経てもなお，学齢期途中で来日した彼女たちは，フィリピンで育ったフィリピン人のようにタガログ語を話すことはできないようだ。では，来日後，長期間にわたるフィリピン滞在経験がないマリーたちの場合は，どうなのであろうか。以下で見てみよう。

　ミックス。最近，親ともフィリピン語[26)]で平気になってるから，フィリピン語でちょっと日本語が出てくる。……英語はしゃべれない。なんかそのまま自然にでないんですよ。考えなきゃいけないし。文法も悪い。

【マリー16歳／インタビュー／2011.6.14】

　タガログ語が一番楽。でも，たまに単語がでてこなくなった。ずっと日本語だから。

【レイモンド16歳／インタビュー／2010.8.29】

　もう今はフィリピン語が楽ですね。小，中のときは，やっぱり日本語ずーとしゃべってるから逆にフィリピン語が忘れたんですよ。それで高1も高2になってから，T教会行き始めて，そっから今まで，ずっとフィリピン語使ってたから，今はフィリピン語。

【ジェニファー19歳／インタビュー／2010.8.25】

　マリーとレイモンドは，家庭内言語が日本語である。マリーの場合，基本的に家庭内で使われるのは日本語だが，最近は母親ともタガログ語で話すようになってきたため，日本語で言いたいことは日本語で，タガログ語で言いたいことはタガログ語で話すのだという。一方，レイモンドは，タガログ語が最も楽だとは言うが，使う機会が限られているため，徐々に単語を忘れかけているようである。学校でも家庭でも日本語を使い，日本に慣れていくなかで，母語が

徐々に忘れられていくのである。

　また，日本語が優位になっていくなか，忘れられるのは，タガログ語だけではない。フィリピンにいるときには，第二言語として幼い頃から使っていた英語を日本に来て少しずつ忘れていくと言うのだ。前節でロバートは，英語が教授言語のフィリピンの大学の授業についていけない不安を語っていたが，自身の英語力について「**日本に来たときは，英語得意だったけど，日本語に集中したから英語できなくなった**」と述べている。かれらは，日本語を習得する過程で，フィリピンで身につけた言語を少しずつ失っていくのである。

　だが，ジェニファーのように，教会との出会いによって，タガログ語の喪失を食い止めることも可能である。彼女は，家庭でも学校でも日本語中心の日々を送っていたが，教会との出会いによって，タガログ語が再び得意になっていったのだという。また，ロバートも家庭と教会でタガログ語を使用しているため，タガログ語が第一言語である状況は変わらないと述べる。すなわち，かれらは日本社会のなかにフィリピンを再現する教会のような場を確保することによって，フィリピン人であることの根拠の1つであるタガログ語の言語力を維持し続けていたのである。

　血統を理由に，フィリピン人であるというアイデンティティは，揺らぎのないかれらであるが，言語使用は，来日後の生活のなかで，変化していくことが分かる。日本へ適応していく過程において，最も重要なものの1つが日本語力である。日本語が話せなければ，日本で生活していくのは難しい。そのため，かれらは，日本語の習得に熱心に取り組むが，その過程において，フィリピンで身につけたタガログ語や英語が相対的に薄まっていく。日本がホームとなっていくのと同様に，言語も日本語が徐々に優位となっていくのである。

　キブリアは，母国との強固で真正なつながりによる表象を「正統的なエスニシティ」と定義するが，キブリアによれば，言語は，「〜人であること」を示す最も分かりやすい印である（Kibria 2000）。母国とのつながりを表象する言語は，正統なエスニシティを担保する上で必要不可欠なものであり，タガログ語の喪失は，「正統なフィリピン人」でないことを意味する。フィリピン生まれの1.5世であるかれらの場合，タガログ語を完全に喪失することはないだろう。しかし，日本に慣れていくなかで，タガログ語を徐々に忘れかけていくか

れらは，その正統的エスニシティを徐々に薄めつつあるともいえる。額賀はキブリアの概念を用いて，在米日本人の子どもたちが滞在の長期化に伴って，「正統的な日本人」でないという意識を持つようになることを指摘している（額賀 2013：110-111）。本章で取り上げている 1.5 世たちも日本での滞在の長期化に伴って，「正統なフィリピン人」という意識を弱めていることから，額賀の事例と同様の現象が見て取れる。

　だが，それは同化の過程を必ずしも意味するものではない。かれらは血統においても，言語使用においても，「正統な日本人」となるわけではない。日本語を話す時間が長くなり，日本語で思考することが増えたとしても，日本語を第一言語とする者のように話せるわけではない。対象者のなかで，日本語力が比較的高いクレアやダイアナであっても，日本語だけで会話をするのは難しいと述べている。言語使用においては，「正統なフィリピン人」としての正統性も薄れ，「正統な日本人」にもなれないかれらだが，その血統においては，真正性を持った「純粋なフィリピン人」であり，「正統なフィリピン人」である。そのため，かれらは，タガログ語を少しずつ失い，日本を「ホーム」と考えるようになっても，自らを「フィリピン人」として，呈示する。「正統なフィリピン人」でも「正統な日本人」でもないかれらは，どちらでもない位置に立ちながらも，その真正性が確保されている血統を用いて，自らを「フィリピン人」として規定する，もしくは規定せざるを得ないのである。

6　小括

　今回対象となった 1.5 世の若者たちは，皆，家族や親族が出稼ぎに出ており，来日以前からトランスナショナルな空間に埋め込まれていた。母親や両親が出稼ぎに出ていた場合と，親戚が出稼ぎに出ている場合とでは，その埋め込まれ方に違いはあるものの，移動が当たり前という心性を持っていたことでは共通している。来日にあたっては，来日を楽しみにしていた者，反発していた者，突然連れてこられた者と様々であるが，家族揃っての移住ではなく，先に日本に移住していた親に呼び寄せられた子どもは，一様に来日に戸惑いや反発を覚えていた。しかし，戸惑いや反発はあっても，親に従順であるべきという家族

中心主義の影響を受けたかれらは，移動を受け入れざるを得ないのだった。

　来日当初は，適応に様々な困難を抱えるかれらだが，フィリピンで身につけた英語力や従順さと，来日後にそのルートのなかで出会った学習教室やエスニック教会で得られる資源を活用しつつ，日本へ適応していく。さらに，滞在が長期化するにつれ，学校，学習教室，エスニック教会で居心地のよい場を築いていくかれらは，いつしか日本をホームと感じるようになる。ここからは，学習教室やエスニック教会など，移民コミュニティ内にある組織が子どもたちの適応に影響を及ぼすことが分かる。ブレトンが指摘するように，移民コミュニティのなかにある組織が1.5世たちの適応を促し（Breton 1964），かれらのホームに対する意識を変容させたのである。

　滞日期間が長くなり，日本の生活に慣れていっても，かれらは，依然として，「日本人には気を遣う」「日本人と話すときには考える」と述べ，日本人との間に境界線を引く。いくら日本に慣れたとしても，自分たちは「正統な日本人」とは異なるという意識があるのだろう。「正統な日本人」ではないという意識は，フィリピン人である自分という認識をより強化するが，それらはホスト社会からの排除や教会のようなフィリピンを再現する場での実践によって，さらに高められる。だが，フィリピンへの一時帰国は，フィリピンの生活に慣れていないこと，流行についていけないことをかれらに気付かせ，自分たちが「正統なフィリピン人」でなくなっていっていることをも認識させる。日本とフィリピン，両方の国での経験によって，かれらは「正統な日本人」でも，「正統なフィリピン人」でもない自分に徐々に気付くようになるのである。

　長坂は，フィリピンの村落社会で養育されたイタリア移住者の子どもたちは，村落社会で育てられている間，非移住者の子どもたちと同様，言語のみならず，様々な年齢の親族や近隣の者への接し方，精霊世界との関わり方などを身につけると述べる（長坂 2009：270）。そして，出身地の文化を身につけた1.5世たちは，イタリアにいる親のもとへ移住したとしても，移住社会で育った2世たちとは異なる文化的連続性やアイデンティティを持つ可能性を示唆している。

　家族中心主義の影響に見られるように，フィリピンで幼少期の一定期間を過ごした今回の対象者たちは，フィリピン人としての行動様式や価値規範を身につけており，かれらのなかでのフィリピンは，ルーツのある場として，存在し

続ける。だが，使用言語の混淆さやホームとしての日本への愛着から見ても分かるように，そのルートのなかで出会った日本社会とそこでの適応は，かれらを徐々に「正統なフィリピン人」から遠ざける。だが，無論，「正統な日本人」となることもない。日比両国にまたがって作られるトランスナショナルな空間のなかで物理的にも，感情的にも移動し続けるかれらは，2つのホームの間で，そのアイデンティティを変化させていくのである。

かれらのホーム意識は，日本での居心地のよい場の形成や帰郷の際の出身地への違和感など様々な要因の影響を受け，時間や経験と共に変化するものであることをここでは強調しておきたい。トランスナショナルな空間に埋め込まれているかれらにとって，常に複数の場がホームとなりうるが，どこに強くホーム意識を感じるかは経験，すなわち，どのようなルートを通ってきたかに依存するのである。

このような1.5世のアイデンティティは，日本生まれの日比国際児たちと比較することにより，より鮮明に浮かび上がるだろう。次章では，日本で生まれ育った日比国際児の子どもたちに焦点を当てて，そのアイデンティティの有り様について見ていく。

注
1）2011年11月19日フィリピン現地調査におけるロバート祖母へのインタビュー。
2）長坂が対象としたフィリピンのイロコス地方の村落社会においては，結婚した移住者に送金を求めることは，「恥ずかしい」こととされているようだ（長坂 2009：272）。だが，今回の対象者の出身地であるカビテやカタンドゥアネス地域では，結婚した移住者に送金をしてもらうことを「恥ずかしい」と捉えている家族はいなかった。フィリピンの地域社会の特徴や家族の状況によって，結婚した移住者に送金をしてもらうことの意味が異なることが推察される。
3）たとえば，ロバートの母は4人きょうだいであるが，全員が海外に出稼ぎに出ており，送金を行っていたため，ロバートの祖父母はそれで生活を成り立たせていた。
4）だが，一方で養親への送金は，出身社会の親族との間に緊張関係を生じさせる可能性もある。長坂は，子どものための出費が多く，送金額が足りないときでも，金遣いが荒いと思われたくないために，足りないと言えない養親の葛藤を指摘しながら，子どもの養育を巡る国境を超えた協力関係が近親者間に緊張関係をもた

らす，もしくはもたらす契機となることを指摘している（長坂 2009：270-274）。なお，本研究の事例では，このような緊張関係は見られなかった。
5）行き先は，サウジアラビア，カナダ，イギリスなどであるという。
6）一方で，子どもたちのために出稼ぎに出ているのだからと，勉強を頑張るように強く言われる子どもたちもいる（Parreñas 2005：134）。第1章で登場したグレースは，フィリピンに息子を置いて出稼ぎに出たが，その息子は学校生活に関して，下記の様に述べる。「*小学校の時は多くの子どもの親が海外に出稼ぎにいっていた。そういう子どもは先生のお気に入りになる。先生たちはそういう子どもは親のケアが足りていないと思うから，よりケアをするようになる。私は両親が海外で働いていたから，より勉強をがんばらなくちゃいけなかった*」（2011年11月16日フィリピン現地調査インタビュー）。
7）フィリピン系ではないが，同じように母親が幼い頃に日本へ出稼ぎに出ていたタイ系のナナは，小学生のときから日本へ行くと言われていたという。しかし，「**嫌だ嫌だ**」とずっと言い続け，来日には抵抗をしていた。その理由は，旅行で訪れた際の日本人の対応がひどく冷たかったからだという。道でぶつかっても何も言わない人や，すれ違っても挨拶をしない人など，タイでは考えられない日本人の冷たさを肌で感じ取ったナナは，日本での生活に不安を感じ，「**行きたくない**」という思いを持っていた（2011年6月14日インタビュー）。日本での短期滞在の経験が彼女に日本行きをためらわせたのである。移動先とのつながりが強ければ強い程，移動局面における心理的障壁は低くなるというわけではなく，つながりの強さゆえにもたらされる情報や経験は，移動をためらわせる要因ともなることがこの事例からは示される。
8）2012年3月25日インタビュー。
9）徳永は，事前情報がなく連れてこられた子どものなかには，将来の見通しが立たなくなる子もいると指摘する（徳永 2008）。自分の意思とは関係なく，ホームと分断され，移動することになったかれらは，自分の人生を主体的に見通すということができなくなるのである。自分の人生が急に変わっていくことへの不安，それは，マリーの「**人生がこんなに変わると思わなかった**」という一言にも端的に示されている。
10）さらに，日本語で言われていることは理解できるようになっても，自ら日本語を話し出すのには，時間がかかる場合もある。たとえば，カレンは来日後半年で日本語が分かるようにはなったが，自ら話すようになるまでには1年かかったという。
11）もちろん，彼女は常に従順だったわけではなく，日本語が分からないふりをして，宿題を免れるというしたたかさも兼ね備えていた。
12）フィリピン系ではないが，前述したタイ系のナナも日本人継父に日本語や勉強を教わったと述べる。彼女も継父と良好な関係を築き，「**お母さんよりもお父さ**

んのほうが仲いい」というまでになっている。継父からは，日本語や勉強のことだけに留まらず，大学の進路情報や仕事のことなど，幅広い情報を得ているという。

13) さらに，両親は，彼女の交友関係にも厳しく目を光らせる。男女交際など許されるわけもなく，学習教室の合宿に参加する際にも，男性は何人いるのかチェックするほどである。アメリカの若者を対象とした移民研究では，白人女性のような性的逸脱行動をとらないよう，若い娘たちを監視する移民の親の様子が描かれている（Espiritu and Tran 2002, Espiritu 2003）。若い娘たちが異性と出歩くようなことはインモラルなことであり，家族の評判に関わるため，親たちは娘の行動を管理しようとするのだ。

14) 偏差値はジェニファーとマリー，ロバートのK高校が45で，レイモンドのL高校が50である。公立であることや英語の配点が高いこと，外国人が多いことから，第4章で取り上げた学習教室の子どもたちは，この2校に進むことが多い。K高校は，2012年度から，L高校は2010年度から外国人特別枠を設けているが，今回の対象者の受験時には特別枠は設けられていなかった。

15) アメリカやイギリスなどの移民が多く集中する学校では，エスニックグループごとに交友関係が作られ，その間に序列関係が作られることもある（Hall 2002）。

16) しかし，中学によっては，外国人が多く通っているところもあり，そういった中学に通っていた子は，中学時代から学校を居心地のよい場として感じることが多い。たとえば，デイジーは外国人の子が多く通う中学校に通っているが，彼女の友達は日本人，フィリピン人，韓国人，ベトナム人と多岐にわたっている。互いに言葉や文化を教え合ったりしており，非常に居心地のよい関係が築けているという。

17) 定期テストの前には，中学生に混じって勉強をしていく者もいる。基本的には，自習だが，手が空いているボランティアがいる場合には，ボランティアが教えることもある。

18) 学校の先生にも詳しい相談はできないという。「外国人だから，その大学の，たとえば，一般受験とかは別になっちゃうんですよ。外国人の申し込むところは。それで先生たちが分からない。……高校のときよりは大学の方がどうしたらいいか分らない」とマリーは述べる。

19) フィリピンで教会に熱心に通っていた者のなかには，日本のエスニック教会のあり方は，本来の教会の目的とは異なると主張する者もいる。フィリピンにいたときには，祖母に連れられて毎週欠かさず礼拝に参加していたという遼平は，教会はあくまで神に祈りを捧げる場であって，友人に会いに行く場ではないと言う。「なんか日本だとさ，教会って言ったらさ，みんな集まって話してんじゃん。あれ教会じゃないよ。俺も最初は日本の教会行こうかなって思って，D地域の教会行ったんだけど，お母さんが『みんなで集まって，教会いくから』って。それ教

会じゃねーよ，って。みんな集まって，食べ物とか食べて，教会じゃねーよ。みたいな感じだった」と彼は述べる。このように，出身地と同様の機能を教会に求める者もいることを付記しておく。
20) フィリピンの当時の教育制度は，日本の学校と異なり，初等教育 (Elementary) が 6 年，中等教育 (High School) が 4 年，高等教育 (College) が 4 年であった。ゆえに，日本の中学校 3 年間を終えて，フィリピンのハイスクールに入ることになった彼女たちは，ハイスクールを 1 年しか経験していないことになる。だが，近年の教育制度改革により，この教育制度も変わりつつある。2012 年度から，中等教育を 2 年間上積みし，5 歳児 (Kindergarten, 日本でいう幼稚園年長組) から公立教育を開始する K+12 制へ移行が始まり，小学校 6 年間，中学校 4 年間，高校 2 年間の公立教育が始まることとなっている。
21) この学校は，キリスト教系の学校で，初等教育と中等教育の一貫校であった。
22) 一方で，フィリピンへの帰郷は，日本からの送金義務を果たしている場合に可能となることも付言しておきたい。移住した親たちは，子どもを呼び寄せた後も，親戚に送金をすることが求められるが，送金を怠った場合には，出身地への帰郷が難しくなる。家族が多く，日本での生活も苦しいマリーの家族は，フィリピンへの送金がなかなかできていないがため，フィリピンへの帰郷が難しく，マリーは，日本に来てからの 4 年間，一度もフィリピンに戻ったことはないという。海外移住者たちは，移住先での生活が苦しくとも，出身社会では，富を持った成功者として，振る舞うことが求められる。帰郷の際には，土産をたくさん持ち，親族や近隣者に配ることによって，自らの出身社会での存在感を顕示する (Salih 2002, 渋谷 2005, 長坂 2009)。なかには，借金をしてまでも，出身社会への土産を買う者や親族にお金を渡す者もいる。だが，このような帰郷は，移住先からの送金の延長上に行われるものである。出身社会の親族が経済的に困窮しているにもかかわらず，送金が行えていない移住者家族は，薄情な者として扱われ，帰郷し難くなるのである。
23) ロバートの父は在日外国大使館 (フィリピン大使館ではない) で運転手をしている。
24) T 教会のなかでは，日本国籍を取得することは名誉なこととして捉えられている。教会メンバーのほとんどは，誰が帰化者であるかを把握している。また，日常会話のなかでも，「あの人は日本国籍を持ってる」という話がよく聞かれる。クレア，ダイアナ姉妹の他に，第 2 章で登場したジェシカとその夫，まちこが帰化している。また，エイミーも 2012 年 9 月に帰化申請手続きを開始しており，その際，「私は教会で 6 番目！」と嬉しそうに語っていた。
25) その他に，フィリピンの各地域で使われている言語を話すことのできる者もいた。
26) ここでいうフィリピン語とは，タガログ語のことを示す。以下，同じ。

第6章 「日本人」でもなく「フィリピン人」でもなく
―― 日比国際児たちのエスニックアイデンティティ

　本章では，日本で生まれ育った日比国際児のエスニックアイデンティティについて検討する。繰り返し述べているように，日本生まれ，もしくは幼少期に来日した子どもたちの第一言語は日本語であり，皆，アクセントのない日本語を自由に話す。学習思考言語が十分でない子もいるが，日常会話に問題がある子はほとんどいない。日比国際結婚で生まれた場合には，日本国籍を持つ子が多く，外見も「日本人っぽい」子が多い。さらに，日本の消費文化に浸って暮らしているかれらの共通話題は，もっぱら日本のテレビや漫画，ゲームの話である。「昨日のドラマが面白かった」，「新しいゲームをなかなか攻略できない」，「AKBの新曲がいい」という話が学校や学習教室，教会で繰り広げられる。第一言語である日本語を使いながら，日本のポップカルチャーについて楽しそうに話すかれらは，一見すると日本人と同じように見える。しかし一方で，母親が持ち込むフィリピン文化に触れ合って生活をしているかれらは，日常的，非日常的にフィリピン文化を経験しながら，自分のルーツの一端がフィリピンにあることを感じ取っている。こうした生活を送るかれらは，自らのルーツをどのように見つめ，どのようなエスニックアイデンティティを築いていっているのだろうか。

　以下では，日比国際児たちが家庭，学校，学習教室で置かれている状況をそれぞれ確認した後（第1節），かれらが日常的，非日常的にフィリピン文化に触れ合っている様子を概観する（第2節）。そして，かれらの境界設定のあり方を見ていきながら，ハイブリッドなエスニックアイデンティティのあり様を描いていく（第3節）。

　本章で登場するのは，母親がフィリピン人，父親が日本人の子どもたちである。透と健人以外は，第3章で取り上げたエスニック教会に通っている／いた子どもたちであり，母親もエスニック教会に通っているため，互いに知り合い

である。特に，凛，志穂，陽菜，美波の母親同士は非常に仲がよいため[1]，幼い頃から一緒に遊ぶことが多かった。彼女たちは，第4章で扱った学習教室にも一緒に通っている。

1 日本社会で育つ子どもたち

冒頭でも述べたように，日本で生まれ育った子どもたちは，程度の差こそあれ，日本人化している。それは，何も日比国際児に限らない。ガーナ人の父親とフィリピン人の母親を持つジャスティンとケビンきょうだいも，母親であるメアリーから言わせると，日本人化しているという。

ここで生まれるとね，あまりに日本人っぽくなる。私の子どもたちみたいに。かれらは，流暢なニホンゴを話して，日本の食べ物を食べるの。
【メアリー / インタビュー /2010.4.14】

家庭で日本語を使うことが禁止され[2]，「日本人っぽい」外見もしていないかれらでさえも，「あまりに日本人 (too much like Japanese)」であるというから，家で日本語を話し，「日本人っぽい」外見をしている日比国際児の場合は，より日本人化していることだろう。以下では，まず，このような子どもたちが学校や家庭，学習教室で置かれている状況を確認していく。

(1) 2つの文化が交錯する家族

両親とも外国人の子どもは，家の内と外でスイッチを切り替えながら生活をしているといわれる（清水 2006）。親の母語が飛び交い，親の母国料理が食卓を飾る家の中と，家の外に広がる日本語で支配された日本社会，玄関を隔てて存在するこの2つの文化を行き来しながら，かれらは生活を送る。だが，国際結婚の場合には，家庭の中に2つの異なる文化が存在することになり，子どもたちは家庭内で2つの文化を経験することになる。無論，家族内で唯一の外国人となる母親たちが自分の文化を主張できない場合もあるが（山本・渋谷・敷田・キム 2013：132），完全に母親の文化を排除することは難しく，多くの国際

結婚家庭の中には，2つの文化が併存しているといってよい。ここでは，2つの文化が交錯する日比国際結婚家族の中で展開される葛藤や対立に目を向けながら，子どもたちが家庭内で置かれている状況を確認していこう。

国際結婚によって生まれた子どものアイデンティティは，親の子育てにおける役割と，親の文化背景によって影響を受けるといわれる（佐竹・ダアノイ 2006：135）。先行研究で描かれているのは，日本で育つ子どもたちが日本人化していくことに対し，思い悩む外国人母（山本・渋谷・敷田・キム 2013：137-138）や，子どもが差別されないよう，日本人としてのアイデンティティだけを持つほうが子どもにとって生きやすいと判断するフィリピン人の母親（佐竹・ダアノイ 2006：137）の姿である。

では，本書の対象者の場合は，どうであろうか。第2章でも指摘したように，今回研究対象となった母親たちの多くは，子どものエスニックアイデンティティは「日本人でよい」と述べる。その理由として挙げられるのは，日本で生まれ育つ子どもたちは日本に帰属意識があること，日本のほうがフィリピンよりも経済的に豊かで安全であるということである。凛と志穂の母親であるエイミーは，「*日本人のほうがよい。彼女たちはフィリピン大好きだけどね。でも，私は彼女たちには日本にいて欲しい*」と述べ，同様に，詩音の母親であるまちこも「*日本人ですね，彼女は*」と述べた上で，特にフィリピン人としてのアイデンティティを持って欲しいとも思わないと述べる。自分たち自身は，いずれはフィリピンに帰りたいと言うものの，子どもには日本社会で生きて欲しいと考えているため，日本人としてのアイデンティティを持って生きて欲しいのだという[3]。

だが，一方でそれが必ずしもフィリピン文化の継承の断絶を意味しないことも第2章で指摘した通りである。母親たちが子どもに願うのは，日本人として日本に生きながらも，フィリピンのルーツを忘れないことなのである。そのため，次節以降見ていくように，意図的にも，無意図的にも，母親たちは子どもにフィリピン文化を継承させようとしている。しかし，フィリピン人母1人が外国人となる日比国際結婚家族において，このような実践には，日本人家族との考えの違いによる葛藤や対立がついて回る。特に，フィリピン人女性と義父母との考え方の違いによる対立は，日比国際結婚家族が抱える問題の1つであ

る。先行研究では，日本の伝統的「イエ」制度になじめず，家族観の違いから義父母との間に摩擦が生じ，離婚に至ってしまうケースも報告されている（宮島・長谷川 2000, 佐竹・ダアノイ 2006）。

　本事例の母親たちの場合，義父母との間に多少の不満は感じつつも，うまく機嫌を取りながら，生活をしているようだった4)。義父母との間に何の問題もなく，とても良好であるという者はいなかったものの，離婚を考えるほどのストレスになっていると答える者もいなかった。しかし，それでも文化の違いが問題となることもやはりあるようだ5)。その対立を引き起こす最も大きな要因となるのが宗教である。第1章でも取り上げたように，仏教徒である祖父母とキリスト教徒の母親たちの間には，度々意見のすれ違いが生じる6)。

　詩音の母であるまちこと義父との宗教の違いを巡るケンカは，まちこが炊飯器を投げるまでに発展し，詩音がそのときのことは「忘れられない」と述べるほどのものであった。キリスト教徒としての意識が高い対象者たちの母親は，宗教だけは譲れないと考えているようであり，仏教徒の義父母と度々対立するのである。家の中に2つの異なる宗教が存在しているというのは，日比国際結婚家族の特徴の1つだろう7)。結果，日比国際児の子どもたちは2つの宗教に囲まれて育つこととなるが，幼い頃から教会に通っている子どもの場合，どちらかといえば，キリスト教徒としての意識を強く持つ8)。そのため，祖父母の考えに反発を覚えることもあるようだ。

　美波は，自分がキリスト教徒であることを明言し，同時に，仏教徒である祖母に対する不満を語る。「うちのおばあちゃんも仏教。毎日うるさいの。あと，おじいちゃんのお墓に行ったときとか」と述べており9)，キリスト教を自分の宗教と感じている彼女は，仏教徒である祖母が宗教に関してあれやこれやと口を出すことを疎ましく感じているようである。彼女の母親であるニコールは，幼い頃から教会へ連れて行ったり，聖書を読み聞かせたりして，彼女をキリスト教徒として育てたという。特に，教会への継続的参加は，美波にキリスト教徒としての自覚を高めさせ，第3章で扱ったユースグループへの参加後は，キリスト教に対して言及する姿が多く観察された。母親の文化実践が功を奏し，フィリピン文化の1つに位置づけられるキリスト教を子どもが継承している様子が見て取れる。

また，義母との対立が起こるのは，宗教に関することだけではない。フィリピンでは，生後まもない女児にピアスを開けるという伝統的慣習があるが（佐竹・ダアノイ 2006：140），これに対して，義母から文句を言われたとケリーは述べる。

> ケリー：ピアス開いてるの，だめなの？「高校入るときに，厳しい高校もあるから，だめって言われるかもしれないよ」って，三者面談のとき言われた。「えー？ そんなことあるんですか？」って。フィリピン，小さい頃からやるから。なんか，私，ちょっと悲しいな。こういうせいで高校落ちて。なんて言うの。勉強できればいいんじゃないの？って。
> 筆者：だって，それはフィリピンの文化だからね。
> ケリー：おばあちゃんも結構言うの。だから，いつもケンカするの。高校は関係ないでしょ。（学校に）つけてなければいいでしょ。
> 筆者：陽菜ちゃん，気にしてました？
> ケリー：気にしてない。好きだから。　【ケリー/インタビュー/2012.2.11】

　日本ではファッションと見なされるピアスだが，フィリピンでは，ピアスによって宝石を耳につけるのは，地位を象徴する伝統的慣習である（佐竹・ダアノイ 2006：140）。それを理解していない担任に高校進学に不利になると言われ，困惑するケリーであるが，それに拍車をかけるのが義母から常々言われてきた小言である。義母の価値観では，子どもにピアスを開けるというのは信じられないようで，日頃からピアスに関しては文句を言われてきたのだという。陽菜自身はピアスのことは少しも心配しておらず，むしろ気に入っているようだが，日比国際結婚家族においては，このような文化的違いが葛藤や対立を生みやすい。陽菜も美波も，母親と良好な関係を結んでいたため，義母よりも母親の考えに同調することが多いようだが，母親との関係がよくない場合は，子どもと義母が結託し，フィリピン人の母親を孤立させるということもあり得るだろう。

　では，日本人の父親たちは，子どものアイデンティティについて，教育についてどう考えているのだろうか。他の男性中心社会同様，フィリピンでも子育

ては女性の仕事とされている（Parreñas 2005, 佐竹・ダアノイ 2006）。そのため，日比国際結婚家族においても，子どもの教育に関して主導権を握るのは主にフィリピン人の母親である[10]。書類のサインなどは父親がする場合もあるが，その他は母親が担う。学校行事へも母親だけが参加しているという。教育のことに口を出す父親たちはあまりおらず，夫と子どもの教育のことで対立したというフィリピン人女性は今回の対象者の中にはほとんどいなかった。祖母が口をはさむ宗教やフィリピンの慣習についても，父親たちは特に干渉せず，容認しているようだ。だが，父親にも父親なりの希望はあるようで，凛と志穂の父親は，凛の勉強を見ていた筆者に対して以下のようなことを要望した。

 三村氏：やっぱり英語を見てやってほしい。せっかくハーフに生まれたんだ
   からさ。
 凛：志穂に言ってよー。
 三村氏：フィリピン人の子どもなんだから。フィリピンは英語圏なんだよ。
         【エイミー宅 / フィールドノーツ /2010.12.1】

 子どもたちをハーフ[11]であるとした上で，英語圏であるフィリピンとのハーフである証として，英語を教えて欲しいと三村氏は述べる[12]。フィリピン人とのハーフであることのメリットとして，ここで結びつけられるのが英語である。グローバル化が進展するなか，ハーフの人たちは英語などの外国語が話せて，グローバルであるという肯定的なイメージが広まっている（岩渕 2014：12）。三村氏は，ここで「フィリピン＝英語圏」というイメージを強調することで，グローバルで格好のよいハーフイメージに自らの子どもたちを近づけようとしているのだろう。無論，これは，英語に象徴される西洋社会に迎合した考え方であり，「フィリピン＝英語圏」というのは，必ずしもフィリピンの実態に則したものではない。だが，フィリピン人の子どもに貼られがちなスティグマを回避し，よりポジティブな意味合いをフィリピンとのハーフであることに付与しようとする三村氏は，ここで「フィリピン＝英語圏」というイメージを強調するのである。
 母親たちが英語教育に重きを置き，自らが英語話者であることを利用しなが

ら，子どもに英語を教えようとすることは，既に第2章や第3章で指摘した通りだが，父親のなかでも英語を重視する教育意識は共有されていた。また，英語の継承に関しては，祖母からも何も文句は出ず，むしろ積極的に教えるように言ってくるという。これは，英語話者に対する羨望が強い日本社会の価値観を反映したものともいえるだろう。すなわち，キリスト教の信仰やピアスの装着など，日本社会の価値観と必ずしも合致しないものを子どもへ継承することに対しては，祖母は反対し，父親は干渉しないというスタンスを取り，日本社会でも高く評価されている英語の継承は推奨されるのである。

(2) 顕在化しない異質性――「ハーフってばれた」

次に，国際結婚家族で育った日比国際児の子どもが学校でどのような状況に置かれているのかを確認していこう。

凛，志穂，美波は同じ小学校だったが，中学校は別であり，陽菜は小学校も中学校も他の3人とは別である。彼女たちが通う小，中学校はいずれも外国人児童生徒はさほど多くない。特に，陽菜の学校はその大半が日本人であり，美波や凛の学校と比べ，相対的に学力が高い学校である。以下は，かれらが中学1年のときのフィールドノーツである。

凛，陽菜，美波，ジン（中国系・男子・13歳）の4人が英語の勉強をしている。
凛：せんせーい！
筆者：何ー？
凛：ハーフってばれてから，英語の時間当てられるようになったー（ちょっと顔をしかめて言う）。
陽菜：え？そうなの？
美波：うち，ばれてなーい。
陽菜：うちもー。
筆者：どうして分かったの？
凛：え，なんか，英語の音読のとき，「発音いいね」って言われたから，「ハーフなんで」って言ったの。「どこのハーフ？」って聞かれたから，「フィリピン」って。

陽菜:「ハーフなんで」って言うんだー。
美波:ねー。
凛:だって,「練習しました」とか言えないじゃん。なんて言うの？
陽菜:うち,そういうのないからなー。音読はみんなでするし。

【学習教室 / フィールドノーツ /2011.6.8】

　以上のやりとりから,彼女たちが学校では,ハーフであることを特段表明せずに過ごしていることが分かる。凛の場合,仲のよい友達や小学校の教師たちには,ハーフであることを知られていたものの,中学校ではハーフであることはまだ「ばれて」いなかった。英語の授業中,音読で発音がよいことを指摘されなければ,凛がハーフであることは,クラスメイトや教師に知られることはなかったかもしれない。少なくとも,しばらくの間は,「ばれず」に済んだことだろう。しかし,発音の練習をしたと嘘をつくよりも,本当のことを言ったほうがよいと判断した凛は,ハーフであることを表明する。母親からも父親からも英語を頑張るように言われ,それに応えて母親の英語の発音を真似ていた凛は,陽菜や美波よりもきれいな発音で英語を話す[13]。ここでは,この英語の発音の良さが凛の異質性を示す1つの印となったのである。

　ここで留意しておくべきなのは,凛がハーフであることを表明した文脈である。英語の発音がうまいことを指摘された彼女は,その理由としてハーフであることを挙げる。すなわち,「英語の発音がうまい」というポジティブなことへの理由付けとして,ハーフであることが取り上げられているのである。もし,ここで「フィリピン＝貧しい」というイメージがその文脈を支配していれば,凛はハーフであることを表明しなかったかもしれない。事実,先行研究ではフィリピンに「貧しい」というイメージが付与されていると判断した子どもがその背景を隠すという事例も報告されている（高畑 2000 : 29）。母親たちが経済的成功のため,子どもに身につけさせようとした英語力が「ハーフ」としてのアイデンティティを肯定するためのツールとして使われたのである。

　しかし,日本社会で流布している「ハーフ＝英語ができる」というイメージは,必ずしも凛には当てはまらない。凛の英語力は,他の子よりは多少発音がよいというレベルに留まり,流暢に話せるというレベルのものではないからだ。

ゆえに，彼女は学年が上がるにつれ，英語使用に関して複雑な思いを述べるようになる。

　こないだ（友達に）「ハーフだから英語できるでしょ？」って（言われた）。（英語の）歌詞がでたときに「この歌詞，何？」って言われて。「自分で考えて」って言って流す。ほんとまじ（英語）分かんないと，ハーフだからって思われるのがいやで。聞かれるのいやだ。「どういう意味？」って聞かれるのがいや。分かんないって言いたくないし。ハーフだからって言われるのほんといやだ。

【凛15歳／インタビュー／2014.3.9】

　ハーフというと，白人系で英語が話せるというイメージが持たれがちな日本社会において，そのイメージにそぐわない子どもたちは葛藤を抱えやすい。中学1年の段階では，ほかの子よりは英語の発音がよいことによって，ハーフとしてのイメージを保持できていた凛であるが，徐々にそうしたイメージが重荷となり，英語ができない自分にコンプレックスを感じるようになる。たとえそれが「英語ができる」といったような肯定的なイメージであっても，イメージとの間に不一致を感じる者たちにとっては，そのイメージは暴力的に働くのである（岩渕 2014：14）。

　一方，陽菜と美波は，英語の時間にハーフであることを表明した凛の行動に対し，驚きを見せる。自分たちであれば，上記の様な文脈でも，ハーフであるとは言わないと暗に言っているのだ。彼女たちは，聞かれない限りは自らハーフであることは明かさないのだという。

筆者：知られてるの？　ハーフだってことは。
陽菜：一部。だって，「うちハーフなんだー」って自慢してる感じでいやだなと思ったから，普通に。
美波：聞かれて答える。
陽菜：そうそう。そんな感じ。自分からは言わない。
美波：でも，みんな「えー」って感じにはならない。「あ，やっぱそうなん

だ」。

陽菜：え，うち，めっちゃ「えー？」って言われる。「え？ うそ？ 知らなかった？ え，うそ？ どこどこどこ？」って言われる。「フィリピン」って言うと「え，（フィリピンって）どこ？」みたいな（笑）。

【凛,陽菜,美波15歳/インタビュー/2014.3.9】

　友人たちとの普段の会話のなかで，それぞれのルーツに関することが話題に上ることはほとんどないため，ハーフであることを自ら明かすことはしないという。ハーフであることを明かした後の友人の反応は異なる2人だが，聞かれたら答えるというスタンスは共通している。

　同様に，詩音も小，中学校の頃は，自分がハーフであることを学校では明かしていなかった。「だってみんな気付かないから。……だいたいみんな日本人だと思ってたから。私のことを」と彼女は言う。日本名で，外見も日本人と変わらないかれらに，わざわざハーフであるかどうかを聞いてくる人は学校にはいない。聞いてくる人がいなければ，言う必要もない。特別隠しているわけでもないが，積極的に言う必要もない。異質性が顕在化され難い日比国際児たちは，きっかけがなければハーフであることを示すことなく，日本人と同じように学校生活を送る。

　既述したように，日本社会においてハーフといえば，白人系のイメージが強いため，フィリピン系に限らず，アジア系ハーフは不可視化されやすい。河合によれば，日本において「『ハーフ』とはまず『白人系』を意味し，『黒人系』がそれに続き，『アジア系』は『ハーフ』から排除される傾向にある」（河合 2014：43）という。実際には，アジア系との国際結婚が大多数を占めるにもかかわらず，ハーフといって連想されるのは白人系ハーフなのである[14]。白人系ハーフには人々の関心が集まり，羨望のまなざしが向けられる一方，アジア系ハーフが注目されることはほとんどなく，注目されてもネガティブなイメージが付与されやすい[15]。陽菜がフィリピンとのハーフであることを明かした後に友人が放った「え，（フィリピンって）どこ？」という一言は，まさにフィリピンへの無知や無関心の現れである。無論，かれらはこのような友人たちからの反応を気にしないわけではない。

凛：なんかインターネットで「フィリピン人はどういう人？」みたいなの調べてたの。そしたら，マイナスのイメージしかなかった。……好奇心で調べちゃった。日本人どう思ってるんだろうって。……気になる。すごい。周りから「フィリピン人」っていうやつ（＝イメージ）が入ってて，どう思うのかなとか。授業中に，フィリピンでマイナスなこととかが出てきたら，なんか（自分と）関わってくんないのかなって。

筆者：なんか「そういう目で見てるのかな？」とか思っちゃうの？

凛：そうそう。

美波：フィリピンって家族多いじゃん。だから，なんかさ，貧乏って思われちゃうんじゃないかなって。

凛：そうそうそうそう！

陽菜：あー！

美波：それがいやなの。きょうだいもいるから，なんか「お前んちってさ」みたいな。

凛：テレビとかであんじゃん。台風とか。

志穂：ゴミ！

凛：そう。そういう悪い，環境問題とかで出てきて。

陽菜：そうそうそう。

凛：みんなこれ見てたらどう思うんだろうって，ほんと気にする。

陽菜：みんなさ，フィリピンイコールそれしか出てこなくない？

凛：うん。バナナとかだもん。出てきても。バナナ，マンゴーくらい。

志穂：そう！それ！

陽菜：でもさ，フィリピン人ってさ，確かに貧乏は貧乏だけど，みんなすごい楽しそうじゃない？　生きてて。すごい楽しそうに生きてるよね。だから，それがすごいうちは好き。

【凛，陽菜，美波15歳・志穂14歳／インタビュー／2014.3.9】

上記の場面で，6人きょうだいの美波は，「フィリピン＝大家族で貧しい」というイメージが自らにも付与されることを危惧する。同様に，他の3人も「貧困」「環境汚染」といったネガティブなイメージがフィリピンに付与されて

第6章 「日本人」でもなく「フィリピン人」でもなく | 229

いることに対して懸念を示す。陽菜の最後の一言に代表されるように，かれらは自らの実体験から一般に表象されるフィリピンイメージに対抗しようとしているが，日本社会に生きている以上，日本社会の持つフィリピンイメージから完全に自由なわけではない。本人がその国に愛着を持っているかどうかに関わらず，周囲の人々によってルーツのある国のイメージは本人に結びつけられるのである（曺 2012）。友人や周囲の人々のフィリピンに対する無知や偏見を日常生活のなかで感じとっている彼女たちは，フィリピンのネガティブなイメージが自らと結びつけられ，それによって友人やクラスメイトから排除されることを恐れるのである。

　こうしたフィリピンに対する無知や無関心，もしくはネガティブなイメージは日本人が多い学校だけでなく，外国人の子が多い学校でも共有されている。全校生徒の約 7 割が外国にルーツを持つという学校に通っていた透も同じフィリピン系の子とフィリピンの話をしないのか，という筆者の問いに下記のように答えている。

　筆者：フィリピンの子同士で，フィリピンの話とかしないの？
　透：しないよ。
　筆者：他の子とかに教えてあげたりしないの？　フィリピンのこととか？
　透：しないよ。（みんな）興味ないから。するのは，映画とか，勉強テストの結果とか。ゲームの話とか，LINE とか。

【透 13 歳／インタビュー／2014.6.21】

　透の発言からも分かるように，日本で生まれ育つかれらの中心的関心は，日本で流行っている映画やゲームであり，たとえ同じフィリピン系であってもフィリピンの話が話題に上ることはない。また，フィリピン系以外の友達がフィリピンの文化に関心を持つこともほとんどないため，学校でフィリピンの話をすることはほとんどないという。

　平等性や同質性が重視される日本の学校では，個々人の文化的差異は考慮されにくく，ニューカマーの子どもなど多様な背景を持つ子どもであっても日本人と同じように扱われる。こうした「差異を認めない形式的平等」（太田 2005：

64）は，ニューカマーの子どもに日本人のように振る舞うことを求め，子どもたちの日本人化を促していく。異質性が認められない学校において，自らの背景を進んで明かそうとする子どもはなかなかいない。学齢期に来日した1.5世であっても日本語を習得し，学校に適応するようになると，その異質性が見えにくくなるといわれるが（恒吉 1996），始めから日本語を第一言語とし，日本人のような行動様式をとる日本生まれの子どもたちはより見えにくい存在となる。とりわけ，国際結婚によって生まれ，名前や外見から異質性が明らかではない子は学校で日本人と同じように扱われることが多く，「日本人であること」が期待される傾向にある（山本・渋谷・敷田・キム 2013：116）。日本人のように振る舞うよう求める強力な磁場が日本の学校にはあり，そこで生きる日比国際児の子どもたちはきっかけがなければその異質性を示すことなく，学校生活を送るのである。これは日本語力などからその異質性が明らかであり，異質性を顕在化させることによって，学校に適応していくという戦術をとる1.5世とは異なる点である。

（3）ルーツとルートのズレ——「志穂は，どこから来たんだ？」

既に第4章でも触れた通り，学校というその大部分が日本人によって占められている場では，ハーフであることを問われることはなくとも，学習教室のようなニューカマーの子どもたちが集まっている場においては，ルーツは何か，問われることがある。学校は皆が同じルーツを持っていることが前提とされているが，学習教室では，皆が違うルーツを持っていることが前提とされているからである。

以下では，学習教室で毎年年末に開かれるクリスマスパーティーの様子を見てみよう。この年は，パーティーの前にワークショップが開催され，ゲストとして，フィリピンとスコットランドのハーフである女性と，ガーナと日本のハーフである男性が来ていた。以下のやりとりは，ワークショップ前のウォーミングアップの様子である。

ウォーミングアップのため，1人1人名前と出身地，年齢を言う。
最初に大人たちが自己紹介をする。

筆者の横には，志穂と陽菜がいる。
陽菜：「先生，出身ってどこって言えばいいの？」
筆者：「A（地域）？」
1.5世の子の自己紹介が始まる。出身地は，国名を言う子がほとんどである。
志穂が筆者の隣で「志穂は，どこから来たんだ？」と小さい声で言う。
陽菜：「うち，バギオ（＝フィリピンの地名。母親の出身地）って言おうかな？」
筆者：「いいんじゃない？」
日本生まれの子の番になる。
健人：「健人です。13歳です。本当は，中2なんだけど，日本語勉強するために，1つ落として，今，中1です。出身は，日本です。」
カルロス：「大野です。W中の1年です。日本生まれです。」
ゲストの男性（父がガーナ人，母が日本人）に「ハーフ？」と聞かれる。
カルロス：「ベネズエラとのハーフです。」小さい声で恥ずかしそうに言う。
陽菜：（しばらく他の子の自己紹介を聞いて）「フィリピンとのハーフって言えばいいんだ。」
志穂：「あ，そっか。」
2人共，自分の番になると，「フィリピンと日本のハーフです」と言う。

【学習教室クリスマス会 / フィールドノーツ /2011.12.7】

　1.5世たちが自分の出身地を次々と述べていくなか，日比国際児たちは何と言ったらよいか分からず，戸惑う。出身地が生まれた場所という意味を指すならば，志穂や陽菜の出身地は，日本のA地域である。しかし，ここでは「外国につながっている」子たちが集まっているという前提のもと，その「つながっている国」の名前を言うことが出身地を言うことであるという暗黙のルールが敷かれている。ここでいう出身地の候補の中に，日本は入っていないのである。だから，陽菜は日本ではなく，「バギオ」を選ぼうとしたのだ。だが，しばらくして，彼女たちは，自分と同じような状況の子がハーフと言っているのを見て，ここで求められている回答は，「フィリピンと日本のハーフ」なのだということに気が付く。つまり，ここでは，生まれた場所ではなく，そのルー

ツを尋ねられていたのだ。

　もうひとつ，健人とカルロスに対するゲストの男性の対応の仕方についても言及しておく必要があるだろう。健人も父親が日本人で母親がフィリピン人の日比国際児である。彼は日本で生まれてすぐ，母親の出身地であるフィリピンに行き，5歳のときに日本に戻ってきている。第一言語は日本語だが，何回か日本とフィリピンの間を移動しているため，日本語の語彙が十分でなく，学年を1つ落としている。健人は，出身地を生まれた場所として捉え，「出身は，日本」と述べている。これは前述した暗黙のルールからは逸脱した回答である。だが，「日本語を勉強するため」という一言によって，「日本で生まれたけれど，何らかの事情で日本語が十分でなく，ここの教室に通っている子」として周囲に受け入れられた。ここで健人は，自分のルーツについて言及することを免れていたのである。だが，カルロスは，ルーツについて話すことを免れられない。日本生まれであるという一言だけでは不十分であるとされ，「ハーフ？」という質問を受ける。カルロスも健人と同様，アクセントのない日本語を話していたのにもかかわらず，である。これには，2人の外見の違いが影響していると推察できる。外見が日本人っぽく，ハーフであるかどうか不確かな健人には，「ハーフ？」という問いかけはなされないが，明らかに外見が日本人っぽくないカルロスには，ハーフもしくは「〜人」であろうという前提のもと，「ハーフ？」という問いかけが投げかけられるのである。その差異が不可視化されるアジア系ハーフの健人と，その差異に注目が集まる南米系ハーフのカルロスに対する対応の違いが如実に現れているといえるだろう。

　第4章でも既に述べたが，上記のような問いかけは学習教室の中で頻繁に繰り広げられる。特に，新しくボランティアが参加した際には，子どもたちに「**君たちはどこの国の子？**」というような問いかけを発することがよくある[16]。それに対して，日本生まれの子どもたちは，一瞬戸惑いを見せ，「**ハーフ**」と述べたり，「**日本生まれです！**」と強調したりしながら，ボランティアのまなざしに抵抗しようとする。日本での生活しか知らないかれらにとって，日本以外の国を暗に示し「どこの国から来た子なのか。どこの国に所属している子なのか」と問われることは困惑することに他ならないのだ。特に，その外見による異質性が顕著でなく，日常的に日本人と同じように振る舞っているフィリピ

ン系の子どもの場合には，その戸惑いはより大きなものとなろう。

　アメリカの移民研究でも，アジア系移民2世の若者たちが「どこ出身ですか？（Where are you from?）」という質問に戸惑うことが指摘されている（Kibria 2000, Tuan 2002）。ボストンなど，アメリカの地域を答えようものなら，「はい。でも，本当はどこ出身ですか？（Yes, but, where are you *really* from?）」と問われる。その前提には，アジア人は全て「外国人」であり，「アメリカ人ではない」という意識があるという。同様に，ボランティアやかれらに出会った大人たちが発する「どこの国の子？　どこ出身の子？」という問いかけにも，かれらが日本人とは異なる他者であるという認識が前提として垣間見られる。このような認識に対し，日本生まれの子どもたちは，日本で生まれたことや日本人の血を持っていることを示しながら，自分たちが異質な他者ではないことを示そうとするのである。

　1.5世の場合は，生まれた場所とルーツが一致する。よって，出身地はどこかという問いに戸惑うことはない。だが，日本生まれである子どもたちの場合は，生まれた場所を示す出身地という言葉と，そのルーツをストレートに結びつけることが難しい。そのため，どう答えていいか分からず，逡巡するのである。かれらのルーツは，自分のルートを辿るだけでは行き着かず，親のルートまで辿らなければならないのだ。特に，日比国際児の場合は，親のルートを辿った先には，フィリピンと日本の2つのルーツが存在する。どちらもかれらのルーツである。だが，ニューカマーが集まる学習教室のような場で意識されるのは，日本ではないほうのルーツである。「志穂はどこから来たんだ？」というつぶやきは，ルートをどこまで辿ればよいか分からない，もしくは，どちらのルートを辿ればよいか分からない日比国際児の複雑な心境を表したものともいえるだろう。このように，日本生まれ日本育ちの子どもたちには，辿ってきたルートとルーツの間に微妙なズレがある。この点も，1.5世とは異なる日比国際児の1つの特徴であるといえよう。

2　日比国際児たちのエスニックな経験

　前節では，日本とフィリピン，両方の文化が交錯する家庭に育ちながらも，

学校ではその異質性を顕在化せず，日本人と同じように過ごす子どもたちの様子や，ニューカマーが集まる学習教室でそのルーツを聞かれ，戸惑う様子を確認した。かれらは日本社会で生きている以上，日本社会の価値観の影響をより強く受けることになり，日本人化していく。

　本事例の場合，母親たちは子どもたちが日本人化していくことを必ずしも否定的には捉えていない。だが，フィリピンの言語や文化を少しでも継承したいという思いも持っている母親たちは，教会ネットワーク，子育てネットワークを用いながら，日常的にも非日常的にもフィリピンの言語や文化を継承しようと様々な実践を行う。さらに，その教育実践は，フィリピンの家族，親族とのつながりを維持するなかで，トランスナショナルな形でも展開される。

　そして，このような母親たちの教育実践は，程度の差こそあれ，子どもたちに影響を及ぼすことになる。エスピリトゥは，ホスト社会生まれの子どもたちは食べ物や文化的工芸品，家族の祭事，タガログ語で交わされる会話から，フィリピンの文化を経験し，その「エスニックな経験（ethnic experience）」によって，フィリピン人であることを感じると述べる（Espiritu 2002：33）。

　本節では，親の教育実践を受けて，子どもたちが日常的，非日常的にどのようなエスニック経験をし，フィリピン文化と触れ合っているのかを描き出していく。

（1）日常生活の中に存在するフィリピン

　日比国際結婚家族において，1人だけ外国人となる母親たちは，日本の生活に合わせようと日々奮闘するが，自身がフィリピンで身につけた言語や文化慣習，規範を拭い捨てることはない。結果，日比国際児の生活のなかには，親が持ち込む出身地の文化が当たり前に存在することとなる。分かりやすい例でいえば，家で食べるフィリピン料理は，特別な料理，外出先で食べる料理ではなく，日常的に食卓にあがるものとして認識される[17]。無論，かれらの生活の主な部分は，日本的なもの——日本の料理，日本のテレビなど——で占められているが，母親が日常生活の中で使うタガログ語や日常的に行われるフィリピンへの言及は，自分のルーツの一端がフィリピンにあることを感じさせる。

　日比国際結婚家族の場合，その家庭内言語は日本語となる。母親たちは，結

婚後，日本語を習得していき，それを用いながら子どもの教育を行う。子育てをきっかけに家族以外の日本人と関わるようになった者も多く，子どもが保育園に入るようになって，飛躍的に日本語が上達したという者もいる。しかし，思っていること全てを日本語で言うことは難しく，感情が高ぶるような場面では，タガログ語が出ることもしばしばあるようだ。子どもたちが共通して言うのは，「うちのママ怒るとタガログ語が出る」ということである。遥に至っては，「(タガログ語は) 怖いことしか知らない」と述べ，怒られるときに使われる単語しかタガログ語の単語は知らないと述べるほどである。

また，子どもたちに英語やタガログ語を覚えさせようと，母親が意図的に英語やタガログ語を用いる場合もある。「シャワー浴びなさい」や「静かにしなさい」など，簡単な言葉は，タガログ語や英語を用いているという親は少なくない。陽菜の母であるケリーは，「私は，(陽菜が) 小さいときからずっと英語でしゃべってるの。あのタガログ語も」と述べ，陽菜が英語もタガログ語も理解できるよう努めてきたと述べる。日本語を使う機会が圧倒的に多い子どもたちの第一言語は，日本語となることは繰り返し述べてきた通りである。だが，生活の所々で使われるタガログ語や英語の単語や簡単なフレーズは，少しずつではあるが子どもたちの中に蓄積されていく。そして，後述するように，こうした単語は，自分たちのルーツがフィリピンにあることを認識させる道具となり，自分たちをフィリピンにルーツのある者として呈示する際のシンボルともなるのである。

言語のほかに，母親たちが日常生活に持ち込むものとして，道徳的規範がある。出身地で身につけた規範は移動後も維持され，移民の行動を規定するが (Armbruster 2002, Wolf 2002)，母親たちはこの規範を持って子育てを行い，子どもにこの規範を身につけるよう求める。今回の対象者に関して言えば，フィリピンで重視される道徳規範は，キリスト教と結びつけられながら，子どもへ受け継がれる。

> 寝る前にお祈りは小さい頃から。何かお母さんに，「うちが言ったことを後で言ってね」って（言われて），どんどん（お祈りの言葉）覚えて。小さい頃はそんな感じだよね。　　　　【美菜子14歳／インタビュー／2012.3.18】

教会に子どもを参加させることによって，規範を遵守させる親の教育実践は，既に第3章で指摘した通りである。その他にも，母親たちはお祈りや聖書の読み聞かせなどを行い，キリスト教徒としての規範を子どもたちに伝達する。キリスト教徒がその多くを占めるフィリピンの子どもたちが日常的に行うように，お祈りの習慣，聖書を読む習慣を自分の子どもたちにも身につけさせようとするのである。

　FacebookやSkypeなどを用いて，頻繁にフィリピンと連絡を取っている母親たちは，日常的にフィリピンの家族について言及するが，これも子どもたちに自分のルーツがフィリピンにあることを感じさせるものとなる。通信技術の発展は，出身地と移住先との間を結びつけ，トランスナショナルな社会空間の形成を促す（Smith and Guarnizo 1998, Orellana et. al. 2001）。フィリピンで起こった出来事は，すぐ近くで起こっていることのように，食卓での会話に上り，タガログ語が話せず，フィリピンの家族と直接コミュニケーションを取るのが難しい子どもたちも，母親を通訳者として，Skype越しにフィリピンの家族とやりとりを行う。第二世代の子どもたちは，第一世代よりもトランスナショナルな実践に参加しにくいと言われるが，日常生活のなかで親の母国の影響を受ける状況にあれば，トランスナショナルな実践を行う可能性を持つことも示されている（Levitt and Jaworsky 2007, Levitt 2009）。

　さらに，近年の研究では，SNSが移民の子どもたちの帰属意識やエスニックアイデンティティに影響を及ぼすことが報告されている（藤田 2012, 徳永 2014）。SNSは，国境を越えたトランスナショナルな社会空間の構築を促し，遠く離れた親族を身近に感じさせるものとなる。実際に訪れることはなくとも，インターネットを介して，想像力を高める移民の子ども・若者は，想像上のホームを形成していくという（徳永 2014）。こうした電子メディアは，特にトランスナショナルな生活を送る人々の日常において無視できないものとなっているといえよう。本事例の対象者たちも年齢が上がり，自分でもFacebookを使用するようになると，直接フィリピンの家族とやりとりをするようにもなってくる。詩音は英語でいとこたちとやりとりをしているというし，Facebookをよく使っている陽菜は，フィリピンの親族に分かるように，その日あったことや自分が興味のあることを英語で投稿することが多い。

ここで，SNSを介したフィリピン親族とのやりとりとして，興味深い例を1つ挙げよう。2014年8月にブームとなった「アイス・バケツ・チャレンジ」という運動がある。これは，ALS（筋萎縮性側索硬化症）という難病の支援のため，バケツに入った氷水を頭からかぶるか，寄付をするという運動である。氷水をかぶった者は，次にこのチャレンジに挑戦する者を2～3名指名する。この運動は，国境を越えてグローバルに展開されたが，本事例の子どもたちにもその波は及んだ。まず，Facebook上でフィリピンの親族が凛を指名した。それを受け，「アイス・バケツ・チャレンジ」に挑んだ凛は，陽菜を指名し，陽菜は自分のフィリピンの親族を指名したのである。そして，彼女たちがFacebookに投稿した氷水をかぶる動画には，日本の友人や日本のフィリピンコミュニティの人々からだけでなく，フィリピンの親族からも「いいね！」がつけられた。彼女たちが指名し，指名される相手は，日比両国にまたがっており，これは，彼女たちの持つネットワークが一国内にとどまらないことを示している。インターネットを介して，フィリピンの親族たちと深くつながっていることが非常によく分かる事例である。

　このような日常的経験の積み重ねによって，子どもたちは感情的にトランスナショナルな空間に埋め込まれ，遠く離れたフィリピンの家族を身近に感じるようになる。数年に1回しか会えなくとも，日々の会話に登場するフィリピンの家族は，子どもたちにとって，家族である。かれらは，フィリピンにいる祖母のことを，タガログ語でおばあちゃんを意味する「ロラ（lola）」と呼び，いとこたちをお姉さんを意味する「アテ（ate）」やお兄さんを意味する「クヤ（kuya）」と呼ぶ。さらに，こうしたタガログ語を使った呼称は，フィリピンにいる家族に対してだけでなく，日本にいる親しいフィリピン人同士や家族の中でも用いられる。教会のユースグループでは，年長者を呼ぶときに「アテ」や「クヤ」を付けるのは当たり前であるし，母親の友人に対しては，「おばさん」を意味する「ティタ（tita）」を用いる。

　さらに，家族の範囲が広いと言われるフィリピンでは，血縁関係で結ばれた家族のみならず，儀礼親族制度で結ばれた者も家族の一部とされるが（定松 2002：54-55），子どもたちは，この儀礼親族とも家族同様に連絡を取り合う。この儀礼親族制度は，「コンパドラスゴ（compadrazgo）」と呼ばれ，カトリッ

ク文化圏で行われるものであるが，儀礼親となった者は，儀礼上の子のために贈り物を与えたり，必要時に援助を与えたりすることが期待される（清水 1990：93）。日本生まれの子どもの場合でも，この儀礼親を付けることがあるが，子どもたちはこの儀礼親についても，フィリピンにいる自分にとって大事な人として認識しているようだ。

 凛：凛のニーナのうちはね，うちの隣で一。
 筆者：ニーナっておばあちゃん？
 凛：おばあちゃん？　でも，志穂（のニーナ）と違うよ。
 エイミー：God mother。クリスチャンは生まれたときに，God motherが付くからね。
 筆者：ああ！　そのニーナがおうちの近くなの？
 凛：凛のニーナは，ちょっと歩くけど，志穂のニーナはうちの目の前！（と笑顔で言う）。　　　　【エイミー宅/フィールドノーツ/2011.9.29】

 ここで言うニーナは，「儀礼の母」を意味する「ニナン（ninang）」が訛ったものであろう。ニーナが何を意味するのか知らなかった凛であるが，特別な存在として嬉しそうにニーナを筆者に紹介してくれた。ここからは日本人との間に生まれた子どもであっても，フィリピンの習慣に則って，儀礼の母を付けるというエイミーの教育実践と，それを喜んで受け入れている凛の姿が見て取れる。フィリピンの家族とは一緒に暮らしたこともなく，言葉の問題から深いコミュニケーションは取れなくとも，こうした母親の日常実践は，子どもたちに家族がフィリピンにいることをその都度，再確認させるものとなる。フィリピンにいる親族たちとの間に構築されるトランスナショナルな社会関係は，自分のルーツの一端がフィリピンにあることを思い起こさせるものとなるのだ。
 ウォルフは，子どもたちが実際にフィリピンと深くつながっていなくても，親から常にフィリピンの生活について言及されることによって，フィリピンをホームと感じる子どもがいることを示した（Wolf 2002）。日常生活の中で，フィリピンについて繰り返し言及されることで，実際に住んだことはなくても，フィリピンをホームとして感じるようになるとウォルフは述べる。本書で対象

となった日比国際児たちの場合，後述するように，十全たるホームとしてフィリピンを捉えているわけではない。だが，上記で見たような母親が持ち込むフィリピンの文化や価値規範，フィリピンの親族との間に結ばれたトランスナショナルな社会関係は，かれらの日常生活を構成するものである。フィリピンは，生まれたときから生活の一部を構成するものとして常にあり，その中で子どもたちはフィリピンを自らのルーツの一端がある場として認識するようになるのだ。

（2）エスニックなイベント——シンボリックな文化の継承

次に，日比国際児たちがフィリピンのルーツを感じる非日常的経験として，エスニックなイベントについて取り上げよう。

在米フィリピン系移民を対象としたエスピリトゥはフィリピン人が集まって行われる様々なイベントは，ホスト社会生まれの子どもたちをフィリピン中心的世界に引き込むと述べる（Espiritu 2003：181）。子どもたちは，たとえ，タガログ語を話すことができなくとも，他のフィリピン人と出会い，フィリピン料理を食べ，フィリピンの音楽を聴き，タガログ語の会話を聞くことで，フィリピンを感じることができるというのだ（Espiritu 2003：181-82）。マジョリティに囲まれながら日常生活を送っているホスト社会生まれの子どもたちの中には，フィリピン人であることは，イベントであると述べる者もいる（Espiritu 2003：188）。非日常的なイベントで，親族や親の友人たちに会うことは，自分のルーツがフィリピンにあることを想起させるのである。

本書の対象者の親たちもこのようなイベントを頻繁に行う。筆者も何度か参加したことがあるが，結婚記念日や誕生日の際には，仲のよいフィリピン人同士が誰かの家に集まり，フィリピン料理を持ち寄り，パーティーを行う。親たちは，タガログ語で，子どもたちは日本語でおしゃべりをし，共に時間を過ごす。ときには，音楽に合わせ，踊ったりすることもある。日本人の父親が参加することもあるが，大体は，母親と子どもたちだけが参加する。聡美は，自宅で開催される誕生日パーティーについて以下のように述べる。

誕生日とかにフィリピン人だけしか来ない。なんか，（ママが）じゃあ誘う

ねって（言って），1人2人かと思ったら，めっちゃ（多い）。30人ぐらいとかね。　　　　　　　　　　【聡美13歳／インタビュー／2012.3.18】

　誕生日や何かの記念日にはフィリピン人が大勢，家に集まるのが小さい頃から当たり前だったようだ。家に集まるフィリピン人は，親が教会や近所で出会い，友達となった人たちやその家族である。異国で生活する親にとってフィリピン人同士のネットワークがいかに重要かは，第1章や第2章で指摘した通りであり，そのネットワークを作る場として，教会が重要な役割を果たしていることも既に指摘した通りである。週に1度か2度の教会活動への参加は，いわば断続的日常であるが，この断続的日常によって作られたネットワークのもと，折りに触れて，様々な非日常的イベントが行われるのである。誕生日だけでなく，洗礼や新築祝いもフィリピン人が一堂に会するイベントである。子どもたちは，教会への参加だけでなく，こうした非日常的イベントに参加することによっても，自分のルーツがフィリピンにあることを感じていくのである。

　ここでは，フィリピンで行われる18歳のお祝いパーティーについて取り上げてみよう。フィリピンでは，女性が18歳になるとき，成人祝いとして「デビュー（Debut）」と呼ばれる大々的なパーティーを催す[18]。ホテルなどの大きな会場を貸し切り，ドレスを何着か用意し，親戚や友人など，100～200人ほどが集まる。日本にいる1.5世たちが，親戚のデビューに参加するために，フィリピンに戻るということもしばしばある。当日は，車で送り迎えをされ，招待状やスライドなども用意される。さながら，結婚式のようである。フィリピン人の女性にとって，このパーティーは，一大イベントであるという。そして，このパーティーを日本にいるフィリピン系の2世や日比国際児の子たちも経験することがある。かれらの場合は，日本の家族や友人も招いて，フィリピンで行う場合もあれば，日本でフィリピン式に行う場合もある。無論，どちらの国で行うにせよ，費用がある程度かかるため，経済的に厳しい場合は，開催できない。

　フィリピンで生まれ育った1.5世の間では，このデビューは成人のためのイベントとして広く認識されていたが，日本生まれの日比国際児の場合は，「デビュー」というイベント自体を知らない子がほとんどであった。凛や聡美たち

はそういうものがあるということを知らなかったし，透も「何それ？」と言い，聞いたこともないと述べている。

詩音は，インタビュー時17歳であったが，その翌年行うというパーティーの準備を本格的に始めていた。母親と共に，フィリピンへ行き，プランナーの人にイメージを伝え，衣装をオーダーメイドした。テーマは，「ハリウッド」なのだという。費用が安いため，フィリピンでこのパーティーを行う予定で，教会の友人たちも日本からたくさん招くという。ここまで本格的にやる人は少ないようで，「こんな本格的にやるのはやっぱ数人かな」と彼女は述べる。彼女自身は，これまでこのパーティーに出席したことはなかったが，母親から聞いて，すぐやりたいと思ったのだという。

筆者：それやるっていうのは，最近聞かされたの？
詩音：結構前からお母さんがそういう儀式があるんだよって言ってて，「うちもやりたい」って言ったら，「やれば？」みたいな感じで。
【詩音17歳／インタビュー／2010.12.26】

このパーティーは，母親が詩音にフィリピン文化を継承しようとして企画したものではなく，彼女自身の希望によって，実現されたものであった。彼女は，インタビュー中，何度もパーティーが「ちょー楽しみなんです！」と口にした。なぜなら，「日本ではないから」だという。ドレスを用意し，ダンスパーティーを楽しむ。これは，日本の成人祝いとは異なるやり方である。彼女は，日本の成人式よりもフィリピンのパーティーのほうが楽しみだとも述べる。その理由を，「成人式ってなんか個人じゃないから。……みんな一緒みたいな」としている。彼女にとって，フィリピンの「デビュー（Debut）」は自分だけが主役になれる楽しいパーティーなのだ。

このように，彼女は，1つのイベントとして，このパーティーを楽しみにしている。だが，このパーティーが単なるイベントと異なるのは，出席者のほとんどが教会の人とフィリピンの親戚であるという点である。教会のある日曜日以外は日本人の中で日本人と同じように振る舞っている彼女にとって，このパーティーは，断続的日常の上に成り立つ非日常的経験である。フィリピン人が

一堂に会し、フィリピンで自分のために行われる成人祝いでの経験は、自分のフィリピンとのつながりを再認識する契機を含む。この点において、日比国際児の行う成人パーティーはフィリピン人が成人のための通過儀礼として執り行うパーティーとは異なる意味合いを持つだろう。2世以降の子どもたちは、祭りや宗教儀式など、シンボリックなイベントを経験することによって、自らのルーツの一端がフィリピンにあることを認識していくが、かれらのエスニックアイデンティティは、こうしたシンボリックなものに支えられているのだ。

(3) フィリピンへの――「うち」に「行く」という感覚

　次に、日比国際児の子どもたちが経験するもう1つの非日常的経験として、フィリピンへの旅を取り上げよう。家族の置かれた状況にもよるが、長期の休みを利用して、親の出身地を訪れる子は少なくない。今回の対象者でいえば、美波以外の子は皆、フィリピンを訪れたことがある。年齢が上がり、部活や勉強が忙しくなるにつれ、頻繁に訪れることは難しくなるが、それでも2、3年に1度はフィリピンを訪れるという家族がほとんどである。日本人の父親も一緒にフィリピンを訪れる場合もあるが、仕事を休めない等の理由から父親は日本に残り、フィリピン人の母親と子どもたちだけで滞在するという家族も少なくない。特に、冠婚葬祭はフィリピンを訪れる1つのきっかけとなる。遥は、「おばあちゃんとか亡くなったとき」などにフィリピンに行くと述べる。国内に住んでいる家族が冠婚葬祭のときに集まるように、海外に住んでいても冠婚葬祭には、海を越えて駆けつけるのである。

　まず、ここで注目したいのは、フィリピンへ出かけるとき、子どもたちは「帰る」ではなく、「行く」という言葉を用いることである。

筆者：じゃあ、フィリピンに住んだこと、聡美ちゃんはないんだ？
聡美：はい。ただ旅行とかで行ったことしか。……もう5年ぐらい行ってない。　　　　　　　【聡美13歳／インタビュー／2012.3.18】

　第5章でも述べた通り、「帰る」という言葉を使う子どもは、親の出身地に帰属意識が強く、「行く」という言葉を用いる子どもは、ホスト社会への帰属

意識が強いと言われる（渋谷2005：116）。第5章では，1.5世たちが「行く」と「帰る」という言葉の両方を使うことを指摘したが，日本生まれの日比国際児は，「行く」という表現を用いている。ルーツとして結びつけられるフィリピンは，かれらにとって夏休みや冬休みなど，折に触れて「行く」場所なのである。

　それでは，かれらはこのフィリピンへの訪問をどのように捉えているのだろうか。中学2年の夏休みに3週間ほどフィリピンに滞在した陽菜は，日本に戻ってきてから，フィリピン訪問の感想を以下のように述べた。

筆者：陽菜ちゃん，フィリピンどうだったー？
陽菜：ちょー楽しかった！また行きたい！
筆者：フィリピンで何したの？
陽菜：ずっと家にいた。でも，楽しかった。いとこたちと遊んでた。
【学習教室／フィールドノーツ／2012.8.29】

　ここから，かれら家族のフィリピンへの旅が観光を目的とした旅行では決してなく，フィリピンの親族との時間を過ごす旅であることがうかがえる。どこに行くでもなく，フィリピンの親族と同じ時間を過ごす。それこそがフィリピン人の母親たちの訪問の目的であるのだが，その旅に同行した子どもたちも親族と過ごす時間を楽しいと感じているのだった。電話やインターネットのやり取りによって，フィリピンとの家族との間にトランスナショナルな社会関係が築かれることは，前述した通りであるが，実際の訪問はフィリピンの家族との情緒的絆をより強固なものとする。普段離れて暮らしているフィリピンの親族でも，会えば，まるでずっと一緒に暮らしていたかのように仲良く過ごす。言葉が通じなくても，一緒にいるだけで楽しいようであり，透も陽菜と同様，フィリピンでの滞在期間中，ずっといとこたちと遊んでいたと述べる。

筆者：あっちの親戚とは何語でしゃべるの？　言われてることは分かるの？
透：大体（タガログ語）分かるから，「うん」って言って。……（フィリピンの親戚は）日本語しゃべれないから，英語で「えっとー，えっとー」っ

て言って。
筆者：それでもコミュニケーションとれるんだね？
透：うん。家は違うけど，すぐ隣なの。つながってんの。だから，いつも遊んでんの。　　　　　　　　　　【透13歳／インタビュー／2014.6.21】

　そして，こうしたフィリピンへの定期的な訪問は，「フィリピン人らしさ」を象徴するような文化的特徴を自分の中に取り込む機会をもたらす。最も分かりやすい例がタガログ語の習得である。当たり前のことであるが，フィリピンに行けば，日本語を話す者は周囲にいなくなる。普段は日本語を使う母親さえもフィリピンへ行くと，タガログ語しか使用しなくなり，周りは完全にタガログ語の世界となる。

　だって，日本語しゃべんないんだもん。私。フィリピン行ったら，もう日本語なし。なんていうの，頭の回転できないから。陽菜ね，最初行くと，笑ってるだけなの。で，「ママ，2日間だけ日本語にして」って（言う）。で，3日目，「もう終わりにしましょう」って。
　　　　　　　　　　　　　　　　　【ケリー／インタビュー／2012.2.11】

　最初の2日間だけは，タガログ語が分からない陽菜のために日本語を使ったというケリーだが，その後は，日本語の使用をやめ，タガログ語だけを使っていた。結果，しばらくすると，陽菜もタガログ語を話すようになったという。実際，陽菜は「うち，あっち行くと，あっちの言葉分かる！」と得意げに学習教室で語っていた。無論，タガログ語がペラペラになるわけではないが，簡単な単語は分かるようになるようだ。日本でも母親が日常的に使うタガログ語の単語を覚える機会はあるが，フィリピンへの訪問はその語彙を格段にアップさせる。
　さらに，フィリピンへの訪問は，言語だけでなく，文化的風習や食べ物を知る機会ともなる。かれらへのインタビューで最も盛り上がるのが，フィリピンで食べられるお菓子や遊びの話である。かれらはどのお菓子が好きかを興奮気味に語り，その味を事細かに教えてくれる。筆者がフィリピンへ調査に行った

際には，フィリピンのスーパーでお菓子を買ってくるよう，リストを持たせられたほどである。また，日常的に食べられるお菓子だけでなく，特別な日に食べる食事についてもかれらは詳しい。

　　筆者：フィリピンに行くと絶対食べるものとかある？
　　透：ムンガミーサとか。バーベキュー。でかい豚。あっちでハッピーニュー
　　　　イヤーを迎えるなら，バーベキューだけど，その前なら違う。
　　筆者：お正月はフィリピンで祝うことが多いんだ？
　　透：そう。あと，ハッピーニューイヤーのときは花火。
　　　　　　　　　　　　　　　　　【透13歳／インタビュー／2014.6.21】

　新年をフィリピンで迎えることが多い透は，花火とバーベキューで祝う正月を幼い頃から経験してきた。花火の音を聞きながら，大きな豚を食べるフィリピンの正月は，日本の正月とは異なるが，彼にとってはそれも正月の風景である。頻繁なフィリピン訪問は，こうした文化的風習の知識を実体験から学び取る機会を提供するのである[19]。

　透は「普通に日本のほうがいいと思うよ」と述べ，フィリピンよりも日本のほうが便利でよいと言い，日本に愛着を示す。しかし，フィリピンにはあまり行きたくないのかという筆者の問いには，そうではないと即座に答えた。生活をするなら日本がよいが，定期的なフィリピンでの訪問を楽しみにしていると彼は語る。なかでも，日本よりも大きくて快適な家で過ごすことを心待ちにしているようだ。彼は，自分の母親が建てたフィリピンの家を自分の「うち」とし，そこがいかに快適かを筆者に説明してくれた。フィリピンの家も彼にとっては自分の「うち」なのである。

　同様に，幼少期からフィリピンへの訪問を経験している凛と志穂の姉妹も，母親が建てたフィリピンの家のことを「うち」として言及する。以下は，学習教室で交わされた陽菜と凛の会話である。

　　凛：(陽菜を指して)こいつ，うちのブランコ勝手に乗ったの！
　　陽菜：何回それ言うのー？

凛：志穂に言ってよ。

陽菜：いや，凛にも2，3回言われた。

【学習教室 / フィールドノーツ /2011.9.7】

　ネットワークで結ばれた母親たちは，フィリピンに帰る際，他のメンバーの実家にお土産を届けるということをよく行う。2，3年前にも，凛たち姉妹の母であるエイミーに，日本からの届け物を頼まれた陽菜の母・ケリーは，陽菜を連れて，エイミーの実家に訪れた。そのときに，陽菜はエイミーの家の庭にあるブランコに乗った。それに対して，凛は「勝手にうちのブランコに乗った」と文句を言っているのである。無論，これは半分冗談なのだろうが，フィリピンの家にあるブランコも凛の許可が必要な所有物であると凛は主張するのである[20]。

　筆者は調査でフィリピンを訪れた際，このエイミーの家に泊まらせてもらったが，そこには，七五三など節目節目に撮った凛と志穂の写真がたくさん飾られていた。フィリピンへ行く度，この写真を目にする凛たちがそこを自分の「うち」と主張するのも分かるほどである。頻繁な訪問とそこでの経験はフィリピンの家を「うち」と認識させる作用を持ち得るのだ。ここで興味深いのは，冒頭で見たように，かれらはフィリピンを訪れる際，「行く」という言葉を用いているという点である。フィリピンの「うち」に「帰る」のではなく，「行く」と言っているのだ。「帰る」場所ではないが，そこは「うち」，すなわち「ホーム」ではある。親や1.5世が「帰る」場所として「ホーム」を捉えるのとは異なる感覚である。

　ここまでの議論から，日比国際児はフィリピンを親や1.5世とは異なる感覚で捉えていることが分かる。生活したことがないため，そこは十全たる所属意識を感じる場とはなり得ないが，自らのルーツがあるはずの場である。親がホームに「帰る」旅に同行するなか，日比国際児たちは，そのホームに「行く」ことによって，エスニックな要素を取り込んでいく。フィリピンへの旅は，単なる旅行ではなく，そのルーツを確認する契機を含むものとなる。親の出身地への旅は，親と子どもの間の距離を近づける作用を持つ（Kibria 2002：305）。親の出身地へ「行く」ことによって，子どもたちは，それまでの育ちの過程で

第6章　「日本人」でもなく「フィリピン人」でもなく　　247

経験した文化的伝統や実践をより理解するようになるのである（Kibria 2002：305）。すなわち，フィリピンへの旅の中で，日比国際児たちは，親がホームに「帰る」のとも違う，旅行客として観光に「行く」のとも違う，別の旅をしているといえるだろう。

（4）エスニックな経験を支える子ども同士のつながり

以上，本節で見てきたように，日比国際児の生活の中には，日常的にも，非日常的にもエスニックな要素，自らがルーツとつながっていることを指し示す要素があり，かれらは意識的であろうと，なかろうと，それに触れ合って過ごしている。子どもたちは，自ら希求してエスニックな要素を獲得しようとしているわけではなく，日常生活の中にただ脈々とそれは存在しているのだ。

そして，こうしたかれらの生活は，母親たちの意図的，無意図的な教育実践によって作られたものであった。日本人家族の中で唯一の外国人となるフィリピン人母がフィリピン文化を子どもに継承させるには，様々な困難が伴う（高畑 2000：28）。しかし，本事例の母親たちは，フィリピンの親族との間に築かれる情緒的なつながりやフィリピンを再現する場である教会でのネットワークや子育てネットワークなど移民コミュニティを構成する複数のネットワークを利用しながら，子どもがエスニックな経験をできる環境を作るのである。そして，この母親が持つネットワークは，日比国際児の子ども同士のつながりも生み出す。

　　筆者：お母さん同士が仲いいと子どもも仲良くなったりする？
　　聡美：するよね。
　　美菜子：最初は面白いよね。
　　遥：最初喧嘩してたの。小さい頃は。
　　筆者：そうなの？
　　聡美：すごく喧嘩した。
　　筆者：仲悪かったの？　何歳から一緒？
　　遥：ここ（聡美と遥）はちっちゃいころから一緒で，4年生ぐらいから美菜子。
　　美菜子：あのチルドレンのところ（＝教会の日曜学校）から初めて知り合って。

聡美：でも，なんかさ，ずっと小さいころから一緒にいた感じがするよね。
筆者：そうなんだ？
聡美：仲がよすぎて。　【聡美，美菜子，遥13歳／インタビュー／2012.3.18】

　聡美，美菜子，遥は，親同士の仲がよいため，彼女たち自身も友達になったと語る。聡美と遥は，家が近かったため，幼い頃から仲がよかったというが，美菜子は教会の日曜学校を通して，友人となっている。教会という移民コミュニティ内にある施設，組織が親同士だけでなく，子ども同士のつながりを作り出す結節点となっていることが分かる。母親がフィリピン人ネットワークに組み込まれている場合，子どもたちは，母親の友達である多くのフィリピン人と自然に知り合うことになる。そのなかには，自分と同世代の子どもがいることも少なくなく，その場合は友人となったり，きょうだいのような関係になったりする。たとえば，凛は母親の親友であるメアリーの息子のケビンを「もう弟だもん」と言う。
　こうした子ども同士は，エスニックな経験を共有する仲間となる。上記で見てきたように，子どもたちは教会や学習教室でフィリピンに関することを楽しそうに語るが，ここで留意すべきなのは，かれらがフィリピンについて積極的に語ることができるのは，それに同調してくれる友人が居るためであるということである[21]。彼女たちは，インタビューの際，日比国際児であるがゆえの共通経験，彼女たちの言葉で言えば，「フィリピンあるある」を次々と興奮気味に話した後，以下のように語った。

筆者：どういうときが一番ほっとするの？
凛：こんな感じ。ここのメンツが。
陽菜：ここしか分かんなくない？
凛：そう。共有できない。すごい仲いい友達いても，こういう話しても分かんないし。
美波・陽菜：わかんない。
陽菜：唯一だよね。
凛：そうそうそう。　【凛，陽菜，美波15歳／インタビュー／2014.3.9】

フィリピンに関する話は，学校の友人には分かってもらえないため，同じ背景を持つ幼なじみの友人が非常に大事であると彼女たちは強調する。小さい頃から同じ時間を過ごすなかで，かれらは，フィリピンの話やフィリピン系ハーフであるがゆえの共通経験を話していたと述べる。周りに同調してくれる人がいなければ，かれらの経験談はそれぞれの胸のなかに押し込められたことだろう。日本で生まれ育ちながらも，フィリピンにルーツの一端があるという同じ状況に置かれた友人が居るからこそ，フィリピンに関する会話が可能となるのである。ルートのなかでの経験を多く共有している者同士の間には，特別な関係性や絆があり，その経験を共感し合える仲間がいることによって，安心感を得られるのである。

　また，前節で透が学校では同じフィリピン系の友達であってもフィリピンの話をしないと述べていたことを想起すれば，フィリピンでの話ができるような場も重要であることが分かる。日本の学校のような個々人の差異を認めない場では，異なるルーツを持つことにスティグマがはられやすく，自らのルーツに関する話をすることはなかなか困難なものとなる。しかし，教会や学習教室などそれぞれのルーツが日本以外にもあることが前提とされている場においては，自らのエスニックな経験を比較的容易に話すことが可能となる。同じ経験を共有する者同士のつながりと，かれらのエスニックな経験を否定しない教会や学習教室など，移民コミュニティのなかにある育ちの場の存在が重要であることが分かるだろう。

3　日比国際児たちのエスニックアイデンティティ

　本節では，子どもたちがどのような状況で，どのような文化的特徴を用いながら，他者との間に境界線を引き，自己ラベルを貼るのかという点に注目しながら，子どもたちのエスニックアイデンティティの有り様を考察していく。

　エスニックアイデンティティを読み解くために本節で用いたいのが，バルトのエスニック境界論である。バルトはエスニック集団の境界は属性によってではなく，他の集団との相互作用によって維持される動的なものであり，エスニックアイデンティティはその集団間の相互作用の際，現れる自己ラベルである

とする (Barth 1969=1996)。集団のメンバーは，他者との相互作用の中で，差異化に適切と思われる幾つかの文化的特徴を用い，自分にエスニックなラベルを貼り，他者との間に境界線を引く。何が文化的特徴として選ばれるかは，客観的に同定できるものではなく，行為者の主観やそのときの状況に左右される。本節では，このバルトのエスニック境界論に基づき，エスニックアイデンティティを他者との相互作用の中で現れ出てくる自己ラベルとして捉える。具体的には，子どもたちがどのような状況で，他者との間に境界を設定し，何を他者との差異化のための文化的特徴として選ぶのか，という点を注視しながら，分析を進めていく。

額賀によれば，アメリカに滞在している日本人の子どもたちが日本人であることの根拠として挙げるのは，以下の5点であるという。すなわち，①日本人の血が入っていること，②日本語の名前を持っていること，③日本で生まれたこと，④日本語を話すこと，⑤日本人の顔つきをしていること，である（額賀 2013：101）。本書で登場する子どもたちも，その血統や名前，日本生まれであることや日本語の流暢さ，外見によって，自分や周りの子どもを「日本人っぽい」と言ったり，「フィリピン人っぽい」と言ったりする。そして，その「日本人らしさ」や「フィリピン人らしさ」には，「完璧な日本人」や「完全に〜人」という言葉で，濃淡が付けられる。

キブリアの「正統的なエスニシティ」という概念を用いると，「正統な日本人」と「正統なフィリピン人」が両端にいて，その間がグラデーションとなっており，本書で登場する子どもたちはそのグラデーションの中を場面ごとに往還していると捉えられる。子どもたちはそのハイブリッドなグラデーションの中で，額賀が上記で指摘するような，「〜人らしさ」を構成する文化的特徴を示しながら，他者との間に境界線を引くが，その文化的特徴は，他者との差異化に適切であると子どもたちによって判断されたものである。繰り返すが，境界設定の際に，何が文化的特徴として選ばれるかは，客観的に同定できるものではなく，行為者の主観やそのときの状況に左右されるのだ（Barth 1969=1996：32-34）。以下では，その文化的特徴として，血統，言語，外見と行動様式を取り上げながら，子どもたちの流動的でハイブリッドなアイデンティティの有り様を明らかにしていこう。

(1) 血統を用いた自己規定

　かれらにとって,「～人であること」の第1の根拠となるのは,その血統である。フィリピン系に限らず,筆者がフィールドワークで出会ったニューカマーの子どもたちは,その血統の純粋性を指して,「完璧な日本人」,「完全に～人」という言い方をする。そして,片親が外国人であれば,「ハーフ」となる。日比国際児たちの場合は,そのほとんどが自らを「ハーフ」と呼ぶ。キブリアは,アメリカの中国系,韓国系移民がその成員資格を規定する際に,言語や宗教,その他のエスニックな特徴よりも重要視するのが血統であると述べる (Kibria 2002：299-303)。本書の対象者も同様に,血統を「～人」を規定する最も基本的な指標と捉えており,その血統によって,まず他者を「～人」や「ハーフ」と分類する。血統によるつながりは,「～人である」ことを規定する第一の根拠となる。ルーツとのつながりを示す最も基本的な指標と言ってもよい。血統によって,「正統な日本人」との間に境界が引かれるのである。

　たとえば,第4章でも見たように,学習教室に新しいメンバーが来ると,既存のメンバーたちは「ハーフ？　日本人入ってんの？」と相手に聞いたりする。この「日本人入ってんの？」という一言は,言うまでもなく,日本人の血が入っているかどうかを尋ねるものである。特に,外見や名前による異質性が明らかではない子どもに対しては,何者であるかをその血統を確認することによって知ろうとする。ニューカマーの子どもが集められている学習教室においては,皆が「正統な日本人」でないという認識は共通されている。そして,そのなかで,どの血をどれだけ持っているのかによって,他者を判別するのだ。「正統な日本人」ではないにしても,日本人の血が少しでも入っているのか,その血はどこのものなのかが問われ,それによって境界が引かれるのである。だが,「ハーフであること」は必ずしも一様ではなく,その内部でも境界線が引かれ,差異化が起こる場合もある。

　　美波：うちのママ,スペイン語話せるの。スペイン人だから[22]。クォーター？
　　陽菜：スペイン人の血,入ってるんだっけ？
　　美波：半分スペインの血が入ってる。それってクォーター？

陽菜：そうそう。クォーター。4分の1。え，じゃあ，お母さんは，スペインとフィリピンのハーフ？
美波：うん。それって，うち，クォーターになるの？
筆者：スペイン，フィリピンでお父さんの日本のもあるから，マルチじゃない？
美波：マルチって何？
筆者：多様なって意味。
美波：お，いいね。
陽菜：マルチいいね。（美波を）マルチって呼ぼう。
美波：え，クォーターは何？
筆者：4分の1。
陽菜：そんで，ハーフが2分の1。うちは，ハーフ。

【学習教室 / フィールドノーツ /2012.6.20】

　美波はここで，自分の中に，スペインとの血が入っていることを誇らしげに強調する。子どもたちがその血統を問題とするとき，言及されるのは，通常，両親の血である。だが，ここで，美波は，祖父母の血まで遡って，自分はスペインとのクォーターであると言うのである。正統な日本人でなくとも，「可愛い」，「かっこいい」イメージのあるヨーロッパ系の血が入っていることを強調することで，自らの血統の優位性をアピールしようとしているのだろう。美波は，フィリピン人とのハーフとして扱われている自分のなかにスペイン人の血が入っていることを強調し，他のフィリピン人とのハーフの子ども，ここで言えば，陽菜とは異なる自分を呈示しようとしている。さらに，ここで，筆者の提案を受け，ハーフでもなく，クォーターでもない，新しいマルチという呼称を発見した2人は，同じ日本人の父とフィリピン人の母を持つ者同士の間にも境界線を引く。同じハーフとして扱われる子どもの内部でも，こうした差異化は図られるのであるが，ここでもその境界設定の根拠となっているのは，血統である。血統がかれらの自己規定において，重要な指標であることが分かるだろう。
　スペインの血統があることを示しながら，より欧米的な側面を押し出そうと

する美波の自己呈示のあり様は，欧米の血統を優位なものとする日本社会の価値観を如実に表すものである。既述の通り，欧米系のハーフに比べ，アジア系のハーフは不可視化されたり，ネガティブなレッテルが貼られたりするのである（河合 2014：46）。先行研究では，フィリピン系ハーフであることに劣等感を感じ，自らのルーツを隠そうとする子どもがいることも指摘されている（高畑 2000）。本章第 1 節でも見たように，本事例の子どもたちは，周囲の人々から聞かれれば，特に隠すことなく，フィリピンと日本のハーフであることを明かすというが，同時に，フィリピンに付与されるネガティブなイメージを敏感に感じ取っている。そのため，なかには，フィリピンのアイデンティティを後景に退かせ，自らを日本人と位置づけようとする者もいる。遥の事例を見てみよう。

筆者：自分は何人って感じ？
遥：日本人。
筆者：どうして？
遥：どっちでもいい。ハーフがいいよね。ちょうど。
美菜子：それはね。そうハーフ。
筆者：ハーフがいいんだ？
遥：半分半分。　　　　　【美菜子,遥 13 歳／インタビュー／2012.3.18】

　エスニックアイデンティティに関する筆者の質問に対し，遥は，自らを「日本人」であると答えた。ただし，どうしてそう思うかというより踏み込んだ質問には答えず，「どっちでもいい。ハーフがいいよね。ちょうど」「半分半分」と述べている。ここからは，日本人としてのアイデンティティを主張したいけれどもできない遥の葛藤が見て取れる。血統において，「純粋な日本人」ではない彼女が「日本人である」と主張するには，戸惑いが伴う。筆者の「どうして？」という質問に答えるだけの根拠を持ち得ていないのである。結果,「どっちでもいい」とごまかした後，「ハーフ」を選択する。日本人とフィリピン人の両方の血を持つ彼女にとって，「半分半分」を意味する「ハーフ」は「丁度よい」ものなのである。日本人と同じような生活を送りながらも，その血統

の混淆さは認めざるを得ず，日本人とは言い切れない彼女が落としどころとして選ぶのが「ハーフ」というアイデンティティなのであろう。

　血統がハーフであることを示す重要な指標であることが分かる例を最後にもう1つ挙げよう。以下は，同じ両親を持つ凛と志穂姉妹のやりとりである。

　　筆者：日本ではさ，ハーフって言われるの？
　　凛・志穂：うん。
　　志穂：今は違うけどね。DNAだけ。
　　筆者：ん？　どういうこと？
　　凛：ハーフはハーフだよ。
　　志穂：でも，国籍はママ日本。
　　凛：ハーフは一生変わりません。
　　筆者：あ，そうか。ママが国籍を日本にしたからか。
　　凛：血はハーフ。　　　【凛15歳・志穂14歳/インタビュー/2014.3.9】

　このインタビューの数ヵ月前に，2人の母親であるエイミーが日本国籍を取得したことによって，国籍の上では自分たちはハーフでなくなったと志穂は述べる。しかし，凛はここで「ハーフは一生変わりません。血はハーフ」とはっきりと述べ，ハーフであるかどうかは国籍ではなく，血統によって規定されると主張する。姉妹の間で意見の相違があることが分かるが，志穂はDNAすなわち，血統はハーフであることは認めており，血統がハーフであるかどうかを規定する指標になることに反対はしていない。すなわち，志穂の場合は，ハーフであることを規定する根拠が複数に渡っているのに対し，凛は血統を最も基本的な指標として捉えており，それは母親の国籍変更によっても揺るがないと考えているのである。詩音の母であるまちこも日本国籍を取っているが，詩音は自らをその血統により，ハーフであると規定しており，凛と同様に血統を最も基本的な指標として捉えていることが分かる。

　言わなければ分からない国籍は，子どもたちの間では，自らや他者を規定する際の根拠として用いられることは少ない。岩渕らが両親のどちらかが日本以外の国出身の若者に行ったアンケートでも，ハーフであることを規定するのは，

単純な国籍ではないと主張する者が多い（岩渕 2014, 245-246）。実際の子ども同士のやりとりを見てみても，国籍によって境界を設定し，自らや他者を「〜人」や「ハーフ」として規定するということはあまりない。しかし，志穂の発言に見られるように，国籍はエスニックアイデンティティを規定する上で，まったく関係のないものではないことも確かである。前述の岩渕らのアンケートでも，ハーフであることの理由として，国籍を挙げた者もいた（岩渕 2014, 245-246）。すなわち，ハーフであるかどうか，そのエスニックアイデンティティを規定する第一義的な指標としては，血統が挙げられるものの，国籍や後述する言語，外見，行動様式など，その他の要素もそのエスニックアイデンティティを規定する指標となりうることが示唆される。

（2）言語による境界設定

上記の分析から分かるのは，血統はかれらのエスニックアイデンティティを支える基本的な拠り所であることである。しかし，繰り返しとなるが，必ずしも血統だけがかれらのエスニックアイデンティティを規定するわけではない。ここでは，血統以外にかれらのエスニックアイデンティティを支えるものとして言語を取り上げよう。第5章でも述べたように，言語は，コミュニティや国家の境界を定め，国民としてのアイデンティティやエスニックな連帯を生み出すものである（Portes and Rumbaut 2001=2014：221-222）。同じ言語を使用する者同士は，同一の文化を共有しているという意識を持ち，「同胞意識（we-ness）」を強めることとなる（Portes and Rumbaut 2001=2014：221-222）。「〜人であること」の指標として，言語が話せるか否かは，重要な役割を果たすのだ。

学習教室では，同じルーツを持つ子ども同士が互いに親の母語のうち，知っている単語を言い合うという光景がよく見られる。親の母語を流暢には話せない子たちも，小さい頃から親と会話するなかで覚えた単語を互いに言い合うという遊びに興じる。それは，その単語を知っている自分を他者に呈示する作業のようにも見えるし，自分のルーツを確認する作業のようにも見える。

カタカナの練習をしていると，アンドリューが「マサキットゥ」と手を押さえて言いながら，私に何かを訴えてくる。よく分からず，「え？え？」と困

ってると，横で勉強していた志穂が「『痛い』って意味」と教えてくれる。アンドリューが私になぜ志穂がタガログ語を分かるのか聞いてきたので，志穂の母親がフィリピン人であることを伝えると，アンドリューは，納得したようにうなずく。

【中略】

休み時間中，アンドリューが志穂を「志穂，志穂」と呼ぶ。志穂がくると，タガログ語でばーっと話しかける。志穂は，「分かんないんだけど」と私に向かって日本語で言った後，「I don't know」とアンドリューに向かって言う。

【中略】

帰る準備をしながら，志穂と陽菜が話をしている。

志穂：「三浦先生ね，さっきマサキットゥって言われて，分かんなかったんだよ。」

陽菜：「マサキットゥね。うち，○○（マサキットゥとは違う言い方）ってよく言ってた。」

筆者：「なに？」

陽菜：「痛いって意味」と笑顔で言う。

その後も陽菜と志穂は，知っているタガログ語の単語を互いに言い合う。

【中略】

陽菜：「あれ，なんだっけ？ 値段が高いってなんていうんだっけ？」

志穂：「なんだっけ？」

ドアまで行って帰るところだったのを引き返し，2人でケビンに「ケビン，高いってなんていうんだっけ？ タガログ語で」と聞く。

ケビン：「なんだっけー？ えっと，○○だ！」

志穂・陽菜：「あー，そうだ！」顔を見合わせ，笑う。

【学習教室／フィールドノーツ／2012.9.5】

　ここで登場するアンドリューは，来日して1年も経っていない中学1年の男子である。発達に遅れが見られ，特別学級に通っている。日本語の上達はゆっくりではあるものの，いつもにこにこしており，タガログ語が分かる子どもとはタガログ語で楽しそうに会話をし，筆者との勉強の最中には，タガログ語の

第6章 「日本人」でもなく「フィリピン人」でもなく

単語を何個も教えてくれる。上記のやりとりが展開される直前にも彼は，筆者にタガログ語を教えてくれていた。

　上記の場面で，彼は，タガログ語で手が痛いことを筆者に訴えてきた。学校で親指をケガしたのである。しかし，タガログ語が分からない筆者は，彼が何を言っているのか，くみ取ることができなかった。そこで助け船をだしたのが志穂である。志穂は，母親とのやりとりのなかで，痛いという単語の意味を覚えていたのだろう。自分の勉強を中断して，筆者に「マサキットゥ」の日本語の意味を伝えてくれたのである。アンドリューは，タガログ語を話せると思っていなかった志穂がタガログ語を理解したことに驚きを示し，同時に母親がフィリピン人である志穂に親近感を覚えたようだ。その後，志穂がタガログ語を話せるのだと思ったアンドリューは，タガログ語話者に話すように，志穂に話しかける。だが，タガログ語の単語や簡単な表現しか分からない志穂は，何を言われているか理解できず，「I don't know」という英語で返す。志穂のタガログ語のレベルは，単語を知っている程度に留まり，「ばーっと」話しかけられて分かるほどのものではないのである。

　ここで志穂は，タガログ語話者として同じ境界内に入れようとしたアンドリューの線引きをはっきりと拒否したのであった。もしくは，タガログ語話者として十分な言語力を持たない彼女は拒否せざるを得なかったともいえるだろう。タガログ語が流暢に話せるフィリピン人であるアンドリューと，単語しか分からない志穂の間には，明確な境界があるのだ。しかし，志穂は，その後の場面では，筆者がマサキットゥを分からなかったことを陽菜に報告するなど，筆者との間には，タガログ語が分かる人と分からない人という境界を引く。そして，タガログ語の単語が分かる陽菜と知っているタガログ語を言い合うという遊びを開始する。すなわち，彼女はここで，来日したばかりの「正統なフィリピン人」であるアンドリューと，日本で生まれ育ち，日本語しか理解できず，血統においても「正統な日本人」である筆者との両方に境界線を引き，どちらとも異なる自分をここに立ち上げるのである。

　言語は，他集団と自集団との境界を特徴づける1つの標識となるが，言語の境界の標識の示差性は，日常言語としての基盤の薄いところほど一層意味を持つ（庄司1997：91）。日本で生まれ，第一言語が日本語のかれらにとって，タ

ガログ語は，母語ではなく，母の言語である。かれらはフィリピンへの旅や教会の参加，または日常的な母親との会話から，タガログ語を断片的に覚えていくが，それは非常に限定的な言葉のみであり，コミュニケーションツールとしてタガログ語を操れるわけではない。しかし，上記のやりとりからも分かるように，単語だけでもタガログ語を分かるということは，かれらのルーツの異質性を示す印となり，日本人とは異なる自分を立ち上げる際の資源となる。つまり，ここでの言語は，コミュニケーションツールとしてではなく，シンボルとして位置づいていたのである。完全には話せなくても，単語が分かることは，エスニックアイデンティティを支える要素となるのだ。

　言語によって，集団の間に境界が引かれる例をもう1つ見てみよう。上記のやりとりからも分かるように，タガログ語を第一言語とする1.5世と日比国際児たちとの間には，明確な違いがある。実際，彼女たちは，学齢期途中に来日した1.5世と自分たちは，決定的に違うと述べるが，その違いとして挙げられるのは，言語使用のあり様である。

　以下は，学習教室で年に1，2度開催される合宿で行われたインタビューの模様である。この合宿には，レイモンドやロバートなど1.5世と凛たち日比国際児の両方が参加していた。

　　筆者：途中からフィリピンから日本に来た子たちいるじゃん？　レイモンド
　　　　　とかロバートとか。とは自分たちは違うなって思う？
　　凛：うん。だから，さっきからあっちの人たち（＝1.5世たち）ずっとタガ
　　　　ログ語で話してるじゃん。でも，うちら，話せないし，聞いてることし
　　　　かできないし。
　　陽菜：うん。
　　凛：全然違う。さっき思ってたもん！　ご飯食べてて。
　　陽菜・美波：うん！
　　美波：何話してるのかなって。
　　凛：隣の子（＝食事のときに凛の隣に座っていた日本生まれの日比国際児の子）
　　　　とかも話してなかったじゃん。
　　筆者：うん。多分（あの子もタガログ語）分かんない。

凛：だから，小さいときから日本に住んでるのとあっちに住んでるのは違う。
【凛，陽菜，美波15歳／インタビュー／2014.3.9】

　合宿にはレイモンドたちの友達である多くの1.5世も参加しており，タガログ語が第一言語のかれらは，タガログ語で会話をしていた。同じエスニック教会に通い，親同士も仲がよいため，レイモンドやロバートとも交流のある彼女たちであるが，夕食時に展開されたタガログ語の会話にはついていけなかったようである。タガログ語で自由に会話をする1.5世と部分的な単語は分かっても，タガログ語を話すことはできない自分たちとは明らかに異なると感じているようだ。

　第5章では，1.5世たちがフィリピンへの帰郷によって，国際移動の経験のない「正統なフィリピン人」と自分たちとの違いを感じることを示した。「正統なフィリピン人」でないという点では，共通している1.5世と日比国際児であるが，言語使用に関しては大きな違いがある。上記のインタビューで，日比国際児が1.5世と自分たちを区別しているのと同様に，1.5世たちも日比国際児の子たちを，「**日本語しか話さない子たち**」として区別しており，互いに明確な境界線を引いていることが分かる。同じ「移民の子ども」という枠組みであっても，外国生まれとホスト国生まれでは，言語使用や服装，行動様式から，価値観，ライフスタイルに至るまで，様々な側面で異なると感じている者が多いことが先行研究でも指摘されている（Tuan 2002）。特に言語使用は，1.5世と日比国際児たちを大きく分かつ最も分かりやすいものである。同じ言語を使用する者たちが同胞意識を持ちやすいことは，既述した通りだが，単語や決まったフレーズしか分からない日比国際児の子どもたちは，タガログ語を第一言語とする1.5世の若者たちとの間に十全たる共通意識は持ちにくいということが示唆される。

（3）外見や行動様式による境界設定
　血統，言語の他に，かれらのエスニックアイデンティティを支えるものとして挙げられるのは，外見や行動様式の異質性である。外見は，言語のように後天的に取得していくものではなく，先天的な要素が強いものである。そのため，

外見を境界設定に使える者と使えない者がでてくる。一瞥した限りでは，その異質性が分かりにくいフィリピン系の日比国際児たちは，その異質性が外見からにじみ出ている南米系の子どもたちのように[23]，外見を境界設定に用いることには困難が伴う。しかし，ちょっとした外見の異質性は，自分がフィリピンとのハーフであることを示す根拠となる。また，化粧やファッションによって，あえて日本人とは違う自分をアピールし，日本人との間に境界線を引こうとする者もいる。詩音の例を見てみよう。「母親がフィリピン人で良かったことは？」という筆者の質問に対し，彼女が真っ先に答えたのは，その外見の異質性についてであった。

筆者：お母さんがフィリピン出身で良かったなって思うときとかありますか？
詩音：ママがフィリピン人だから顔が濃いって言われるんですよ。最近は。それで可愛いねとか言われたりするのは嬉しいです。
筆者：ハーフで良かったとか？
詩音：思いますね。ちっちゃいころはいやだったけど。人と違うんだと思うと。やっぱ中学生後半ぐらいになってから「ハーフだよ」って言うと羨ましがられたりするし，「いいな」って，言われるから。フィリピンのハーフの芸能人とかっていますよね？　結構。そうすると。「やっぱ可愛いよね」って言われる。

（フィリピン人とのハーフタレントに誰がいるかを教えてくれる。）

【中略】

筆者：ちっちゃいころは人と違うのがやだった？
詩音：だったですね。しかもそんなに可愛いというか一重だったし。どこがハーフなんだよという感じだったし。日本人だろうとか言われるし。友達に。

【詩音17歳／インタビュー／2013.12.26】

ハーフであることの利点として，ここでは，顔が濃いこと，そして，そのために可愛いと言われることが挙げられている。白人との混血者は，その容姿の

特殊性に羨望が集まるのに対し，フィリピン人との混血者は，日本人と見分けが付かないため，ハーフであること自体が羨望を招くと高畑は指摘する（高畑2000：34）。詩音の場合，幼い頃は日本人のような顔立ちであり，可愛いと言われることも少なかったようだ。だが，それでも，ハーフであると言うと，羨ましがられたというから，高畑の指摘するように，容姿の特殊性ではなく，ハーフであること自体によって，羨望を集めていたのだろう。

　しかし，最近は，容姿の可愛さもハーフであることと結びつけられるようになったという。それには，近年増加しているフィリピンとのハーフタレントの存在も影響している。かれらの影響もあって，詩音の容姿の良さはフィリピン人とのハーフであることに結びつけられるようなのである。ここで，詩音はフィリピンとのハーフであるという点で，自分と共通点のあるタレントやモデルの名前を次々に挙げる。なかにはフィリピン人とのハーフであることを公表していない芸能人も含まれていた。彼女はわざわざ調べたのだという。これは，「フィリピン人とのハーフ」というイメージの代表性をかれら芸能人に付与し，その境界の中に自分も入り込むことによって，「フィリピン人とのハーフ」というラベルを肯定的に捉えようとする試みといえるだろう[24]。さらに，彼女はフィリピン人のファッションを真似することによって，そのラベルをより明白なものにしようとする。

　ファッション，日本人だとなんかごちゃついてるじゃないですか。フィリピン人だとH＆Mとかシンプルな感じですね。あれがかっこよく着れてるのはかっこいいなと思って，真似したり。

【詩音17歳／インタビュー／2013.12.26】

　「ごちゃついた」ファッションをする日本人を相対化し，シンプルなファッションをするフィリピン人を真似することで，日本人とは違う自分を作ろうとしている。肌の色や目の大きさなど，先天的に規定され，変えることが難しい外見的特徴もあるが，化粧やファッションを変えることによって，日本人とは異なる外見を演出することができる。彼女は，フィリピン人のファッションを真似し，外見を「日本人っぽさ」から遠ざけることによって，「フィリピン人

とのハーフ」である自分を作り上げようとしているのである。

　だが，このような実践を行うには，フィリピン人のどの点が日本人と異なるのかを認識する必要がある。何が「日本人っぽい」ファッションで，何が「フィリピン人っぽい」ファッションか，見極める必要が出てくるのである。そのためには，両方の集団の成員との関わりが不可欠となる。生活の大半を日本人に囲まれながら過ごしている彼女が母親以外のフィリピン人と関わる機会は限られている。だが，前節で見たようなエスニックな経験は，フィリピン人っぽいファッションが何であるかを彼女に知らしめる。特に，毎週日曜日に会う教会の友達との関わりは，「フィリピン人っぽい」ファッションを作り出す上での参考となっている。

　彼女は，教会で出会う1.5世たちのファッションを真似ていると述べる。より「正統なフィリピン人」に近い1.5世を真似することによって，「フィリピン人っぽいファッション」を作り出そうとしているのだ。詩音に限らず，教会のユースグループの若者たちは，H&Mで売られているようなシンプルな洋服を好んで着ており，皆，どこかしら似たような服装をしている。それがフィリピンに住んでいる「正統なフィリピン人」たちのファッションと異なるか否かは確かではない。また，それが日本人っぽいファッションでないかどうかも断定はできない。しかし，ここで重要なのは，それはかれらの中では，「フィリピン人っぽいファッション」として認識されているということである。繰り返しとなるが，境界を設定する際，他集団との差異化のために用いられるのは，客観的な特徴ではなく，その行為者自身が意味があると考えている主観的な特徴である（Barth 1969=1996：32-34）。かれらの中では，かれらがするファッションは少なくとも日本人とは異なる「フィリピン人っぽいファッション」であると受け止められており，日本人とは異なる自分を示す印となるのだ。

　上記の事例は，主観的に意味づけた特徴によって，日本人との間に境界線を引くものであったが，フィリピン人との間にも境界線が引かれることがある。以下は，学習教室が行われている建物のエレベーターの中での出来事である。

　　エレベーターに何人か人が入ってくる。その人たちが降りると，凛が「あの
　　人たち，フィリピン人だよ」と得意げに言う。私が「あ，そう？　何で分か

るの?」と尋ねると，「匂い！　あと，タガログ語話してたじゃん！」と返答した。
【学習教室/フィールドノーツ/2011.9.4】

　筆者は，かれらの外見から日本人ではないだろうとは思ったが，フィリピン人であるか否かまでは，判断できなかった。だが，凛は面識のないかれらを，その匂いによって，フィリピン人であると判断した。無論，匂いだけでなく，タガログ語という言語は，かれらがフィリピン人であることを示す印であり，凛がかれらをフィリピン人であると確証した根拠となったことだろう。しかし，言語という分かりやすい印であっても，その言葉に慣れていなければ，違いは判別し難い。事実，タガログ語を聞き慣れていなかった筆者は，かれらの話す言葉がタガログ語であるかも判断できなかった。だが，ルートの中で多くのフィリピン人と出会ってきた凛は，その匂いや言語から，フィリピン人の特徴を敏感に感じ取り，かれらをフィリピン人であると判断したのである。同様の事例をもう一事例挙げよう。以下は，新しくフィリピンからやって来た子が初めて学習教室に参加した際に，繰り広げられた会話である。

凛：あの子，ちょーフィリピン人っぽい。
陽菜：うん。サムっぽい。
凛：しゃべり方とかちょーサム。
【学習教室/フィールドノーツ/2011.11.30】

　ここで2人は，新しくフィリピンからやって来たブライアンの話し方や行動様式が，同じく学齢期途中で来日したサムと似ており，かれら両方を「フィリピン人っぽい」と言う。筆者は，この場面においても，「フィリピン人っぽい」ということが何を示しているのかよく分からなかった。ブライアンもサムも，日本語にアクセントが残る話し方をしているが，それは日本語を第一言語としない子たちが共通して持つ特徴であり，必ずしも「フィリピン人っぽい」といえるものではない。しかし，ここで凛と陽菜は，彼女たちの主観に基づいて，彼らを「フィリピン人っぽい」と特徴づけるのである。
　凛や陽菜は，そのルートの中での経験によって，「フィリピン人っぽさ」を

特徴付けるものは何かを感じ取る。それは匂いや行動様式のように，筆者のようなフィリピン人やフィリピン文化と常に触れ合ってきたわけではない者には，なかなか感知し難い特徴である場合もある。彼女たちが他集団との差異化を図るために選び取る特徴は，必ずしも客観的で分かりやすい特徴とは限らないのである。だが，それは彼女たちにとっては，「フィリピン人らしさ」を示す印であり，その特徴をもって，「あの人，フィリピン人」，「あの子，フィリピン人っぽい」と言うのである。この際，彼女たちは，フィリピン人ではない位置に自分を置きながら，自らとは異なる存在としてかれらを表象する。この場面で，彼女たちはその「フィリピン人っぽい」特徴が自分たちにも備わっているとは考えておらず，相手との間に境界線を引いているのである。

　日本でフィリピン人やフィリピン文化に触れ合いながら育った日比国際児たちは，何が「フィリピン人らしさ」，「日本人らしさ」を特徴付けるものかをルートの中で感じ取っている。フィリピン人と日本人の2つの狭間にいるかれらは，それぞれの集団が持つ文化的特徴を自分たちなりに解釈し，その特徴を持っていることによって，もしくは持っていないことによって，そして，その特徴を場面によって，主観的に選び取りながら，日本人との間に境界線を引いたり，フィリピン人との間に境界線を引いたりするのである。

4　小括

　日本生まれ日本育ちのフィリピン系日比国際児たちは，多かれ少なかれ，日本人化している。日本の消費文化に触れ，学校では日本人と同じように振る舞うかれらの生活の大半は，日本人の子どもと変わらないもので構成されている。しかし，母親たちが日常的，非日常的に生活の中に持ち込むフィリピン文化は，確実にかれらの生活の一部を成しており，かれらのルーツの一端がフィリピンにあることを思い起こさせるものである。

　関によれば，マイノリティとしてホスト社会に暮らす移民たちは，ホスト社会の文化に馴化されないよう，自分たちのエスニック文化を次世代に継承しようとする。伝達される文化には，言語や価値観，社会関係などが含まれるが，中でも文化によって意味を与えられたシンボルは重要であり，シンボルによっ

て文化が子どもたちの中に刷り込まれていく（関 1998：284）。

　キブリアは，在米中国系，韓国系移民を事例としながら，言語など，その文化の重要な印となるものに関する十分な知識を持たないホスト社会生まれの者にとって，「中国人らしさ」や「韓国人らしさ」は，自分から見ても他人から見ても疑わしいものであると述べる（Kibria 2002：300）。かれらは，親世代とは違って，自分の生まれやホームランドでの個人史に基づいてアイデンティティを主張できないのである（Kibria 2002：300）。このような者たちがそのエスニシティを認識するためには，親の後見が重要となると言われる（Espiritu 2003：175）。ホスト社会の影響を多分に受け，同化傾向にある2世以降の移民でも，親の文化実践次第では，そのルーツを認識することが可能となるのだ。

　本章で登場した子どもたちは，日常的，非日常的にフィリピン文化を経験しながら，実際に，住んだことはなくても，ルーツがある場として，フィリピンに愛着を持っているようだった。母親の日常的なフィリピンへの言及やフィリピン人が集まるイベント，フィリピンへの旅は，かれらのルーツは，日本だけにあるのではなく，フィリピンにもあることを想起させる。母親が唯一の外国人となる国際結婚家庭では，このような文化実践はなかなか実現が容易ではないが，本書の事例では，フィリピンとの物理的，情緒的つながりや移民コミュニティとの関わりによって，この実践は可能となっていた。特に，移民コミュニティを構成するネットワークに子どもを埋め込むことによってできる子ども同士のつながりは，この文化実践を支える要因となる。類似した状況にいる子どもたちは，移民コミュニティのなかにある教会や学習教室で，その経験を分かち合い，共感し合うことで，そのルーツに対する認識を高めていたのである。

　さらに，このような日常的，非日常的経験は，他者との間の境界設定にも影響を及ぼす。日比国際児たちは，その血統から，自らを「ハーフ」と呼ぶ。かれらにとって，「〜人であること」の第1の指標は，血統であり，その血統がフィリピンと日本の半分半分であるかれらは，自らを「ハーフ」と呼ぶのである。だが，そのハーフであることの意味は，状況によって変化する。かれらは，ときに，タガログ語の単語や外見など，「フィリピン人らしさ」を象徴するものを用いながら，自らがフィリピンのルーツを持つことを呈示する。そうかと思えば，一方で，かれらが思う「フィリピン人らしさ」を持った他者との差異

化を図りながら、「日本人っぽい」自分を呈示することもある。だが、いずれにせよ、かれらはそのルートの中での経験により、何が「フィリピン人らしさ」「日本人らしさ」を特徴づけるものかを感じ取っており、それを主観的に選びながら、境界設定を行うのである。

　このような日比国際児のエスニックアイデンティティの有り様は、1.5世との比較によって、より鮮明となるだろう。1.5世の場合、その血統は、「正統なフィリピン人」であるため、自らをフィリピン人として呈示する。だが、かれらは、日本での生活の長期化によって、言語や行動様式が日本人っぽくなり、フィリピン人としての正当性を薄めていく。本章第3節冒頭で示した枠組みで言うならば、「正統なフィリピン人」であったかれらは、ルートの中で、「フィリピン人らしさ」を徐々に薄め、「日本人らしさ」を濃くしていく。しかし、かれらは自らをフィリピン人として規定し続け、フィリピン人としてのアイデンティティを手放さない。そのためこの過程は、同化としては捉えられず、「フィリピン人らしさ」と「日本人らしさ」が混淆していく過程、ハイブリッドなアイデンティティが形成されていく過程として捉えられるだろう。

　一方、日比国際児の場合、血統からして、「正統なフィリピン人」でも、「正統な日本人」でもない。初めから、「正統なフィリピン人」と「正統な日本人」の間に混淆したところに位置する。フィリピンでの生活経験がないため、「日本人らしさ」をより持っているかれらだが、ルートの中での経験から「フィリピン人らしさ」を象徴する特徴が何なのかを習得していく。そして、必要に応じて、その「フィリピン人らしさ」「日本人らしさ」を呈示し、他者との間に境界線を引きながら、フィリピン人でもなければ、日本人でもない、もしくはフィリピン人でもあるし、日本人でもあるというエスニックアイデンティティを作り上げていくのである。かれらは「正統なフィリピン人」と「正統な日本人」の間に作られるグラデーションの中を往還しており、その往還を支えるのがフィリピンへの旅やエスニックイベントなど、ルートで出会うシンボリックなものなのである。

　このように、1.5世も日比国際児も、血統を基本としながら、そのルートでの経験によって、ルーツに対する認識を常に変化させながら、自己呈示していくのである。両者のエスニックアイデンティティの違いは、ルーツの違いはも

ちろんのこと，ルートでの経験の違いにも依存するといえるだろう。

　ただし，ここで留意すべきは，支配的な日本の文化とマイノリティである親のエスニック文化の非対称性である。言うまでもなく，ホスト社会の支配文化は圧倒的な影響力を持ち，国民教育制度を始めとするあらゆる装置が支配文化の伝達を促す。その中で，親が自らのエスニック文化を伝達することは容易ではない。圧倒的な力を持つ支配文化の中で，親たちがエスニック文化を伝達するには，本章でも部分的に触れたように，それを支える教会のような場や同国人同士のネットワークが重要となってくる。支配文化に取り込まれないための集団性が必要となってくるのである。今回対象となった子どもたちは，場面に応じてそのエスニックアイデンティティを切り替えながら日々を過ごしており，それこそが複数の文化間の狭間を生きるかれらのひとりだちの形であるが，かれらがこうしたアイデンティティを構築するにあたっては，エスニック文化を伝達しようとする大人世代のこだわりや工夫が不可欠であることを考慮する必要があるだろう。

注
1）凛と志穂の母親がエイミー，陽菜の母親がケリー，美波の母親がニコールである。
2）かれらは，家では英語かタガログ語を話すよう母親に言われており，日本語を話すことを禁止されていたため，日本語，英語，タガログ語の3つの言語を操る。2人の母親であるメアリーは，仕事やビザ次第で，いつどこで暮らすことになるか分からないため，どこの国でも暮らしていけるよう，幼い頃から子どもたちを訓練してきたと述べる。しかし，学校では日本語を使っているため，かれらの第一言語は日本語である。
3）陽菜の母であるケリーは，「私は帰るんだけど，陽菜は日本でやっていければなって（思う）」と述べている。また，凛と志穂の母親であるエイミーも「*子どもたちが大きくなって，仕事あって，自分の家族できたら，フィリピン帰ります。日本には，働くためにいるんです。少しでもお金を稼ぐために*」と述べている。
4）エイミーは，疲れていても，義母の前ではそのそぶりを見せないよう，気をつけているという。「おばあちゃんに悪いから。家でだらだらして，『疲れたー』って言ってたら，おばあちゃんいやでしょ？」
5）父親は，宗教に関しては，あまり口出しせず，中立な立場を守ることが多い。

いずれの対象者の父親も継続的に教会に参加することはないが，イベントがあれば，顔を出す。
6）宗教の違いの他に，ジェンダー観の違いも子どもの教育を行う上で表面化するようだ。陽菜の母親であるケリーは，陽菜の高校進学について，義母に「女の子なんだから，好きにさせれば？　男ならちゃんとしないとダメ」と言われ，腹を立てたという。「なんで男だけちゃんとしないとだめ？　女の子だったら，どうでもいいみたいな言い方したから，ちょっと頭きたのね。…いつも私言ってるの。今の時代は違う。前は違うかも知れないけど，今は違うよ。男と女同じ」。
7）高畑が取り上げた事例でも，キリスト教信者であるフィリピン人女性が義母に仏教系新興宗教に入信するよう言われ，葛藤を抱える様子が描かれている（高畑2003 : 259-261）。
8）第3章でも指摘したように，彼女たちが通うエスニック教会は，プロテスタント教会である。しかし，親たちの中にもその違いを意識している者が少ないように，その違いをはっきりと認識している子どもは少ない。ここで取り上げた会話の後，カトリックとプロテスタントの違いについて話が出るが，美波はキリスト教にカトリックとプロテスタントという宗派があることも知らなかった。
9）2012年1月18日フィールドノーツ。
10）第2章でも指摘したように，「**教育に関する大事なことを決めるのは誰ですか？**」という質問に対し，エイミー，メアリー，ニコール，ケリーの4人は即座に「mother」と答えた。
11）国際結婚によって生まれた子どもは，「ハーフ」，「ダブル」，「混血児」，「国際児」など，様々な呼称で呼ばれる。「ハーフ」が最も一般的な呼称であるが，「半分」「半人前」を意味するため，否定的に捉えられることもある（嘉本2008 : 145）。そのため，「ハーフ」に替わって，2つの文化を持つことを強調する「ダブル」という呼称も提唱されている（嘉本2008 : 145）。本書では，対象者たちの呼称に倣って，「ハーフ」という呼称を部分的に用いることにする。
12）日比国際結婚カップルにおいて，フィリピンを経済的に遅れた国と見なす夫が妻を蔑視することがある（たとえば，宮島・長谷川2000, 定松2002, 高畑2003）。だが，一方で，英語が話せるフィリピン人妻を自慢する夫や英語が話せることを利用しながら，夫婦間の権力関係の再配置を行うフィリピン人妻がいることも指摘されている（鈴木2011）。権力とグローバリゼーションの象徴である英語は，夫婦間の権力関係を転回させる手段にもなるのだ。ここで三村氏は，フィリピンは英語圏であると主張することによって，娘である凛にフィリピンとのハーフであることに誇りを持たせようとしているが，一方でそれは，フィリピンが英語圏であることを強調することで，フィリピン人の妻を持つ日本人男性に貼られるある種のスティグマを払拭し，自分の家族がより西洋的な家族であることを主張しようとする行為にも見える。

13) 凛，志穂，陽菜，美波は，小学校低学年の頃，母親の子育てネットワークのなかで一番英語が上手なメアリーに自宅で英語を習っていた。その中でも，一番英語ができたのが凛であった。凛は，流暢に会話ができるというレベルではないものの，簡単な受け答えならば，英語ででき，言われていることは大体理解しているようである。

14) これには，近代国民国家において「日本人」がいかに形成されてきたのかという論点が関わっている。西洋（主にアメリカ）との差異化に基づいて「日本人」が表象されてきたため，西洋人との混血は「他者」として可視化された。一方，大日本帝国形成期において，「日本民族は混血民族」という主張がなされていたため，アジア系との混血は日本民族の血縁として無徴化されたのである（河合2014）。

15) 後述する詩音のインタビューからも分かるように，近年では元AKB48の秋元才加やモデルのラブリ，ものまねタレントのざわちんのように，芸能人として活躍するフィリピン系ハーフも珍しくないため，フィリピン系ハーフに必ずしもネガティブなイメージのみが付与されているわけではない。しかしながら，2010年に母親がフィリピン人の少女が自殺した事件からも分かるように，フィリピン系ハーフにはネガティブなイメージが付与されやすいことも確かである。

16) たとえば，フィリピン系ではないが，上記の場面でも登場したカルロスは，ある日，新しく学習教室にやって来たボランティアのAさんに「君はどこの国の子？」という問いを投げかけられる。Aさんは，この学習教室が「両親，もしくは片親が日本語を母語としない子どものための教室」であるため，ここにいる子どもたちは「日本ではないどこかの国から来た子」であると考えたのだろう。かれらの背景を理解した上で関係を築こうとしていたと考えられる。それに対して，カルロスは，しばらく逡巡した後，「**日本生まれです！**」と大きな声で言い，Aさんのまなざしに抵抗しようとした。彼は，たとえ，外見が異なっていても，日本で生まれたことを強調することで，自分が異質な他者ではないことを示そうとしたのである。

17) 凛と陽菜の家庭教師をしていたときは，エイミー宅で夕飯をごちそうになることが多かった。食卓に上るのは，肉じゃがやカレーなど，日本の家庭料理がその大半を占めた。だが，1ヵ月に数回は，フィリピン料理も登場した。子どもたちは，「アドボ」（鶏肉を煮込んだもの）や「シニガン」（酸味のある野菜や魚介，肉類を入れたスープ）をおいしいと言って，口にしていた。この2つは特に人気メニューであり，子どもから「作って」とリクエストすることもあった。しかし，子どもは喜んで口にするフィリピン料理も夫や義母は食べることはあまりないため，エイミーは常に日本食も用意していた。

18) 男性の場合は，21歳が成人の年とされる。

19) その他にも，「マノッポ」という年上の人に対する挨拶（年長者の前にひざま

ずき，相手の右手を取って，自分の額に当てる）や出稼ぎから帰ってきた人を祝うためのカラオケパーティーなどの習慣をフィリピン訪問のなかで学び取ったとかれらは述べる。

20) この他にも，凛はフィリピンの家を言及する際，必ず「うち」という表現を用いる。

21) 冒頭でも記したが，美波はフィリピンに一度も行ったことがない。対象者のなかで，唯一人だけフィリピンでの経験がないのである。そのため，陽菜や凛は，フィリピンへ行ったことのない美波に，「**美波，フィリピン行ったことないんでしょ？　楽しいよ**」と言い，そのよさを教えようとする。美波は「**フィリピン行ってみたい**」と口にしながらも，その願望はまだ叶えられていない。友人たちがフィリピン訪問の話で盛り上がるなか，その話に入っていけない美波の様子が観察されたこともあった。フィリピン人の母親を持つがゆえの共通経験については，凛たちと共感し合えることができる美波だが，フィリピン訪問の話だけは仲間に入れないのである。親密なネットワークがあるからこそ，フィリピンに関する話ができるという一方で，その輪に入ることができず，劣等感や疎外感を感じる子どもがなかにはいることもここで付記しておきたい。

22) スペインの植民地支配を受けていたため，フィリピンには，スペイン系の子孫が少なくない。美波の母親もスペイン系の子孫が多く住む地域の出身である。

23) たとえば，母親がベネズエラ出身のカルロスと，母親がコロンビア出身の香織は，学習教室で以下の様なやりとりをしていた。ふとしたケンカの際，香織がカルロスに「**おまえは，日本人なのに，外国人みたいな顔してるの変ー！**」と言うと，カルロスは「**それはおまえも同じだろー**」と返答した。それに対し，香織は，「**うちは，日本人と外国人の間っていうかー**」と返している。外見の異質性が分かりやすいかれらは，このようなやりとりを日常的に行っている。

24) このような芸能人への同一化は，フィリピン系の詩音に限らず，日比国際児が行う自己アピールの1つである。たとえば，前述したカルロスは，ウェンツ瑛士，ベッキーなどのハーフタレントの名前を挙げた上で，「**俺もハーフ！　だから，テレビ出れる！**」と誇らしげに語っていた。彼の場合は，「ハーフ」という共通点によってハーフタレントとの同一化を図っているが，詩音の場合は，「フィリピン人とのハーフ」であるタレントに絞って同一化を行っている。自分自身との類似性がより高い人たちを選別することで，その同一化をより精緻に行おうとしていると捉えられる。

終章　本書で明らかになったこと

　「移民たちは受け入れ社会と故郷の社会とのどちらにも完全には参加できないと思われるため，誰かの手助けや代弁を必要としている，というのである。疎外された移民というこのモデルは，第二世代・第三世代とされる人々に関する認識に於いて，おさまるどころかより顕著なものになる。なぜなら，移民の第一世代は，彼／彼女らの「本国」へ戻り，再び正常かつ法的資格を備えた存在に戻りうる可能性を持っているが，第二世代や第三世代はこのような機会をもっておらず，永遠に，『見知らぬ』そして『異国の＝外国の』ものであることを運命づけられているからである——失われた世代であり，親たちの国も受け入れ社会も彼／彼女らの祖国ではないのである（Senocak 2000）」（エル-タイェブ 2007：210）

1　本書の知見と学術的貢献

　本書では，フィリピン系ニューカマーを対象に，移民コミュニティを構成する複数のネットワークとその拠点となっているエスニック教会や学習教室の機能に注目しながら，第二世代の子どもたちのアイデンティティについて論じてきた。以下では，本書で行った作業を要約し，得られた知見をまとめつつ，その学術的貢献について述べていく。なお，下記の3点は，序章で述べた先行研究批判に対応している。

（1）資源形成主体としてのニューカマー
　第1章と第2章では，社会構造上，不利な立場に置かれがちなニューカマーの親たちが，複数のネットワークを作りながら，そこで形成される社会関係資本を生活の支えや教育資源としている様子を明らかにした。具体的には，社会

関係資本が移住を可能とする資源から，生活を安定するための資源となり，教育資源へと変容を遂げる過程を描き，動的な資源形成のダイナミクスを照射した。この際，本書が注目したのは，エンターテイナーの女性たちと家事労働者の女性たちが組み込まれている移住システムの違いである。

　市場媒介型移住システムによって来日するエンターテイナーの女性たちは，短期間の就労を繰り返しており，滞日期間が短いため，日本でネットワークを維持することが困難となっていた。オーバーステイを選択する場合は，同じエンターテイナーと職業ネットワークを形成し，維持することもできるが，それは日本人男性との結婚や教会への参入をきっかけに弱体化する可能性を持つものであった。同じく市場媒介型移住システムを利用する日系ブラジル人と比べても，就労による滞日期間が短く，定住後は日本人家庭への参入によって，フィリピン人同士の関わりが遮断されがちなフィリピン人エンターテイナーは，日本で新たにネットワークを再編成することが難しい状況に置かれているといえよう。

　一方で，相互扶助型移住システムによって来日した家事労働者の場合，その来日から定住に至るまで，先発者との間に作られるネットワークを利用し，生活の安定化を図っていた。日本人が雇用主となれない家事労働者たちの雇用契約は，在日外国人雇用主との直接契約であり，個々人のネットワークによって職業斡旋が行われる。1人が日本で家事労働者として働き始めると，その雇用主の友人を紹介してもらう形で，新たに雇用先が見つけられ，フィリピンから家族や親族が呼び寄せられる。呼び寄せられた移住者は，先発者の助けを借りながら，生活を安定させ，またさらなる移住者をフィリピンから呼び寄せる。このようにして，移住が連鎖していく。相互扶助型移住システムを支える「連鎖移民」(Prince 1963 : 108-10) と呼ばれる現象が起こっていたといえる。これまで市場媒介型移住システムのなかに位置づけられていたフィリピン人女性の移住を，相互扶助型移住システムによって説明したことで，彼女たちの移住経緯を読み解くための新たな枠組みを提示したといえるだろう。

　また，本書では，日本において直接的なネットワークが確保されていない場合でも，香港など移住労働者受け入れ国を経由することにより，つまり市場媒介型の移動を介在させることにより，日本での家事労働者としての就労が可能

となることも明らかにされた。グローバルエリートのネットワークと接点を持つことによって，公式的には外国人家事労働者の存在を認めていない日本で，家事労働者として働くことが可能となっていたのである。資本のグローバル化に伴って自由に国家間を移動するグローバルエリートの存在が指摘されて久しいが（伊豫谷 2007），それに付随する形でグローバルエリートを下支えする家事労働者たちの移動が看取される。さらに，本文中では十分に言及できなかったが，日本人との結婚を経て，永住資格や日本国籍を手にしたフィリピン人女性たちが日本人雇用主のもとで家事労働者として働く事例も調査から明らかになっている。今後は日本においても，外国人家事労働者が増加することも予見される。外国人家事労働者が原則的に認められていない日本においても，国家の制度的制約の網の目をくぐり，就労機会を広げ，社会構造上のハンディキャップを乗り越えようとするフィリピン系ニューカマーの姿が見て取れるだろう。

このように，日本移住後，彼女たちは，生活基盤の安定化のため，複数のネットワークを作り上げていく。さらに，第2章で見たように，結婚し，子どもを持つようになると，同じ歳の子どもを持つフィリピン人女性同士は子育てネットワークを形成する。このように，移住後は，様々なネットワークが形成されるようになるが，子どもを持つ母親たちはこの多様なネットワークを利用しながら，子どもを教会や学習教室に参加させ，教育支援を行っていた。特に，世代間閉鎖性のあるネットワークは，親たちが重要視する規範やフィリピン文化，英語の継承を効果的に行える作用を持っていた。また，子どもをフィリピンにおいて，出稼ぎに出た者たちは，故郷での養育か呼び寄せかという選択肢を持つことになる。呼び寄せを選択する場合は，日比国際結婚家庭の母親のように日本で蓄積された社会関係資本を使いながら，情報や相互扶助を得て，子どもの教育を行う。故郷での養育を選択した者は，トランスナショナルなネットワークをフィリピンの家族との間に維持しながら，遠く離れた日本から母親役割を遂行しようとする。

これまでの研究において，フィリピン人の母親は日本の学校文化についての知識が少なく，子どもに十分なサポートのできない存在，資源の乏しい存在とされがちであり（たとえば，西口 2005），自ら資源を作り出す存在としては十分に描かれてこなかった。しかし，本事例で取り上げたフィリピン人の母親たち

は，自分が持ち得るネットワークを駆使し，そこから得られる社会関係資本を教育資源として使いながら，子どもの教育を行おうとしていた。移動局面と同様，居住局面においても，ネットワークから生み出される社会関係資本は社会構造上，不利な立場にあるニューカマーたちが利用できる資源の1つとなっていたのである。さらに，それは日本の学校に関する情報をもたらし，子どもの学校適応を支援するだけでなく，日本の学校では十分に継承され得ない，規範やフィリピン文化，英語を子どもに継承する資源ともなっていた。すなわち，社会関係資本は，ニューカマーの子どもが日本社会に適応するための資源を提供すると共に，子どもをフィリピンにルーツがある者として育てるための資源も提供することとなっていたのである。ここからは，社会的弱者として日本人に支援されるだけでなく，日本の制度的不備を自らが作り出す社会関係資本で乗り越えるフィリピン人の母親たちの主体的な資源形成の営みが見て取れる。

　これまでの研究では，資源が乏しい親を持つニューカマーの子どもが日本社会に適応するために必要なものは何かが問われてきた。しかし，これは日本社会側から，つまり，マジョリティ側の視点からかれらの生活を切り取り，日本社会でやっていくために必要だとマジョリティが判断した資源を獲得させるための議論であった。しかし，ニューカマーの親たちは，日本社会の制度を利用するだけでなく，後述するように，教会など自らに必要な資源を作り出している。構造的制約を受けながらも，子どもの教育資源を作りだすかれらの主体的営みを見逃すことは，かれらを「遅れている人々」と捉えるまなざしを温存することにもなりかねない。自ら資源を作り出す存在としてニューカマーを捉え直すことで「押しつけ」ではないかれらのニーズを反映した「支援」も可能となってくるだろう。この知見は今後のニューカマー教育研究に寄与するばかりでなく，実践においても意義を持つと考える。

(2) 多様な育ちの場の可能性

　第3章と第4章では，フィリピン系ニューカマーの学校外の育ちの場として，移民コミュニティのなかにあり，ネットワーク形成の拠点となるエスニック教会と学習教室に注目した。エスニック教会を扱った第3章では，教会の教育的機能を担っている日曜学校とユースグループをその対象に据え，これら2つの

育ちの場が参加者たちにとってどのような役割を果たすものなのかを親世代，子世代，さらには子世代内部の1.5世と日比国際児の差異に注目しながら検討した。そこで明らかとなったのは，日曜学校は親の子どもに対する教育期待を手助けする場として，ユースグループは子どもや若者にルーツの確認や承認を与え，規範を継承する場としての機能を持つこと，そして，いずれも子どもたちがフィリピン系ニューカマーとして，日本社会へ適応することを手助けする場として機能していたということである。

　エスニック教会は，子どもにフィリピンの言語や文化を継承する場として重要な役割を果たすが，そこからはフィリピン系ニューカマー独自の子どもの育ちに対するこだわりや工夫が垣間見られる。マジョリティである日本人が支配する学校では十分に得られないものが反映されていると捉えられるだろう。エスニック教会の実践から見られたのは，フィリピンの教会をそのまま再現するのではなく，日本に居住するフィリピン人のニーズに合わせて，作り上げられる創造的な実践の有り様であった。なかでも，教会のユースグループは，ニューカマー1.5世たちが同じニューカマーの子どもたちのために作ったものであり，日本に育つフィリピン系の子どもたちの日本社会への適応を念頭に，かれらのニーズを組み入れながら，展開されている。フィリピンの言語や文化の継承だけでなく，子どもの日本社会への適応をも志向しているのである。さらに，興味深いのは，子どもたちが日本社会，ないしはグローバル社会で活躍するために，英語を身につけさせようとする実践が見られることである。マイノリティがマジョリティ社会でやっていくためには，マジョリティと同等の，もしくはそれ以上の能力を身につける必要がでてくるが，教会においてその能力として措定されていたのは，英語であった。英語話者である親たちは自らの能力を用いながら，子どもに英語を身につけさせようとしていたのである。

　また，第4章では，日本人によって作られた学習教室がニューカマーの子どもたちにとって，日本社会でやっていくために必要な学力や情報などのツールを身につける場であり，ニューカマーであることを共通項に，エスニックグループを越えて，マルチエスニックなネットワークを構築できる場，ニューカマーであることの差異を承認する場であることを明らかとした。ここでは，学校での学習補完の場として日本人が作り上げた学習教室を，子どもたちが自分た

ちのニーズに合わせ，再編成していく様子が明らかとなった。エスニック教会，学習教室，いずれの場も，学校を補完し，かれらの日本社会への適応を助ける一方，日本の学校では調達しきれないフィリピン系ニューカマーとして，生きていくための資源を提供する場として機能していたことが分かる。

　先行研究において，ニューカマーの子どもが人間形成を行う際の主な準拠点は，日本の学校に求められてきた。それは既述したように，マジョリティである日本社会側が作り出した制度の中でのニューカマーの自立を想定したものであった。しかし，ニューカマーの長期滞在化，定住化が進み，ニューカマーの独自組織やかれらを支えるボランタリーな支援組織が形成されるようになった現在，学校の中だけに留まらない多様な育ちに目を向ける必要が出てきている。関は，制度化された学校において，周辺化されがちなマイノリティの子どもの場合，学校以外の育ちの場でいかに多くの資源を獲得できるかがその人間形成にとって重要になると述べ，学校外の育ちの場の重要性を説く（関 2002：40-41）。マジョリティの考える秩序に完全に回収されないためには，学校以外の場で主体的に資源を獲得することが重要となってくる。本書で示されたのも，日本の学校で提供され得ない資源を学習教室やエスニック教会など，移民コミュニティにある育ちの場で獲得しながら，アイデンティティ形成を行っていくニューカマーの子どもの姿であった。

　以上，本書で得られた知見は，上記の関の研究を補填しながら，ニューカマー教育研究に新たな道筋を示すものである。学校と学校外の場を複合的に観察し，そのなかに移民コミュニティを組み込むときにこそ，ニューカマーの人間形成を立体的に描くことが可能となる。学校に固執することによって，見逃されてきた移民コミュニティのなかにある組織をニューカマーの子どもの育ちの場として捉え，その役割に注目することが今後のニューカマー教育研究の発展には必要不可欠となるだろう。

　グローバリゼーションの進展のなか，国民教育制度の刷新が求められており，国民という枠に留まらない子どもたちは今後ますます増加していくことだろう。国民教育制度の刷新のためには，このような子どもたちを含み込んだ教育を構想する必要がある。そのためには様々な手立てが考えられるが，国民という枠に留まらないニューカマーたちが独自組織にこめるこだわりや工夫，もしくは，

ホスト社会側が用意した組織を自分たちなりに再編成する様子を読み取りながら，現状の国民教育制度の枠内に存在する学校の限界を浮き彫りにするという方法も1つの手立てとして考えられる。すなわち，学校では獲得できない資源を提供しようとする多様な育ちの場への注目は，学校を中心として展開される国民教育制度の限界を逆照射し，国民教育制度を問い直す契機を見出すことにもつながるだろう。

（3）育ちの過程の違いにみるエスニックアイデンティティ

　第5章と6章では，子どもたちが持つエスニックアイデンティティについて，1.5世と日比国際児の差異に注目しながら，検討してきた。「正統なフィリピン人」と「正統な日本人」を両端にして作られるグラデーションの中に存在するかれらは，ルートで経験してきたことを資源として用いながら，そのエスニックアイデンティティを構築している。

　血統としては「正統なフィリピン人」である1.5世の場合，日本での生活の長期化によって，言語使用や行動様式が日本人っぽくなり，フィリピン人としての正当性を薄めていくことになる。しかし，それは必ずしも同化を意味するのではなく，かれらはフィリピン人としてのアイデンティティを維持しながら，日本への愛着を高め，「正統なフィリピン人」でも，「正統な日本人」でもないハイブリッドなアイデンティティを築いていたのである。一方，血統において「正統なフィリピン人」でも「正統な日本人」でもない日比国際児たちは，どちらにも当てはまらない自身のことを「ハーフ」として呈示する。フィリピンでの生活経験がないため，1.5世より「日本人らしさ」を持っているかれらだが，ルートの中での経験から「日本人らしさ」「フィリピン人らしさ」を象徴する特徴を習得し，必要に応じて，「日本人らしさ」，「フィリピン人らしさ」を呈示しながら，他者との間に境界線を引いていた。

　1.5世と日比国際児がそのハイブリッドなアイデンティティを構築するために，ルートの中で獲得していく資源は様々である。その中でも，第3，4章で見てきたエスニック教会や学習教室は，エスニックアイデンティティ構築のための資源を提供する場として重要な意味を持つ。まず，ニューカマーとして同様の経験をしてきた子どもたちが集まる学習教室は，かれらのエスニックアイ

デンティティの呈示を承認する場であり，またかれらにルーツの違いを認識させる場であった。

　また，フィリピンを再現する場としてのエスニック教会は，1.5世にとっては，薄れていくルーツを再確認する場として，日比国際児にとっては，新たにそのルーツを確認する場として，位置づいていた。学齢期の途中で来日し，日本での生活の中でフィリピンの記憶が薄れていく1.5世は，教会にルーツを再確認する場としての機能を求める。来日後，日本社会に適応しようとしてきた1.5世にとって，教会はフィリピン人同士がタガログ語で会話ができる数少ない場であり，ルーツを再確認することのできる場なのである。結果，教会，その中でもユースグループは，タガログ語を積極的に用いる「フィリピン人の世界」として成り立つことになる。そして，そこに参加するフィリピンでの生活経験がない日比国際児は，1.5世との関わりによって，ルーツの重要性を認識するようになっていたのである。

　このように，本書を通じて明らかとなったのは，ルーツに対する認識が異なる1.5世と日比国際児がそれぞれのルートの中で，エスニックな資源を獲得しながら，流動的でハイブリッドなエスニックアイデンティティを築いている様子であった。この違いに目を向ければ，ニューカマーの子どもを一括りに扱うのではなく，そのルートによって，分けて論じながら，かれらの流動的なアイデンティティに目を向ける必要性が示される。

　これまでのニューカマー教育研究は，日本の同化主義，排他主義に抗するため，かれらの母語，母文化の尊重を主張してきた。無論，それは，目指されるべき目標ではあるが，かれらのルートを無視し，あるべきものとしてルーツを措定することは，固定化したルーツを押しつけることにもなりかねない。関によれば，エスニシティは人々をある差異で枠付け，彼らに一定の不動の行動様式を安易に想定してしまうことがあるという。エスニシティは日常的には人々を括り，秩序づける。結果，私が私の知らない私らしさに閉じ込められ，甘美な「〜らしさ」の罠に陥ってしまうのである（関 2002：22-23）。このような陥穽を乗り越えるために必要なのは，あらかじめ＜われわれ＞と＜かれら＞の差異を想定し，「〜人」というカテゴリーを作り出し，そこに＜かれら＞を押し込めることではなく，＜かれら＞の多様な生き方から，その異同を導き出し，

自明視しがちな＜われわれ＞と＜かれら＞の境界を問い直すことである。本書で明らかとなったのは，＜われわれ＞でもなく，＜かれら＞でもない，国家やマジョリティが作り上げた「正統な日本人」と「正統なフィリピン人」の狭間に作られるグラデーションの中で，様々な制約を受けつつも生き抜いていこうとするニューカマー第二世代の多様なアイデンティティの有り様だった。

　以上，1.5世と日比国際児の違いを見据えながら，その流動的でハイブリッドなアイデンティティの有り様を示した本書の知見は，学齢期に来日した子どもをその対象として焦点化し，世代内部の差に目を向けてこなかった日本のニューカマー教育研究の限界を乗り越えるものである。世代の進行という現状を鑑みれば，日本生まれの子どものアイデンティティにも目を向けつつ，1.5世との差異を明確化していく必要があるだろう。かれらのエスニックアイデンティティの有り様は，その育ちの過程，すなわちルートに依存している。また，本書の知見は，移民の子どものアイデンティティを流動的でハイブリッドなものとして捉える北米を中心とした先行研究の仮説（戴 1999, Portes and Rumbaut 2001, 額賀 2013）を補填し，これらの先行研究を射程に捕らえながらも（志水 2009：14），ニューカマーの子どもを対象に，エスニックアイデンティティの雑種性や混淆性を十分に論じてこなかったニューカマー教育研究の経験的研究の蓄積に寄与するものである。

2　本書の限界と今後の展望

　最後に，以下3点を本書の課題として整理しつつ，今後の展望について述べたい。

　1点目の課題として挙げられるのは，インフォーマントの偏りである。序章でも述べているように，第二世代のインフォーマントが女子に偏ってしまったことが本書の限界として挙げられる。フィリピンでは，親からかけられる教育期待が女子と男子では，異なることが指摘されている（Espiritu 2003）。エスニックな経験の有り様やその受け止め方，さらに，エスニックアイデンティティの有り様も，男女で異なる可能性がある。本書で対象となった日比国際児の下の世代には，親密な仲間集団を築いている日比国際児の男子たちもいるため，

今後は男子のサンプルを増やしながら,ジェンダー間の差異を考慮に入れ,知見を精緻化していきたい。

また,子どもだけでなく,親のインフォーマントも母親だけに偏ってしまったことも限界である。インタビューからは,子どもの教育の主な担い手となるのは,母親であることが示されていたが,無論,父親も子どもの教育にまったく影響を及ぼさないわけではない。本書では,母親や子どもの語りを通して間接的に父親に関しても述べたが,直接父親にアクセスできなかった点は,課題である。

さらに,本書でも部分的に登場した,従来の世代の区分では捉えきれない日本とフィリピン間を同程度の割合で行き来する子どもたちのアイデンティティについても考える必要がある。物理的にトランスナショナルな移動を繰り返す子どもたちを巡る課題は,トランスナショナリズム研究において注目を集めている。物理的に国家間を往復し続ける子どもたちが国家の制約を受けながら,いかにアイデンティティを構築していくのか,今後の研究課題としたい。

第2に,本書で事例としたような排他性のあるネットワークやコミュニティから排除されている者たちの資源形成について検討する必要がある。本書では,社会構造上,周辺化されやすいニューカマーにとって,社会関係資本が重要な教育資源となることを示したが,その恩恵を受けられるのは一定の層であり,そこからこぼれ落ちた者は排除されるのも確かである。本書第1章で明らかとなったのは,エンターテイナーに対する排他意識,序列意識の強さであり,ここからフィリピン人女性内部の関係性の一端が看取できる。しかし,ネットワークやコミュニティから排除されている者も何らかの形で,資源形成を行おうとしているはずである。本書では,排除される存在としてしか描けなかった現役エンターテイナーの女性たちがいかなる資源を持ちうるのか,そしてそれが教育にいかに関わるのか,今後検討したい。

「国家は常に国民になるのか,外国人であるのかを問い続ける。しかし,人々の営みは,固定化しようとする国家の意図を通り抜けて,様々な結びつきを作り出す」(伊豫谷 2007：19)と伊豫谷は述べる。本書を通して見えてきたのも,国家の制約を受けながら,人と人との結びつきを強化し,それらを資源とし,流動的なアイデンティティを築くニューカマーの人々の姿である。日本人

に同化させるのでもなく，ルーツを押しつけるのでもない，かれらの多様な生き方を保証するような教育支援と，それを支える仕組み作りが今後は求められるだろう。そして，そのような仕組み作りを構想する上で，国家の制約を受けながらも独自の組織を作り出すニューカマーの主体的行為に目を向け，既存の「日本人」や「〜人」というカテゴリーでは捉えきれない子どもたちのアイデンティティを描き出した本書の意義は，上記の限界を踏まえてもなお，決して少なくないと考える。

引用文献

Abdelhady, D. 2008. "Representing the Homeland: Lebanese Diasporic Notions of Home and Return in a Global Context." *Cultural Dynamics*. 20（1）: 53-72.

阿部亮吾. 2011.『エスニシティの地理学――移民エスニック空間を問う』古今書院.

Al-Ali, N. and Koser, K. 2002. "Transnationalism, International Migration and Home." pp.1-14 in *New Approaches to Migration? Transnational Communities and the Transformation of Home*, edited by Al-Ali, N., Koser, K. London: Routledge.

Alumkal, A. W. 2002. *Asian American Evangelical Churches: Race, Ethnicity, and Assimilation in the Second Generation*. LCB Scholarly Publishing LLC.

青木秀男. 2008.「労働市場と海外出稼ぎ――フィリピン・マニラを中心に」『アジア太平洋レビュー』5: 39-52.

Apple, M. 2000. *Official Knowledge: Democratic Education in a Conservative Age (2nd Edition)*. New York: Routledge.（=2007. 野崎与志子・井口博充・小暮修三・池田寛訳『オフィシャル・ノレッジ批判――保守復権の時代における民主主義教育』東信堂.）

新谷周平. 2001.「『居場所』型施設における若者の関わり方――公的中高生施設『ゆう杉並』のエスノグラフィー」『生涯学習・社会教育学研究』26: 21-30.

Armbruster, H. 2002. "Homes in Crisis: Syrian Orthodox Christians in Turkey and Germany." pp.17-33 in *New Approaches to Migration? Transnational Communities and the Transformation of Home*. edited by Al-Ali, N., Koser, K. London: Routledge.

Ballescas, M. R. P. 1993. *Filipino Entertainers in Japan: An Introduction*. Quezon City: The Foundation for Nationalist Studies. Inc.（=1994. 津田守監訳『フィリピン女性エンターテイナーの世界』明石書店.）

Barth, F. 1969. "Introduction." pp.1-38 in *Ethnic Group and Boundaries: The Social Organization of Culture Difference*. edited by Barth, F. Boston: Little Brown and Company.（=1996. 内藤暁子・行木敬訳「エスニック集団の境界――論文集『エスニック集団と境界』のための序文」青柳まちこ編・監訳『「エスニック」とは何か――エスニシティ基本論文選』新泉社. pp.23-71.）

Basch, L., Glick Schiller, N., and Blanc, C. S. 1994. *Nations Unbound: Transnational*

Projects, Post Colonial Predicaments and Deterritorialized Nation-States. Langhorn: Gordon and Brench.
Breton, R. 1964. "Institutional Completeness of Ethnic Communities and the Personal Relations of Immigrants." *American Journal of Sociology*. 70 (2): 193-205.
Basch, L., Glick Schiller, N., and Blanc, C.S. 1994. *Nations Unbound: Transnational Projects, Post Colonial Predicaments and Deterritorialized Nation-States*. Langhorn: Gordon and Breach.
カミンズ・ジム , 中島和子 . 2011.『言語マイノリティを支える教育』慶應義塾大学出版会 .
Castles, S. and Miller, M.J. 1993. *The Age of Migration: International Population Movement in the Modern World*. Macmillan. (= 1996. 関根政美・関根薫訳『国際移民の時代』名古屋大学出版会 .)
Chai, K. J. 1998. "Competing for the Second generation: English-Language Ministry at a Korean Protestant Church." pp.295-331 in *Gatherings in Diaspora: Religious Communities and the New Immigration*. edited by Warner, R. S., Wittner, J. G. Philadelphia: Temple University Press.
趙衛国 . 2009.『中国系ニューカマー高校生の異文化適応——文化的アイデンティティとの関連から』お茶の水書房 .
曹慶鎬 . 2012.「在日朝鮮人コミュニティにおける朝鮮学校の役割についての考察——朝鮮学校在学生を対象としたインタビュー調査を通じて」『移民政策研究』4: 114-117.
Coleman, J. S. 1988. "Social Capital in the Creation of Human Capital." *American Journal of Sociology*. 94: S95-S120.(=2006. 金光淳訳「人的資本の形成における社会関係資本」野沢慎司編・監訳『リーディングス　ネットワーク論——家族・コミュニティ・社会関係資本』勁草書房 . pp.205-241.)
Danico, M. Y. 2004. *The 1.5 Generation: Becoming Korean American in Hawaii*. Honolulu: University of Hawaii Press.
DAWN. 2003. *Pains and Gains: A study of Overseas Performing Artists in Japan —— From Pre-Departure to Reintegration*. Development Action for Woman Network.(= 2005. DAWN-Japan 訳『フィリピン女性エンターテイナーの夢と現実——マニラ，そして東京に生きる』明石書店 .)
エル - タイェブ , ファティマ . 2007.「アーバン・ディアスポラ——ポスト—エスニック・ヨーロッパにおける人種，アイデンティティ，ポピュラー・カルチャー」伊豫谷登士翁編『移動から場所を問う——現代移民研究の課題』有信堂 . pp.201-233.
Emerson, R. M., Fretz, R. I. and Shaw, L. L. 1995. *Writhing Ethnographic Fieldnotes*.

Chicago: University of Chicago Press. (= 1998. 佐藤郁哉・好井裕明・山田富秋訳『方法としてのフィールドノート——現地取材から物語作成まで』新曜社.)

榎井縁. 2013.「ニューカマーの子どもたちのいま——"地域の取り組み"から見えること」『異文化間教育』37: 47-62.

Espiritu, Y. L. 2002. "The Intersection of Race, Ethnicity, and Class: The Multiple Identities of Second-Generation Filipinos." pp.19-52 in *Second Generation: Ethnic Identity among Asian Americans.* edited by Min, P. G. Walnut Creek: Altamira Press.

——— . 2003. *Home Bound: Filipino American Lives Across Cultures, Communities, and Countries.* Berkeley: University of California Press.

Foner, N. 2009. "Introduction: Intergenerational Relations in Immigrant Families." pp.1-20 in *Across Generations: Immigrant Families in America.* edited by Nancy Foner. New York: New York University Press.

藤田結子. 2012.「『新二世』のトランスナショナル・アイデンティティとメディアの役割——米国・英国在住の若者の調査から」『アジア太平洋研究』(37): 17-30.

福田友子. 2007.「移民による宗教団体の形成——滞日パキスタン人を事例として」『日本都市社会学会年報』25: 63-78.

——— . 2012.『トランスナショナルなパキスタン人移民の社会的世界——移住労働者から移民企業家へ』福村出版.

福岡安則・辻山ゆき子. 1991.『同化と異化のはざまで——「在日」若者世代のアイデンティティ葛藤』新幹社.

Gibson, M. A. 1988. *Multiple Intelligences: New Horizons in Theory and Practice.* New York: Basic Books.

Goette, R. D. 2001. "The Transformation of a First-Generation Church into a Bilingual Second-Generation Church." pp.125-140 in *Korean Americans and Their Religions.* edited by Kwon, H., Kim, K. H., and Warner, R. S. Pennsylvania: The Pennsylvania State University Press University Park.

Granovetter, M. S. 1973. "The Strength of Weak Ties." *American Journal of Sociology.* 78 : 1360-1380. (=2006. 大岡栄美「弱い紐帯の強さ」野沢慎司編・監訳『リーディングス　ネットワーク論——家族・コミュニティ・社会関係資本』勁草書房. pp.123-158)

Guarnizo, L. E. 1997. "The Emergence of a Transnational Social Formation and the Mirage of Return Migration among Dominican Transmigrants." *Identities.* 4 (2): 281-322.

Guarnizo, L. D. and Smith, M. P. 1998. "The Location of Transnationalism." pp.3-34 in *Transnationalism form Below.* edited by Smith, M. P. and Guarnizo, L. D.

New Brunzwick and London: Transaction Publishers.
Hall, K. D. 2002. *Lives in Translation: Sikh Youth as British Citizens.* Philadelphia: University of Philadelphia Press.
ホール, スチュアート. 小笠原博毅訳. 1998.「文化的アイデンティティとディアスポラ」『現代思想』青土社. 26（4）: 90-103.
Harris, J. and Todaro, M. P. 1970. "Migration, Unemployment, and Development: A Two-Sector Analysis." *American Economic Review.* 60: 126-142.
長谷部美佳. 2014.「インドシナ難民家族の高校進学と支援者の役割——つながる力を手がかりに」川村千鶴子編『多文化社会の教育課題——学びの多様性と学習権の保障』明石書店. pp.187-212.
Herting. Y. L. 2001. *Cultural Tug of War: The Korean Immigrant Family and Church in Transition.* Nashville: Abingdon Press.
樋口直人. 2005a.「国際移民と社会的ネットワークの再編成——滞日ブラジル人企業家を事例として」『徳島大学社会科学研究』18: 1-22.
———. 2005b.「デカセギと移民理論」梶田孝道・丹野清人・樋口直人『顔の見えない定住化——日系ブラジル人と国家・市場・移民ネットワーク』名古屋大学出版会. pp.1-22.
———. 2005c.「移民システムと移民コミュニティの形成——移民ネットワーク論からみた移住過程」梶田孝道・丹野清人・樋口直人『顔の見えない定住化——日系ブラジル人と国家・市場・移民ネットワーク』名古屋大学出版会. pp.76-105.
———. 2005d.「移民コミュニティの形成？——社会的ネットワークの再編成をめぐって」梶田孝道・丹野清人・樋口直人『顔の見えない定住化——日系ブラジル人と国家・市場・移民ネットワーク』名古屋大学出版会. pp.206-237.
広田康生. 2002.「都市エスニシティ論再考——狭義のエスニシティ研究からトランスナショナルな都市コミュニティの研究へ」『日本都市社会学会年報』20: 81-96.
———. 2003.『新版　エスニシティと都市』有信堂.
Hochschild, A. R. 2000. "Global Care Chains and Emotional Surplus Value", pp.130-146 in *On The Edge: Living with Global Capitalism.* Edited by Hutton, W. and Giddens, A. London: Jonathan Cape.
Hondagneu-Sotelo, P. and Avila, E. 1997. ""I'm Here. But I'm There": The Meanings of Latina Transnational Motherhood." *Gender and Society.* 11（5）: 548-571.
星野壮. 2012.「日系ブラジル人教会と信徒の今後——言語と信仰の継承をめぐって」三木英・櫻井義秀編『日本に生きる移民たちの宗教生活——ニューカマーのもたらす宗教多元化』ミネルヴァ書房. pp.87-114.
李賢京. 2012.「韓国人ニューカマーのキリスト教会」三木英・櫻井義秀編『日本に生

きる移民たちの宗教生活――ニューカマーのもたらす宗教多元化』ミネルヴァ書房. pp.193-224.
稲葉佳子. 2008a.「共に生きる街・新宿大久保地区の歴史的変遷」川村千鶴子編『「移民国家日本」と多文化共生論――多文化都市・新宿の深層』明石書店. pp.32-50.
―――. 2008b.『オオクボ 都市の力――多文化空間のダイナミズム』学芸出版社.
乾美紀. 2008.「高校進学と入試」志水宏吉編『高校を生きるニューカマー――大阪府立高校にみる教育支援』明石書店. pp.29-43.
伊藤るり. 1992.「『ジャパゆきさん』現象再考―― 80年代日本へのアジア女性流入」伊豫谷登士翁・梶田孝道編『外国人労働者論』弘文堂. pp.293-332.
―――. 2004.「女性移住者のエンパワーメントと主体形成」『現代日本社会における国際移民とジェンダー関係の再編に関する研究――女性移住者のエンパワーメントと新しい主体形成の検討にむけて』文部科学省研究費補助金基盤研究C(1)研究成果報告書(研究代表者：伊藤るり). pp.1-7.
―――. 2008.「再生産労働の国際移転とジェンダー秩序の再編――香港の移住家事労働者導入政策を事例として」伊藤るり・足立眞理子編『国際移動と＜連鎖するジェンダー＞再生産領域のグローバル化』作品社. pp.21-46.
伊豫谷登士翁. 2007.「序章 方法論としての移民――移動から場をとらえる」伊豫谷登士翁編『移動から場所を問う――現代移民研究の課題』有信堂. pp.3-23.
岩渕功一. 2014.「＜ハーフ＞が照らし出す人種混淆の文化政治」岩渕功一編著『＜ハーフ＞とは誰か――人種混淆・メディア表象・交渉実践』青弓社. pp.11-26.
Kahane, R. 1986. "Informal Agencies of Socialization and the Interaction of Immigrant Youth into Society: Example from Israel." *International Migration Review*. 20 (1): 21-39.
鍛治致. 2007.「中国出身生徒の進路規定要因――大阪の中国帰国生徒を中心に」『教育社会学研究』80: 331-349.
―――. 2011.「外国人の子どもたちの進学問題――貧困の連鎖を断ち切るために」移住連貧困プロジェクト『移住連ブックレット④ 日本で暮らす移住者の貧困』現代人文社・大学図書. pp.38-46.
梶田孝道. 2005.「国民国家の境界と日系人カテゴリーの形成―― 1990年入管法改定をめぐって」梶田孝道・丹野清人・樋口直人『顔の見えない定住化――日系ブラジル人と国家・市場・移民ネットワーク』名古屋大学出版会. pp.108-137.
カミンズ, ジム・中島和子. 2011.『言語的マイノリティを支える教育』慶應義塾大学出版会.
嘉本伊都子. 2008.『国際結婚論!?【現代編】』法律文化社.
金井香里. 2004.「日本におけるマイノリティの学業不振をめぐる議論」『文部科学省

21世紀COEプログラム　ワーキング・ペーパー』10. 東京大学大学院教育学研究科　基礎学力研究開発センター．

笠間千浪．2002.「ジェンダーからみた移民マイノリティの現在──ニューカマー外国人女性のカテゴリー化と象徴的支配」宮島喬・梶田孝道編『国際社会4 マイノリティと社会構造』東京大学出版会．pp.121-148.

Kasinitz, P., Waters, M. C., Mollenkopf, J.H., and Anih, M. 2002. "Transnationalism and the Children of Immigrants in Contemporary New York." pp.96-122 in *The Changing Face of Home: The Transnational Lives of the Second Generation*. edited by Levitt, P. and Waters, M. C. New York: Russell Sage Foundation.

河合優子．2014.「日本における人種・民族概念と『日本人』『混血』『ハーフ』」岩渕功一編著『＜ハーフ＞とは誰か──人種混淆・メディア表象・交渉実践』青弓社．pp.28-54.

川上郁雄．2001.『越境する家族──在日ベトナム系住民の生活世界』明石書店．

Kibria, N. 2000. "Race, Ethnic Options, and Ethnic Binds: Identity Negotiations of Second Generation Chinese and Korean Americans." *Sociological Perspective*. 43（1）: 77-95.

─────．2002. "Of Blood, Belonging, and Homeland Trips: Transnationalism and Identity Among Second Generation Chinese and Korean Americans." pp.295-311 in *The Changing Face of Home: The Transnational Lives of the Second Generation*. edited by Levitt, P. and Waters, M. C. New York: Russell Sage Foundation.

菊地京子．1992.「外国人労働者送り出し国の社会的メカニズム──フィリピンの場合」梶田孝道・伊豫谷登士翁編『外国人労働者論──現状から理論へ』弘文堂．pp.169-201.

金泰泳．1999.『アイデンティティ・ポリティクスを越えて──在日朝鮮人のエスニシティ』世界思想社．

工藤正子．2008.『越境の人類学──在日パキスタンムスリム移民の妻たち』東京大学出版会．

小林普子．2014.「新宿の事例から見える日本社会」川村千鶴子編『多文化社会の教育課題─学びの多様性と学習権の保障』明石書店．pp.213-247.

小林宏美．2005.「『中国帰国者』の子どもの生きる世界──文化変容過程と教育」宮島喬・太田晴雄編『外国人の子どもと日本の教育──不就学問題と多文化共生の課題』東京大学出版会．pp.139-154.

古賀正義．1997.「参与観察法と多声法的エスノグラフィー──学校調査の経験から」北澤毅・古賀正義編『＜社会＞を読み解く技法──質的調査法への招待』福村

出版 . pp.72-93.
小井土彰宏 . 1997.「国際移民システムの形成と送り出し社会への影響——越境的なネットワークとメキシコの地域発展」小倉充夫編『国際移動論』三嶺書房 . pp.33-65.
児島明 . 2007.『ニューカマーの子どもと学校文化——日系ブラジル人生徒の教育エスノグラフィー』勁草書房 .
―――― . 2013.「ニューカマー青年の視点に立った移行支援の可能性——在日ブラジル人青年の『自立』への模索を手がかりに」『異文化間教育』37: 32-46.
Levitt, P. 1998. "Social Remittances: Migration Driven Local-Level Forms of Cultural Diffusion." *International Migration Review*. 32（4）: 926-948.
―――― . 2001. *The Transnational Villagers*. University of California Press.
―――― . 2009. "Roots and Routes: Understanding the Lives of the Second Generation Transnationally." *Journal of Ethnic and Migration Studies*. 35（7）: 1225-1242.
Levitt, P. and Glick Shiller, N. 2004. "Conceptualizing Simultaneity: A Transnational Social Fiesld Perspecetive on Society." *International Migration Review*. 38（145）: 595-629.
Levitt, P. and Jaworsky, N. 2007. "Transnatinal Migration Studies/ Pas Developments and Future Trends." *Annual Review of Sociology*. 33: 129-156.
Lin, N. 2001. *Social Capital: A Theory of Social Structure and Action*. Cambridge: Cambridge University Press.（= 2008. 筒井淳也・石田光規・桜井政成・三輪哲・土岐智賀子訳『ソーシャル・キャピタル——社会構造と行為の理論』ミネルヴァ書店 .）
マテオ , C. イバーラ . 北村正之訳 . 2003.『「滞日」互助網——折りたたみ椅子の共同体』フリー・プレス .
松尾知明 . 2013.「ニューカマーの子どもたちの今を考える——日本人性の視点から」『異文化間教育』37: 63-77.
Menjívar, C. and Abrego, L. 2009. "Parents and Children across Borders: Legal Instability and Intergenerational Relations in Guatemalan and Salvadoran Families." pp.160-189 *Across Generation: Immigrant Families in America*. edited by Foner, N. New York: New York University Press.
三木英 . 2012.「移民たちにとって宗教とは——日本が経験する第三期のニューカマー宗教」三木英・櫻井義秀編『日本に生きる移民たちの宗教生活——ニューカマーのもたらす宗教多元化』ミネルヴァ書房 . pp.1-26.
箕浦康子 . 1998.「仮説生成の方法としてのフィールドワーク」志水宏吉編『教育のエスノグラフィー——学校現場の今』嵯峨野書院 . pp.31-47.

―――― . 2003.『子どもの異文化体験増補改訂版――人間形成過程の心理人類学的研究』新思索社．
宮島喬．1999.『文化と不平等――社会学的アプローチ』有斐閣．
―――― . 2002.「就学とその挫折における文化資本と動機付けの問題」宮島喬・加納弘勝編『国際社会2 変容する日本社会と文化』東京大学出版会．pp.119-144.
宮島喬・長谷川祥子．2000.「在日フィリピン人女性の結婚・家族問題――カウンセリングの事例から」『応用社会学研究』42: 1-14.
宮島喬・太田晴雄編．2005.『外国人の子どもと日本の教育――不就学問題と多文化共生の課題』東京大学出版会．
長坂格．2009.『国境を超えるフィリピン村人の民族誌――トランスナショナリズムの人類学』明石書店．
永田貴聖．2007.「フィリピン人は国境線を越える――トランスナショナルな実践と国家権力の狭間で」『現代思想』6月号 青土社．pp.116-130.
―――― . 2011.『トランスナショナル・フィリピン人の民族誌』ナカニシヤ出版．
永吉希久子・中室牧子．2012.「移民の子どもの教育に関する一考察――なぜ日本に住む移民の子どもの教育達成は困難なのか」大西仁・吉原直樹監修『移動の時代を生きる――人・権力・コミュニティ』東信堂．pp.43-90.
野入直美．2005.「『見えない日本人』――在日朝鮮人教育における『日本人生徒』の位相」『異文化間教育』22: 2-14.
NCC教育部歴史編纂委員会．2007.『教会教育の歩み――日曜学校から始まるキリスト教教育史』教文館．
西口里沙．2005.「揺らぐ母子関係のなかで――フィリピン人の子どもの生きる環境と就学問題」宮島喬・太田晴雄編『外国人の子どもと日本の教育――不就学問題と多文化共生の課題』東京大学出版会．pp.171-189.
額賀美紗子．2013.『越境する日本人家族と教育――「グローバル型能力」育成の葛藤』勁草書房．
―――― . 2012「トランスナショナルな家族の再編と教育意識――フィリピン系ニューカマーを事例に」『和光大学現代人間学部紀要』5: 7-22.
小ヶ谷千穂．2003.「フィリピンの海外雇用政策――その推移と『海外労働者の女性化』を中心に」小井土彰宏編『移民政策の国際比較』明石書店．pp.313-356.
―――― . 2004.「滞日フィリピン女性の社会活動の多様性――日本における「移民／移動の女性化」のコンテクストからの一考察」『現代日本社会における国際移民とジェンダー関係の再編に関する研究――女性移住者のエンパワーメントと新しい主体形成の検討にむけて』文部科学省研究費補助金基盤研究C（1）研究成果報告書（研究代表者：伊藤るり）．pp.29-52.

―――― . 2005.「トランスナショナリズムと送り出し国家――フィリピン政府の在外国民政策と『在外投票法』の成立から」『国際交流研究』7: 117-137.
奥田道大・田嶋淳子 . 1993.『新宿のアジア系外国人――社会学的実態報告』めこん .
太田晴雄 . 2000.『ニューカマーの子どもと日本の学校』国際書院 .
―――― . 2005.「日本的モノカルチュラリズムと学習困難」宮島喬・太田晴雄編『外国人の子どもと日本の教育――不就学問題と多文化共生の課題』東京大学出版会 . pp.57-75.
岡井宏文 . 2007.「イスラーム・ネットワークの誕生――モスクの設立とイスラーム活動」樋口直人・稲葉奈々子・丹野清人・福田友子・岡井宏文 . 2007.『国境を越える――滞日ムスリム移民の社会学』青弓社 . pp.178-209.
Orellana, M. F. et al. 2001. "Transnational Childhoods: The Partipation of Children in Processes of Family Migration." *Social Problems*. 48（4）: 572-591.
Parreñas, R. S. 2005. *Children of Global Migration: Transnational Families and Gendered Woes*. Stanford: Stanford University Press.
―――― . 2008. *The Force of Domesticity: Filipina Migrants and Globalization*. New York: New York University Press.
パレーニャス , ラセル . 小ヶ谷千穂訳 . 2007.「女はいつもホームにある――グローバリゼーションにおけるフィリピン女性家事労働者の国際移動」伊豫谷登士翁編『移動から場所を問う――現代移民研究の課題』有信堂 . pp.127-147.
Portes, A. 1997. "Immigration Theory For a New Century: Some Problems and Opportunities." *International Migration Review*. 31（4）: 799-825.
―――― . 1998. "Social Capital: Its Origins and Applications in Modern Sociology." *Annual Review of Sociology*. 24: 1-24.
Portes, A. and Bach, R. L. 1985. *Latin Journey: Cuban and Mexican Immigrants in the United States*. Berkley: University of California Press.
Portes, A. and Rumbaut, R. G. 2001. *Legacies: The Story of the Immigrant Second Generation*. Berkeley: University of California Press.
Prince, C. 1963. *Southern Europeans in Australia*. Melbourne: Oxford University Press.
李憓珍 . 2010.「寿町における韓国人たちの就労構造と社会的ネットワークの展開――個人戦略のなかのエスニック・コミュニティに注目して」『社会学ジャーナル』35: 13-29.
李賢京 . 2012.「韓国人ニューカマーのキリスト教会」三木英・櫻井義秀編『日本に生きる移民たちの宗教生活――ニューカマーのもたらす宗教多元化』ミネルヴァ書房 . pp.193-224.
Rumbaut, R. G. 1991. "The Agony of Exile: A Study of the Migration and Adaptation

of Indochinese Refugee Adults and Children." pp.53-91 in *Refugee Children; Theory. Research, and Practice.* edited by Aheam, F. L. and Athey, J. Baltimore: Johns Hopkins University Press.

―――. 2002. "Served or Sustained Attachment? Language, Identity, and Imagined Communities in the Post-Immigrant Generation." pp.43-95 in *The Changing Face of Home: The Transnational Lives of the Second Generation.* edited by Levitt, P. and Waters, M.C. New York: Russell Sage Foundation.

定松文. 2002.「国際結婚にみる家族の問題――フィリピン女性と日本人男性の結婚・離婚をめぐって」宮島喬・加納弘勝編『国際社会2 変容する日本社会と文化』東京大学出版会. pp.41-68.

佐久間孝正. 2006.『外国人の子どもの不就学――異文化に開かれた教育とは』勁草書房.

―――. 2011.『在日コリアンと在英アイリッシュ――オールドカマーと市民としての権利』東京大学出版会.

Salih, R. 2002. "Shifting Meanings of 'Home': Consumption and Identity in Moroccan Women's Transnational Practices between Italy and Morocco." pp. 51-67 in *New Approaches to Migration? Transnational Communities and the Transformation of Home,* edited by Al-Ali, N., Koser, K. London: Routledge.

佐竹眞明・ダアノイ，メアリー A. 2006.『フィリピン―日本国際結婚――移住と多文化共生』三水社.

関口知子. 2007.「在日日系ブラジル人家族と第二世代のアイデンティティ形成過程：CCK/TCKの視点から」『家族社会学研究』18 (2): 66-81.

関啓子. 1998.「比較発達社会史の冒険――ひとりだちをめぐるタタール人の葛藤の歴史」中内敏夫・関啓子・太田素子編『人間形成の全体史――比較発達社会史への道』大月書店. pp.281-311.

―――. 2002.『多民族社会を生きる――転換期ロシアの人間形成』新読書社.

―――. 2009.「近代教育：葛藤の小史――祖国を追われたコメニュウスの悲運から教育の国際基準化まで」関啓子・太田美幸編『ヨーロッパ近代教育の葛藤――地球社会の求める教育システムへ』有信堂. pp.5-22.

Senoncak, Z. 2000. *Atlas of a Tropical Germany: Essays on Politics and Culture 1990-1980.* University of Nebraska Press.

宿谷京子. 1988.『アジアから来た花嫁――迎える側の論理』明石書店.

渋谷真樹. 2013.「ルーツからルートへ――ニューカマーの子どもたちの今」『異文化間教育』37: 1-14.

渋谷努. 2005.『国境を超える名誉と家族――フランス在住モロッコ移民をめぐる「多現場」民族誌』東北大学出版会.

清水展. 1990.「子どもをめぐる家族と社会──フィリピン理解のための試論」『社会科学論集』30: 69-109.
志水宏吉. 2009.「エスニシティと教育　序論」志水宏吉編『リーディングス　日本の教育と社会17　エスニシティと教育』日本図書センター. pp.3-19.
志水宏吉・清水睦美編. 2001.『ニューカマーと教育──学校文化とエスニシティの葛藤をめぐって』明石書店.
清水睦美. 2006.『ニューカマーの子どもたち──家族と学校の間の日常世界』勁草書房.
清水睦美・チューブサラーン・三浦綾希子・家上幸子・額賀美紗子・角替弘規・保坂克洋. 2013.「『フィリピン』という国の概況──日本社会とのマッチングのための覚え書き」『平成22〜24年度科学研究費補助金基盤研究（B）研究成果報告書「国際結婚家庭に育つフィリピン系・タイ系ニューカマーの学校適応に関する実証研究」（研究代表者：角替弘規）』. pp.163-193.
清水睦美・児島明編. 2006.『外国人生徒のためのカリキュラム──学校文化の変革の可能性を探る』嵯峨野書院.
庄司博史. 1997.「民族境界としての言語」青木保編『岩波講座 文化人類学 第5巻 民族の生成と論理』岩波書店. pp.65-96.
Smith, M. P. and Guarnizo, L. E. (eds.) 1998. *Transnational from Below*. New Brunswick: Transaction Publishers.
Soto, I. M. 1992. "West Indian Child Fostering: Its Role in Mirant Exchanges." pp. 121-137 in *Caribbean Life in New York City: Sociocultural Dimensions (Revised Edition)*. edited by Sutton, C. R. and Chaney E. M. New York: Center for Migration Studies.
杉浦直. 1996.「シアトルにおける日系人コミュニティの空間的展開とエスニック・テリトリーの変容」『人文地理』48: 1-27.
住田正樹・南博文編. 2003.『子どもたちの「居場所」と対人的世界の現在』九州大学出版会.
Stanton-Salazar, R. D. and Spina, S. U. 2003. "Informal Mentors and Role Models in the Lives of Urban Mexican-Origin Adolescents." *Anthropology & Education Quarterly*. 34 (3): 231-254.
鈴木伸枝. 2011.「権力の三重奏──フィリピン人，日本人，植民地権力の場所」藤原帰一・永野善子編『アメリカの影のもとで──日本とフィリピン』法政大学出版局.
田房由起子. 2005.「子どもたちの教育におけるモデルの不在」宮島喬・太田晴雄編『外国人の子どもと日本の教育──不就学問題と多文化共生の課題』東京大学出版会. pp.155-169.

戴エイカ. 1999.『多文化主義とディアスポラ―― Voices from San Francisco』明石書店.
高橋朋子. 2013.「中国帰国児童の主体的な関係性の構築を目指して」『異文化間教育』37: 15-31.
高畑幸. 2000.「バイカルチュラル・アイデンティティの構築に向けて――日比家族の第二世代の事例から」『市立社会学』大阪市立大学文学部社会学研究会. 1: 24-36.
―――. 2003.「国際結婚と家族――在日フィリピン人による出産と子育ての相互扶助」石井由佳編『移民の居住と生活』明石書店. pp.255-291.
―――. 2007.「国内外に広がる移民ネットワーク――名古屋市のフィリピンコミュニティを事例として」『現代社会学』8: 73-83.
―――. 2011a.「意味ある投資を求めて――日本から帰国したフィリピン人による出身地域での起業」竹沢尚一郎編『移民のヨーロッパ――国際比較の視点から』明石書店. pp.218-243.
―――. 2011b.「在日フィリピン人1.5世代――教育と労働が隣り合わせの若者たち」『解放教育』41 (10): 54-63.
高畑幸・原めぐみ. 2012.「フィリピン人――『主婦』となった女性たちのビジネス」樋口直人編『日本のエスニック・ビジネス』世界思想社. pp.159-187.
武田丈. 2005.『フィリピン女性エンターテイナーのライフストーリー――エンパワーメントとその支援』関西学院大学出版会.
田巻松雄・青木秀男. 2006.「アジア域内の労働力移動――受入国韓国と送出国フィリピンの最近の動向と現状」『宇都宮大学国際学部研究論集』22: 65-86.
Tenegra, B. R. 2006. "Transcending Dislocations: Narratives from Filipina Domestic Workers in Tokyo." *Ochanomizu-Chiri*. 46: 29-46.
寺田勇文. 2002.「イグレシア・ニ・クリスト――フィリピン生まれのキリスト教」寺田勇文編『東南アジアのキリスト教』めこん. pp.57-83.
坪谷美欧子. 2008.『「永続的ソジョナー」中国人のアイデンティティ――中国からの日本留学にみる国際移民システム』有信堂.
―――. 2005.「地域で学習をサポートする――ボランティア・ネットワークが果たす役割」宮島喬・太田晴雄編『外国人の子どもと日本の教育――不就学問題と多文化共生の課題』東京大学出版会. pp.193-215.
恒吉僚子. 1996.「多文化共存時代の日本の学校文化」堀尾輝久・久富善之他編『講座学校 第6巻 学校文化という磁場』柏書房. pp.215-240.
角替弘規・家上幸子・清水睦美. 2011.「フィリピン系ニューカマーの教育意識に関する一考察――大和市の国際結婚家庭の事例を中心に」『桐蔭論叢』24: 89-97.
津崎克彦. 2010.「フィリピン人エンターテイナーの就労はなぜ拡大したのか――繁華

街のグローバリゼーション」五十嵐泰正編『労働再審② 越境する労働と＜移民＞』大月書店. pp.189-230.
都築くるみ. 1998.「エスニック・コミュニティの形成と『共生』──豊田市H団地の近年の展開から」『日本都市社会学会年報』16: 89-102.
徳永智子. 2008.「『フィリピン系ニューカマー』生徒の進路意識と将来展望──『重要な他者』と『来日経緯』に着目して」『異文化間教育』28: 87-99.
─────. 2014.「国境を越える想像上の『ホーム』──アジア系アメリカ人の女子生徒によるメディア／ポピュラーカルチャーの消費に着目して」『異文化間教育』40: 70-84.
Tuan, M. 2002. "Second-Generation Asian American Identity: Clues From The Asian Ethnic Experience." pp. 209-237 in *Second Generation: Ethnic Identity among Asian Americans*. edited by Min, P. G. Walnut Creek: Altamira Press.
上野加代子. 2011.『国境を越えるアジアの家事労働者──女性たちの生活戦略』世界思想社.
Warikoo, N. 2004. "Cosmopolitan Ethnicity: Second-Generation Indo-Caribbean Identities." pp.361-391 in *Becoming New Yorkers: Ethnographies of The New Second Generation*. edited by Kasinitz, P., Mollenkopf, J. H. and Waters, M. C. New York: Russell Sage-Foundation.
Warner, R. S. 1998. "Immigration and Religious Communities in the United States." pp. 3-34 in *Gatherings in Diaspora: Religious Communities and the New Immigration*. edited by Warner, R. S. and Wittner, J. G. Philadelphia: Temple University Press.
Wayne, A. C. 1992. "From Sojourners to Settlers: The Changing Profile of Mexican Migration to the United States." pp.155-195 in *U.S.-Mexico Relations: Labor Market Interdependence*. Bustamante, J., Raynolds, C. W. and Hinojosa Ojeda, R. A. Stanford: Stanford University Press.
Werbner, P. 1990. *The Migration Process: Capital, Gifts and Offerings among British Pakistanis*. Oxford: Berg.
Wolf, D. L. 2002. "There's No Place Like "Home": Emotional Transnationalism and the Struggles of Second-Generation Filipinos." pp.255-294 in *The Changing Face of Home: The Transnational Lives of the Second Generation*. edited by Levitt, P. and Waters, M. C. New York: Russell Sage Foundation.
山本ベバリーアン・渋谷真樹・敷田佳子・キム・ヴィクトリア. 2013.「国際結婚家庭の教育戦略」志水宏吉・山本ベバリーアン・鍛治致・ハヤシザキカズヒコ編『「往還する人々」の教育戦略──グローバル社会を生きる家族と公教育の課題』明石書店. pp.113-205.

Yancy, W. L., Eriksen, E. P. and Juliani, N. R. 1976. "Emergent Ethnicity: A Review and Reformulation." *American Sociological Review*. 41 (3): 2-17.

Yang, F. 1999. "ABC and XYZ: Religious, Ethnic and Racial Identities of the New Second Generation Chinese in Christian Churches." *American Journal*. 25 (1): 89-114.

矢野泉. 2007.「マイノリティの居場所が創る生涯学習」矢野泉編『多文化共生と生涯学習』明石書店. pp.15-84.

Zhou, M. and Bankston III, C. L. 1998. *Growing Up American: How Vietnamese Children Adapt to American Life*. New York: Russell Sage.

Zhou, M. 1997. "Segmented Assimilation: Issues. Controversies, and Recent Research on the New Second Generation." *International Migration Review*. 34 (4): 975-1008.

―――. 2009. "How Neighbourhoods Matter for Immigrant Children: The Formation of Education Resources in Chinatown, Koreantown and Pico Union, Los Angels." *Journal of Ethnic and Migration Studies*. 35 (7): 1153-1179.

Zulueta, J.O. 2011. *A Place of Intersecting Movements: A Look at "Return" Migration and "Home"in the Context of the "Occupation" of Okinawa*. 一橋大学大学院社会学研究科 2010 年度博士論文．

＜参考 URL・電子データ＞

A地域. 2013.「住民基本台帳人口　外国人住民国籍別男女別人口」
　　（http://www.city.shinjuku.lg.jp/kusei/file02_00029.html 2014.9.16）．

中国帰国者定着促進センター.「都道府県立高校の中国帰国生徒及び外国籍生徒への 2011 年度高校入試特別措置等について」
　　（http://www.kikokusha-center.or.jp/shien_joho/shingaku/kokonyushi/other/2010/koko-top.htm 2014.9.16）

海外フィリピン人委員会（Committee on Filipinos Overseas）. 2012. "Stock Estimates of Overseas Filipinos as of December 2012".
　　（http://www.cfo.gov.ph/images/stories/pdf/StockEstimate2012.pdf 2014.9.16）

法務省入国管理局. 2013.「在留外国人統計」
　　（http://www.e-stat.go.jp/SG1/estat/List.do?lid=000001118467 2014.9.16）

フィリピン海外雇用庁（Philippine Overseas Employment Administration : POEA）. 2013. "Compendium of OFW Statistics 2013".
　　（http://www.poea.gov.ph/stats/2013_stats.pdf 2014.9.16）

Philippine National Statistics Coordination Board. 2012. "Household Population 15

Years Old and Over by Employment Status July 2002 -January 2012."
(http://www.nscb.gov.ph/secstat/d_labor.asp. 2014.9.16)

あとがき

　グローバル化の影響がますます顕著となった昨今，テレビ番組で外国の文化や日本に住む外国人が取り上げられることも多くなった。また，「外国人タレント」や「ハーフタレント」と呼ばれる人たちの活躍の機会も増えている。かれらのような存在は，多くの外国人の子どもや「ハーフ」の子どもたちに勇気を与え得るだろう。実際，私は，好きなタレントが自分と類似した出自を持つことを好ましく感じ，自己肯定感を高めている子どもにも多く出会った。だが一方で，外国文化や外国人を取り上げる番組からは，少しでも「純粋な日本人」と異なる者たちにエキゾチックなまなざしを向け，かれらを「他者」として扱おうとする「日本人」の欲望を感じずにはいられない。

　外国の文化を賞賛する風潮がある一方で，「ヘイトスピーチ」に代表されるような排外的な感情が高まっていることもまた事実である。子どもたちの言葉を借りれば，「日本が大好きな人たち」が物騒な言葉を吐き捨てながら，街を闊歩するというような光景も目にするようになった。こうした様子を見た子どもたちは，この「日本が大好きな人たち」に対して，冷ややかな視線を向けたり，遠く離れたところから「うるさい！」と言ったりする。私は，このようなかれらの言動を見るたびに，正当性のかけらもないデモに対し，離れたところからであっても，"No" と言える子どもたちの言動を頼もしく感じると同時に，大人として，日本人として，いたたまれなさと無力感を感じざるを得ない。

　子どもたちは自分たちに向けられるまなざしに非常に敏感である。「日本が大好きな人たち」のことを話しながら，「あの人たちから見たら，日本人なのに外国人と結婚するなんてって思うんだろうね」と言った外国人の母を持つ子どもの言葉が忘れられない。かれらがなんびとからも，自らの存在を否定されずに生きられる社会が来ることを切に願う。

　本書は，2013年一橋大学大学院社会学研究科に提出した博士論文「フィリ

ピン系ニューカマー第二世代のエスニックアイデンティティと複層的ネットワーク——世代内部の差異に注目して」をもとに改稿したものである。いくつかの論文をもとに構成されており，初出は，下記の通りである。なお，本書を執筆するにあたって，各論文は大幅に書き換えており，論文の一部を別の議論と組み合わせ，改稿した部分も多い。

第1章：「フィリピン系ニューカマーのネットワーク形成と教育資源——家事労働者の母親に注目して」『異文化間教育』第37号，2013年。
第2章：「連鎖移民と教育戦略——フィリピン系ニューカマーを事例として」平成22～24年度科学研究費補助金基盤研究（B）「国際結婚家庭に育つフィリピン系・タイ系ニューカマーの学校適応に関する実証研究成果報告書」，2013年。
第3章：「フィリピン系エスニック教会の教育的役割——世代によるニーズの差異に注目して」『教育社会学研究』第90巻，2012年。
「フィリピン系エスニック教会における若者グループの機能と変容—— 1.5世と2世の差異に注目して」『異文化間教育学会奨励研究論集』第2号，2012年。
第4章：「多文化地区における地域学習室の機能——ニューカマー1.5世を対象として」『移民研究年報』第19号，2013年。
第5章：「二つの『ホーム』の間で——ニューカマー1.5世の帰属意識の変容と将来展望」『異文化間教育』第40号，2014年。
第6章：「日本人でもなく外国人でもなく——日本で生まれ育つニューカマーの子どもたち」関啓子・青木利夫・柿内真紀編著『生活世界に織り込まれた発達文化——人間形成の全体史への道（仮）』東信堂，近刊。

本書を執筆するにあたって，多くの方にお世話になった。まず，調査に協力して下さったフィリピン人コミュニティの皆様に心からお礼を申し上げたい。教会やご自宅で，いつも私を温かく迎えて下さったことに感謝申し上げる。溢れんばかりのホスピタリティで，次々と対象者を紹介してくれ，私の調査を豊

かなものとしてくれた。かれらの持つコミュニティの力に助けられたのは他でもない私自身であった。どんな状況下でも，驚く程明るいかれらの姿にはいつも勇気をもらった。心より感謝の意をお伝えしたい。Maraming Salamat po.

　対象地域で奮闘するボランティアの皆様にも感謝したい。全員のお名前を出せずに心苦しいが，小林普子さん，平田康郎さんには特にお世話になった。小林さんがいなければ，この論文は完成することはなかったといっても過言ではない。子どもたちのためにと，権力に立ち向かっていく小林さんの姿は，私の憧れであり，目標でもある。「現場に役立つ研究を」という小林さんの希望に本研究がどこまで応えられたかは分からない。おそらく，十分ではないだろう。今後，研究を積み重ねながら，少しずつでも期待に応えていけたらと思っている。平田さんは，私が研究成果物をお渡しすると，いつも丁寧に読んで下さり，的確で温かいコメントをして下さった。子どもたちが学習教室に来るまでの間，平田さんと様々なことを議論できたのは，大変良い思い出である。エネルギッシュで常に前向きなお二人の人生の先輩が近くで励まして下さったことは，何よりも心強いことであった。

　また，私が大学院に入ってからこれまで，長きにわたって指導して下さった関啓子先生に厚く御礼申し上げたい。決して平坦ではなかった大学院生活だったが，研究を続けてこられたのは，関先生の温かいご指導のおかげである。人数が多く，それぞれの研究テーマが多岐に渡っている関ゼミが，バラバラになることなく，互いを尊重しながら，切磋琢磨できる場であったのは，関先生のお人柄や院生に対する深い信頼があったからこそだと思っている。刺激に満ちた毎週月曜日のゼミが楽しみで仕方なかったこと（もちろん，自分の報告の前には緊張し，ゼミに参加するのが怖くて仕方なかったこともあったが）が懐かしく思い出される。関先生のご指導のもと，過ごした大学院生活は，私のこれまでの人生のなかで最も充実した日々であった。

　博士論文の執筆に際して，月に一度，こまめに面談に応じて下さった中田康彦先生にも，深く感謝を申し上げたい。筆が遅いため，先生には大変ご迷惑をおかけした。先生から頂くアドバイスはいつも的確で，先生との面談の後には，いつも頭がすっきりと整理されていた。私以上に私の研究を理解して下さり，言語化できない考えを汲みとって下さった。先生との議論のなかで，頂いたヒ

ントがこの研究の多くを占めている。また，先生は，ウィットに富んだジョークでゼミを和ませ，院生同士が何でも言いあえるオープンな雰囲気を作って下さった。中田ゼミに参加できたことは，私にとって何にも代えがたい財産である。大学院を修了してからも，多岐にわたってご指導，ご支援を頂いており，先生には感謝してもしきれないくらいである。

　関ゼミ，中田ゼミという2つの場は，私の研究者人生の基礎を作ってくれた場であり，私の人間形成を語るにあたって欠かすことのできない場である。このような場で学ぶ機会を与えてくださったお二人の先生に心より感謝申し上げたい。教員の立場になった今，学生の関心に寄り添いながら指導を行うことの難しさを痛感している。私が教員としてあるべき姿を描く際，モデルとなるのはお2人の先生だが，その道のりはまだまだ長そうである。先生方をロールモデルとしながら教員として成長していきたいと思う。

　また，修士課程でご指導頂いた小井土彰宏先生，博士論文の審査をして下さった山田哲也先生，伊藤るり先生にも御礼申し上げたい。小井土先生には，移民研究を行う上で必要な知識や考え方をご指導頂いた。1つの文献をあらゆる角度から理解し，解釈される姿に尊敬の念を抱いたことを今でも覚えている。山田先生，伊藤先生には，審査時に貴重なコメントを頂き，それが博士論文を改稿し，本書を執筆するにあたっての基礎となっている。私の力不足で，頂いたコメントすべてに応えることはできていないが，至らない点については，是非ご批判頂ければと思っている。

　また，清水睦美先生を代表とするトランスナショナリズム研究会に参加させて頂いたことは，研究者として成長する大きなきっかけとなった。研究会のメンバーの皆さん（児島明先生，角替弘規先生，家上幸子さん，額賀美紗子さん，チューブ・サラーンさん，坪田光平さん，保坂克洋さん，劉麗鳳さん）には，たくさんの刺激をもらっている。改めて感謝の意をお伝えしたい。なお，本研究の多くは，平成22〜24年度科学研究費補助金基盤研究（B）「国際結婚家庭に育つフィリピン系・タイ系ニューカマーの学校適応に関する実証研究」（課題番号22330238　研究代表者：角替弘規）の成果の一部である。その他に，博報児童教育振興会「第6回児童教育実践についての研究助成事業」とトヨタ財団「2012年度研究助成プログラム」の助成も受けている。

一橋大学で出会えた研究仲間の皆さんにも深く感謝を申し上げたい。湯川やよいさん，呉永鎬さんには，草稿に目を通して頂き，的確なコメントを頂いた。お二人の優秀な研究者が友人としても近くにいてくれることは，大きな刺激となっている。また，富田しおりさん，田中耕太郎さん，谷川由佳さん，藤浪海さんには草稿の校正をお手伝い頂いた。布川あゆみさん，田中千賀子さん，菊地愛美さん，田邊佳美さんを始めとする友人の皆さんには，いつもたくさんの励ましと癒しをもらった。多くの大切な仲間に出会えたことに感謝したい。東京から名古屋へ移り住んで約1年が経つが，研究会などで一橋大学のある国立を訪れる度，なんともいえぬ安心感を覚える。先生方を含め，一橋大学での多くの大切な人との出会いによって，縁もゆかりもなかったはずの場所が，私にとっての「第二のホーム」となった。

　出版にあたっては，勁草書房の藤尾やしおさんに大変お世話になった。なかなか執筆が進まない私をせかすことなく，辛抱強く原稿の完成を待って下さった。考える時間を与えて下さったことに心より御礼申し上げたい。なお，本書の刊行にあたっては，2014年度中京大学出版助成を頂いた。出版の機会を下さったことに御礼申し上げる。ご支援下さった中京大学の同僚のみなさまにも感謝の意をお伝えしたい。

　また，私が研究を続けてこられたのは，他でもない両親の支えがあったからであった。博士課程に進学するか迷っていた私の背中を押してくれたのは父であったし，海外に出稼ぎに出たフィリピン人の母親のように，遠く仙台から常に私を気にかけ，励ましてくれたのは母であった。心から感謝している。

　最後に，7年間のフィールドワークのなかで関わった子どもたちに，ありがとうを捧げたい。かれらとの出会いがなければ，私は研究者を志すことはなかった。かれらにとって，私がどういう存在なのかは分からない。だが，かれらと過ごす時間が私にとってかけがえのないものであることだけは確かである。かれらの行く道が少しでも明るいものであるよう，これからも一緒に悩み，笑いながら，私にできることをしていきたい。

2015年1月

三浦　綾希子

人名索引

ア行

青木秀男　35-37, 285, 294, 296, 301
阿部亮吾　39, 41, 42, 69, 285
伊藤るり　1, 33, 38, 41, 49, 62, 70, 289, 292, 303
エスピリトゥ, Y. L.　7, 125, 200, 235, 240
エマーソン, R. M.　16
太田晴雄　114, 170, 180, 183, 230, 290, 292, 294, 295, 296
小ヶ谷千穂　35, 37, 62, 176, 292, 293

カ行

カースルズ, S.　3, 11, 29
笠間千浪　38, 60-62, 289
鍛治致　139, 156, 159, 289, 297
金井香里　139, 140, 289
菊地京子　35, 36, 290, 304
キブリア, N.　212, 213, 251, 252, 266
金泰泳　8, 290
グラノヴェター, M. S.　83
コールマン, J. S.　13, 84
古賀正義　15, 290
小林普子　290, 302
小林宏美　290

サ行

佐久間孝正　2, 29, 293
渋谷努　294
渋谷真樹　9, 14, 294, 297
志水宏吉　4, 5, 73, 114, 180, 281, 288, 291, 294, 297
清水睦美　4, 6, 47, 52, 56, 71, 114, 148, 173, 180, 183, 184, 220, 239, 294, 296, 303
ジョウ, M.　5
新谷周平　114, 285
杉浦直　10, 295

ズルエタ, J. O.　15
関啓子　5, 6, 29, 266, 294, 301, 302

タ行

高橋朋子　7, 14, 295
高畑幸　2, 18-20, 39, 52, 80, 157, 226, 248, 254, 262, 269, 295
チョウ, M.　86
津崎克彦　41, 42, 296
坪谷美欧子　29, 168, 296
徳永智子　216, 237, 296

ナ行

永田貴聖　4, 20, 39, 56, 71, 88, 105, 189, 292
額賀美紗子　14, 19, 178, 186, 189, 213, 251, 281, 292, 294, 303

ハ行

原めぐみ　18, 39, 295
バルト, F.　250, 251
バレーニャス, R. S.　47, 63, 174, 293
バレスカス, M. R. P.　41
バンクストン III, C. L.　5, 86
樋口直人　3, 9, 29, 31-34, 41, 49, 66, 67, 80, 288, 289, 292, 296
広田康生　11, 137, 169, 288
福田友子　4, 11, 29, 34, 73, 101, 108, 133, 169, 287, 292
ホール, S　14
ホックシールド　47
ポルテス, A　13

マ行

マテオ, C. イバーラ　18, 291
三木英　108, 118, 133, 288, 291
ミラー, M.J.　3, 11, 29

307

ヤ行

ヤンシー W. L.　11

ラ行

李漌珍　34, 293

リン, N.　13
ルンバウト, R. G.　7

事項索引

ア行

アイデンティティ　i, 5, 7-9, 14-16, 19, 24, 28, 129, 133, 201, 208, 209, 212, 214, 215, 221, 223, 226, 254-256, 266-268, 273, 278-282, 286, 287, 290, 294-296
　　ハイブリッドな――　251
移住　vi, 5, 18, 27, 31-37, 41-47, 49, 50, 53-55, 59, 63, 66, 67, 68, 70, 71, 73, 77, 89, 94, 95-98, 108, 171, 173-177, 180, 182, 186, 192, 199, 200, 203, 213-215, 218, 237, 274, 275, 287-289, 292, 294
　　――システム　27, 31-34, 41, 49, 274
　　――の連鎖　46, 53, 67, 73, 97
　　市場媒介型――　vi, 31, 33, 34, 41, 43, 49, 66, 68, 274
　　相互扶助型――　vi, 31, 33, 34, 41, 44, 49, 67, 274
移民の定住過程　3, 29
異質性　19, 68, 78, 83, 149, 151-153, 157, 163, 180, 182-185, 192, 193, 225, 226, 228, 231, 233, 235, 252, 259, 260, 261, 271
いじめ　76, 77, 112, 148-152, 168, 174, 181-183, 185, 187, 188, 192, 193, 206
居場所　iii, 113, 114, 116, 118, 123, 127, 131, 133, 141, 148, 152, 155, 167, 168, 186-188, 196, 197, 199, 285, 295, 297
英語　ii, 25, 35, 44, 59, 70, 74, 76, 80, 84, 86, 88, 89, 97, 103-108, 120-122, 124, 129, 132, 135, 143, 145, 151, 158-160, 167, 180-184, 192, 194, 202, 207, 210-212, 214, 217, 224-227, 236, 237, 244, 258, 268, 269, 270, 275-277
　　――教育　88, 105, 106, 122, 224
　　――圏　224, 269
　　――の継承　86, 89, 97, 225, 275
　　――力　35, 44, 88, 89, 106, 107, 122, 132, 135, 158, 160, 180, 184, 207, 212, 214, 226

エスニシティ　5-8, 10, 11, 17, 152, 169, 199, 201, 212, 213, 251, 266, 280, 285, 288, 290, 294
　　正統な――　212
エスニック　ii, iii, vii, viii, 1, 3-12, 14, 17, 18, 23, 25, 26, 28, 29, 33, 34, 101, 104, 108, 131-134, 154, 155, 160, 163, 164, 167-169, 171, 186, 195, 196, 198, 199, 200, 208, 210, 214, 217, 219, 221, 234, 235, 237, 240, 243, 247-252, 254, 256, 259, 260, 263, 265, 267-269, 273, 276-281, 285, 286, 293, 295, 296, 301
　　――アイデンティティ　iii, vii, viii, 1, 5-10, 14, 28, 171, 208, 210, 219, 221, 237, 243, 250, 251, 254, 256, 259, 260, 267, 268, 279-281, 301
　　――教会　ii, vii, 1, 9, 23, 26, 28, 101, 104, 108, 131-133, 154, 163, 167, 171, 186, 198-200, 214, 217, 219, 260, 269, 273, 276-280, 301
　　――境界論　250, 251
　　――コミュニティ　3, 5, 11, 29, 34, 155, 160, 199
　　――集団　10, 250, 285
　　――なイベント　11, 240
　　――な経験　viii, 6, 234, 235, 248-250, 263, 281
　　――な宗教組織　101
エスノグラフィー　1, 15, 16, 285, 290, 291
エンターテイナー　vi, 21, 27, 37-43, 49, 50, 51, 52, 56, 57, 59-70, 72, 78, 172, 274, 282, 285, 286, 296

カ行

学業達成　5, 33, 156, 158, 161, 168
学業不振　140, 155, 159, 160, 289
学習教室　ii, iii, vii, 1, 9, 16, 23-26, 28, 83, 90, 91, 110, 111, 117, 13-141, 143-148, 150-156, 159-170, 172, 187, 190, 192, 196-198, 201,

309

214, 217, 219, 220, 226, 231-234, 244, 245-247, 250, 252, 253, 256, 257, 259, 263, 264, 266, 270-273, 275-279, 302
家事労働者　21, 22, 27, 37, 40, 41, 44, 45, 47-49, 53, 54, 56, 60, 63, 65, 67, 68, 70, 71, 78, 90, 135, 172, 189, 274, 275, 289, 293, 296, 301
家族中心主義　178-180, 186, 188, 190, 191, 213, 214
家族の再結合　180, 188
学校適応　4, 6, 8, 92, 183, 184, 188, 198, 202, 276, 294, 301, 303
帰属意識　15, 86, 205, 206, 221, 237, 243, 301
規範　vii, 13, 80, 81, 84-86, 89, 97, 102, 107, 126-128, 130-135, 160, 167, 178, 180, 186, 188, 191, 235-237, 275-277
　価値——　86, 134, 160, 161, 214, 240
　性——　85
　ジェンダー——　47, 96, 98, 174
　道徳的——　236
教育戦略　vi, vii, 28, 69, 73, 74, 81, 86, 89, 91, 92, 96-98, 108, 140, 297, 301
教育的機能　vii, 28, 101, 131, 133, 276
境界設定　28, 219, 251, 253, 256, 261, 266, 267
グローバルエリート　67, 68, 71, 275
グローバル化　1, 224, 275, 289, 300
言語　viii, 2, 5, 7, 13, 19, 25, 87, 88, 103-106, 111, 121-125, 134, 140, 151, 154-157, 159, 160, 170, 184, 188, 208, 210-215, 218, 219, 231, 233, 235, 236, 245, 251, 252, 256, 258-260, 264-268, 277, 279, 286, 288, 289, 294, 302
　学習思考——　140, 155, 170, 219
　社会生活——　140, 170
国際結婚　vi, 19, 20, 33, 39, 41, 52, 57, 74, 86, 87, 89, 96, 156, 160, 184, 219-225, 228, 231, 235, 266, 269, 275, 289, 293-297, 301, 303
コミュニティ　3-6, 9, 10-12, 20, 25, 27, 29, 31, 34, 63, 66, 67, 86, 96, 101, 108, 111, 116, 155, 160, 199, 214, 238, 256, 286-288, 292, 293, 295, 296, 301, 302
移民——　ii, iii, v, 1, 3, 9-13, 16, 18, 20, 27, 28, 31, 33, 87, 101, 214, 248-250, 266, 273,

276, 278, 282, 288
　姉妹——　53, 71

サ行

差異　7, 9, 14, 20, 28, 35, 53, 62, 63, 65, 84, 101, 140, 183, 188, 195, 230, 233, 250-253, 263, 265, 266, 270, 277, 279-282, 301
——を認めない形式的平等　183, 230
在日朝鮮人　2, 8, 290, 292
参与観察　16, 24, 25, 141, 290
ジェンダー　20, 24, 47, 96, 98, 174, 269, 282, 289, 292
資源　ii, iii, 3-5, 9, 12, 13, 20, 31, 33, 41, 51, 52, 58, 59, 66, 67, 69, 73, 77, 80, 86, 97, 116, 129, 132, 134, 154, 155, 158, 168, 184, 187-189, 191, 198, 201, 214, 259, 273-276, 278-280, 282
　教育——　ii, vi, 4, 12, 13, 28, 69, 73, 78, 81, 91, 96, 140, 273, 274, 276, 282, 301
自己ラベル　250, 251
自尊感情　5
社会関係資本　vi, 4, 9, 12-14, 28, 31-33, 47, 49, 50, 53-55, 66-68, 73, 78, 80, 81, 83, 86, 87, 90, 91, 96, 97, 273, 275, 276, 282, 286, 287
ジャパゆき　38, 289
シンボリックな文化実践　125
生活世界　ii, iii, 24, 153, 290, 301
世代　vii, 7, 8, 10, 13, 19, 20, 28, 77, 84-86, 89, 97, 101, 116, 118, 126-130, 132-134, 164, 168, 198, 237, 249, 265, 268, 273, 275, 277, 281, 282, 287, 294, 295, 301
　親——　28, 101, 111, 122, 126-129, 132-134, 266, 277
　——間閉鎖性　13, 84-86, 89, 97, 128, 275
　子ども——　7
送金　15, 18, 29, 36, 93, 95, 173-175, 215, 218
相互監視　85, 86, 130, 131, 135
育ち　i, iii, 5-10, 16, 20, 28, 29, 101, 119, 121, 123, 133, 137, 163, 165, 168, 234, 247, 250, 258, 265, 276-279, 281
　——の過程　i, 6-10, 101, 226, 247, 279, 281
　——の場　iii, 5, 6, 9, 10, 28, 29, 133, 137,

250, 276-279

タ行

紐帯　10, 83, 94
　強い――　83
　弱い――　83, 287
手厚い支援　183, 184, 188
同化　2, 3, 8, 113, 114, 133, 135, 147, 152, 180, 181, 184, 188, 196, 200, 201, 213, 266, 267, 279, 280, 283, 287
　――圧力　113, 114, 180, 181, 188, 196, 200, 201
　――主義　2, 280
トランスナショナル　14, 29, 71, 92, 98, 175, 179, 180, 235, 237, 239, 240, 244, 282, 287, 288, 292
　――家族　vii, 14, 73, 89, 93, 97, 172, 175
　――な空間　12, 15, 28, 73, 97, 98, 171, 172, 175, 176, 213, 215, 238
　――な実践　237, 292
　――なネットワーク　12, 15, 92, 175, 275
　――な母親役割　95, 175

ナ行

ニーズ　ii, 3, 28, 59, 101, 108, 109, 116, 131, 132, 276-278, 301
日比国際児　vii, viii, 10, 15, 19, 20, 24, 28, 101, 102, 115, 119, 120, 121, 123, 125, 126, 128, 134, 137, 155, 158, 159-164, 166-168, 215, 219, 220, 222, 225, 228, 231-235, 240, 241, 243, 244, 247-250, 252, 259-261, 265-267, 271, 277, 279-281
日曜学校　vii, 28, 59, 84, 88, 90, 101-111, 118, 131, 132, 248, 249, 276, 277, 292
日系人　1, 289, 295
日本人　i, viii, 2-4, 6, 12, 16, 18-22, 28, 33, 56-58, 67, 74-78, 83, 86-88, 97, 120, 125, 137, 143-147, 151-153, 159-163, 167-169, 186-196, 198, 210, 213-217, 219-221, 228-236, 251-254, 258, 259, 261-267, 269-271, 279, 281, 283
　――らしさ　251, 265, 267, 279
日本語力　74, 104, 135, 140, 145, 146, 148, 157, 158, 162, 165, 167, 168, 187, 207, 212, 213, 231
人間形成　ii, iii, 3, 5, 6, 19, 278, 291, 294, 301, 303
認識／再認識　i, 102
ネットワーク　ii, vi, 1, 3, 4, 6, 9-13, 15, 17, 20, 25, 27, 29, 31-34, 41, 44, 47-57, 59, 62-69, 73, 77-86, 88-92, 97, 98, 101, 108, 128, 140, 153-155, 163, 164, 166-169, 175, 188, 198, 238, 241, 247-249, 268, 271, 273-276, 282, 286-288, 290, 292, 293, 296, 301
　移民――　10, 31, 53, 288, 289, 295
　教会――　52, 54-56, 59, 65, 77, 78, 81, 82, 84-87, 97, 235
　互助的な――　3
　子育て――　73, 77, 78, 80-88, 97, 235, 248, 269, 275, 282
　職業――　49, 52, 66, 77, 274
　親族――　53, 56
　相互扶助――　20, 53
　――の拠点　1, 3, 9, 11, 12, 25, 98, 101
　――の結節点　153
　マルチエスニックな――　153, 154, 277

ハ行

ハーフ　i, 123-125, 157, 158, 161-163, 195, 224-228, 231-233, 250, 252-256, 261-263, 266, 269, 270, 271, 279, 289, 290, 300
排他意識　vi, 31, 52, 59, 62-64, 66, 68, 282
半構造化インタビュー　25
ひとりだち　29, 268, 294
フィールドワーク　i, iii, 25, 26, 122, 252, 291, 304
フィリピン　i-iii, 2, 7-10, 12, 14-23, 31, 34-43, 65-71, 73-98, 101-105, 112-114, 116-125, 137-139, 160, 165, 171-181, 184-192, 198-226, 228-254, 257-271, 273-282
　――系ニューカマー　i, iii, vi, 1, 2, 10, 12, 15-18, 20, 27, 31, 34, 69, 133, 137, 154, 186, 273, 275-278, 292, 296, 300, 301
　――人　i, ii, 8, 10, 18-22, 31, 34-40, 50-63, 65-69, 73, 75-83, 86-89, 96-98, 108, 118-

123, 125, 139, 151-154, 162, 163, 178, 194-196, 199-201, 208-215, 221, 229, 235, 240-245, 251, 253, 254, 260-267, 274-277, 279-282
──人らしさ　245, 251, 265-267, 279
──文化　i, 56, 86-89, 97, 120, 123, 125, 132, 134, 154, 163, 167, 219, 221, 222, 235, 242, 248, 265, 266, 275, 276
文化　i, 3, 13, 15, 17, 18, 29, 35, 56, 74, 76, 79, 86-89, 97, 98, 108, 114, 120, 121, 123, 125, 132, 133, 135, 140, 151, 152, 154-156, 159-161, 163, 167, 168, 175, 176, 180, 184, 185, 188, 192, 194, 199, 201, 202, 214, 217, 219-223, 230, 234, 235, 239, 240, 242, 245, 246, 248, 250, 251, 256, 265, 266, 268, 269, 275-277, 280, 286-297, 300, 301
──的葛藤　155, 156, 159, 160, 168
──的特徴　245, 250, 251, 265
──伝達　3
──の継承　87, 97, 221, 240, 277
ホーム　i, ii, vii, viii, 6, 8, 14, 15, 28, 171, 172, 180, 187, 192, 199-201, 204-206, 208, 210, 212-216, 239, 240, 247, 248, 266, 293, 296, 301, 304
　想像上の──　237

──作り　viii, 192, 199, 200
──の変容　viii, 201
母語　6, 20, 26, 58, 59, 105, 119-123, 132, 138, 140-142, 151, 156, 157, 160, 161, 169, 170, 211, 220, 256, 259, 270, 280

マ行

マイノリティ　5, 29, 59, 133, 265, 268, 277, 278, 286, 289, 297
マジョリティ　5, 125, 139, 168, 192, 240, 276-278, 281

ラ行

ルーツ　i, ii, vii, 1, 7, 9, 14, 15, 19, 28, 86, 87, 102, 118-120, 123, 125, 126, 131-134, 139, 158, 161-164, 167, 168, 180, 187, 192, 209, 214, 219, 221, 228, 230-237, 239-241, 243, 244, 247, 248, 250, 252, 254, 256, 259, 265-267, 276, 277, 280, 283, 294
ルート　1, 7-9, 14, 28, 35, 36, 163, 168, 170, 171, 180, 214, 215, 231, 234, 250, 264, 265, 267, 268, 279, 280, 281, 294
連鎖移民　67, 274, 301
ロールモデル　vii, 126, 129, 130, 140, 154, 164, 166, 167, 303

著者略歴

1982年生まれ。一橋大学大学院社会学研究科博士課程修了。博士（社会学）。
現　在：中京大学国際教養学部専任講師
主論文：「フィリピン系エスニック教会の教育的役割」『教育社会学研究』90（2012），「多文化地区における地域学習室の機能」『移民研究年報』19（2013），「二つの『ホーム』の間で」『異文化間教育』40（2014）
翻　訳：『多様性を拓く教師教育――多文化時代の各国の取り組み』（共訳，明石書店，2014）

ニューカマーの子どもと移民コミュニティ
第二世代のエスニックアイデンティティ

2015年2月25日　第1版第1刷発行

著　者　三浦　綾希子（み うら　あ き こ）

発行者　井　村　寿　人

発行所　株式会社　勁草書房（けい そう）
112-0005　東京都文京区水道2-1-1　振替　00150-2-175253
（編集）電話 03-3815-5277／FAX 03-3814-6968
（営業）電話 03-3814-6861／FAX 03-3814-6854
本文組版　プログレス・平文社・松岳社

©MIURA Akiko　2015

ISBN978-4-326-25102-5　Printed in Japan

<㈳出版者著作権管理機構 委託出版物>
本書の無断複写は著作権法上での例外を除き禁じられています。複写される場合は、そのつど事前に、㈳出版者著作権管理機構（電話 03-3513-6969、FAX 03-3513-6979、e-mail: info@jcopy.or.jp）の許諾を得てください。

＊落丁本・乱丁本はお取替いたします。

http://www.keisoshobo.co.jp

著者	書名	判型	価格
佐久間孝正	多文化教育の充実に向けて イギリスの経験、これからの日本	四六判	3200円
佐久間孝正	外国人の子どもの教育問題 政府内懇談会における提言	四六判	2200円
佐久間孝正	移民大国イギリスの実験 学校と地域にみる多文化の現実	四六判	3000円
松尾知明編著	多文化教育をデザインする 移民時代のモデル構築	A5判	3400円
馬渕仁編著	「多文化共生」は可能か 教育における挑戦	A5判	2800円
児島明	ニューカマーの子どもと学校文化 日系ブラジル人生徒の教育エスノグラフィー	A5判	4200円
清水睦美	ニューカマーの子どもたち 学校と家族の間の日常世界	A5判	4500円
金井香里	ニューカマーの子どものいる教室 教師の認知と思考	A5判	4000円
賽漢卓娜	国際移動時代の国際結婚 日本の農村に嫁いだ中国人女性	A5判	4000円
宮寺晃夫	教育の正義論 平等・公共性・統合	A5判	3000円
A.・オスラーほか 清田夏代ほか訳	シティズンシップと教育 変容する世界と市民性	A5判	3600円
園山大祐編著	学校選択のパラドックス フランス学区制と教育の公正	A5判	2900円

＊表示価格は 2015 年 2 月現在。消費税は含まれておりません。